血 拼 經 驗

The Shopping Experience

Pasi Falk & Colin Campbell 編

陳冠廷 譯

王乾任 校閱

弘智文化事業有限公司

Edited by

Pasi Falk & Colin Campbell

The
Shopping
Experience

Chinese edition copyright © 2003
By Hurng-Chih Book Co., Ltd..
For sales in Worldwide.
ISBN 957-0453-84-2
Printed in Taiwan, Republic of China

目　錄

本書各章作者介紹

瑞秋・鮑比（Rachel Boulby）乃是牛津大學聖西爾達學院研究員。她的書籍著作包括《隨意看看》（*Just Looking*）（1985），《多年後依然醉心：女性、書寫與心理分析》（*Still Crazy After All These Years: Women, Writing and Psychoanalysis*）（1992），《購物與佛洛依德》（*Shopping with Freud*）（1993）以及《女性主義之路暨數篇論及維吉尼亞・伍爾芙之篇章》（*Feminist Destinations and Further Essays on Virginia Woolf*）（1997）。她目前正在撰寫一部關於超級市場的書。

柯林・坎培爾（Colin Campbell）乃是約克大學社會學系系主任暨高級講師。他的著作廣及社會學理論、文化與文化變遷、宗教以及消費社會學。他是《消費研究》（*Studies in Consumption*）（哈伍德學術出版社）的編輯，以及《消費、文化與市場》（*Consumption, Culture, Markets*）的歐洲編輯。他也是《浪漫倫理學和現代消費者運動之精神》（*The Romantic Ethic and the Spirit of Modern Consumerism*）（1987）以及《社會行動之神話》（*The Myth of Social Action*）（1996）的作者。

瑪莉・道格拉斯（Mary Douglas）是一位著名的人類學家，她任職於英國（倫敦市的大學學院）與美國（依利諾的普林斯頓大學與西北大學）。自從她的經典著作《純淨與危險》（*Purity and Danger*）（1996）出版以來，已經發表過多篇文章，同時亦編輯書籍和專題。她最近的著作有《習俗的思路》（*How*

Institutions Think)（1986），《分類的運作》（*How Classification Works*）（1992）以及《風險與責備》（Risk and Blame）（1992）。她最新的著作則是《思考風格》（Thought Style）（1996），由Sage出版社出版。

帕西・福克（Pasi Falk）乃是赫爾辛基大學社會學系的資深研究員。他的著作廣及社會學理論、社會符號學以及歷史人類學。從一九八〇年代初期以來，他的研究一直專注於現代社會的文化動態，特別重視人的具體行為及現代消費。他是《消費身體》（*The Consuming Body*）（1994）一書的作者。他目前正在撰寫一本有關芬蘭彩券獎金得主的書（與帕希・馬恩伯（Pasi Mäenpää）合著），另外也著手準備另一本有關文明病態史的書（書名是《現代性症候群》（*Modernity Syndrome*））。

聖西利亞・法蘭德雷克森（Cecilia Fredriksson）乃是隆德大學民族學系博士候選人。她正在撰寫自己的論文，其內容涉及日常消費所反映出的瑞典現代化情形。她除了研究百貨公司之外，也針對跳蚤市場（1991，1996）和戶外消費（1997）進行過田野調查。

保羅・哈唯（Paul Hewer）於一九八九年畢業於里茲大學，並於約克大學取得碩士學位。其後致力於男性消費行為的社會學博士研究，於一九九五年完成該論文，並開始擔任研究助理，同時在大學部及研究所授課。

圖洛─基莫・拉特尼（Turo-Kimmo Lehtonen）乃是赫爾辛基大學社會學系博士候選人。他目前正在撰寫博士論文，其內容與日常生活中的消費與購物實踐行動有關。他目前已經發表過一篇有關芬蘭衛生習慣變遷史的研究（以芬蘭文撰寫）。

帕希・馬恩伯（Pasi Mäenpää）乃是赫爾辛基大學社會學系博士候選人。他目前正在準備他的博士論文，其論文以都會文化的廣義角度看待購物場所與購物實踐。他並在帕西・福克主持的一項有關芬蘭彩券獎金得主的研究計畫中擔任研究助理，且是該計畫將來出書時的共同作者。

丹尼爾・米勒（Daniel Miller）乃是倫敦市大學學院人類學系的教授。他不久前剛完成一部專論北倫敦街購物的民族誌。在此之前，他曾針對千里達進行過商業與消費的民族誌研究。他最近的專論包括《現代性：一種民族誌的觀點》（*Modernity - An Ethnographic Approach*）（1994）以及《資本主義：一種民族誌的觀點》（*Capitalism - An Ethnographic Approach*）（1997）。他最近亦負責下列書籍之編輯：《拆開聖誕節》（*Unwrapping Christmas*）（1993），《認可消費》（*Acknowledging Consumption*）（1995），《天壤之別》（*Worlds Apart*）（1995）和《物質文化》（*Material Cultures*）（1997）。他也是《物質文化期刊》（*Journal of Material Culture*）的創刊編輯。

宓佧・納琺（Mica Nava）乃是東倫敦大學文化研究學系的高級講師，亦是該校消費與廣告研究中心的共同主持人。她不僅是《變遷中的文化：女性主義、青年與消費主義》（*Changing Cultures: Feminism, Youth and Consumerism*）（1992）一書的作者，亦是《現代時光：一世紀來英國現代性的反思》（*Modern Times: Reflections on a Century of English Modernity*）（1996）以及《買這本書：廣告與消費之研究》（*Buy This Book: Studies in Advertising and Consumption*）（1997）。她目前的研究主題是世界主義與消費。

導論

帕西・福克和柯林・坎培爾

　　為何有些和行銷業或零售業怎麼也扯不上邊的人，要研究「購物」（shopping）呢？人們乍見「購物」這個議題時，上述疑惑便油然而生，因為表面上實在看不出該議題有什麼特別的社會學意義，尤其在新世紀交替之際，和現代西方社會所面臨的各種社會、政治、經濟乃至於環境的嚴肅議題比較起來，更顯得如此。當前廣受矚目的議題乃是全球化與本土化、社群融合與分裂，以及個人化和團體化等議題，此外，人們對地球面臨威脅的憂心程度更是有增無減（諸如環境污染等議題），因此相形之下「購物」更顯得無足輕重了。

　　不過，話說回來，近十年來有興趣研究「購物」的人已大幅增加，不僅社會學領域如此，其他領域亦然（Appadurai, 1986）。例如人類學中專事物質文化研究的領域（Miller, 1995），或是心理學中的特定分支（Csikszentmihályi and Rochberg-Halton, 1987; Dittmar, 1992），乃至於人文地理學（Goss, 1993; Jackson and Thrift, 1995; Sack, 1992; Zukin, 1991），都是很好的例子；人們對該議題開始產生興趣，始於一小篇概觀購物史的重要文獻（Adburgham, 1964），加上一九八〇年代出現過幾篇探討百貨公司的研究，從而為該議題帶來新的動力（Benson, 1986; Leach, 1993; Miller, 1981;

Williams, 1982）[1]。

　　只是，我們該如何解釋近年來的這種趨勢呢？事實上，過去數十年以來，有關「販售商品」的研究一直被歸類為行銷和消費方面的研究，今天「購物」之所以能在這方面形成一項重要議題，其實還有其他原因。事實上，當代「購物研究」的特色便是對上述這種狹隘的經濟面向興趣缺缺（如果還不算反對的話）；這是一種將各式非同質性研究領域連結起來的特徵。

　　購物之所以能在當代研究上扮演核心角色，原因在於它是種呼應當前「後現代」社會的文化現象，藉此可以部份解釋購物被拿來當做新興研究主題的重要性，因為後現代社會已被界定成一個逐步架構都會人士日常事務的社會行動、互動及其經驗（experience）的場域。即使對此文化現象進行「後現代」純理論性的徵候（symptomatic）閱讀已蔚為風尚，但處理這個主題不一定要採行這種方式，它應該可以在更具體和經驗性（empirical）的層面上，成為對當代人、尤其是日益增多的都會生活人口的各種生活面向感興趣的研究主題。例如，這些人怎麼組織他們的生活？我們會將這些一般性的問題進一步具體化為更精確的問題，例如人們花時間在都會或公共空間遊蕩時，真正做的、想的、經驗到的會是什麼？雖然每個人的組織方式不一而足，但通常均受購物場所的支配。因此，在明確指出研究主題之後，下一步便是在購物的脈絡下提出這些問題：人們在購物時真正從事的事情是什麼？這要理解成「**目的型購物**（*shopping for*）」，還／或是「**逛街型購物**（*shopping around*）」才好呢？

如果以這種簡單的說法來架構這個問題的話，這便與以往從事傳統消費研究的學者們感興趣的議題大同小異。然而，新的進路摒棄這種觀點，因為我們不只把購物視為一項重要的「公共行為」及一項在人們生活中佔有主導地位的生活面向，也因為我們視購物為一項足以闡明社會結構原則已經從生產轉向消費的典範性案例。因此，我們將完全摒除任何單單將人視為經濟施為者（economic agents）或訴諸生產決定論的架構。

從生產轉向消費並非描述此番「鉅變」（great transformation）的唯一方式，不過這顯然是當前脈絡下關係最密切的方式；這是一種在眾所皆知的對比傳統中去理解變遷的方式：實際上就像是從傳統社會或前現代社會走向現代社會的方式。它在這方面呼應了許多視社會學為一種有別於其他學科、且自成一格的理論學科的作法，比方圖尼斯（Tönnies）的「共同體與社會*(Gemeinschaft versus Gesellschaft)*」以及涂爾幹的「**機械與有機連帶** *(mechanical versus organic solidarity)*」。然而，我們這裡的基本模式又有更進一步的發展，我們假定現代社會從內部持續改變，就像是從工業到後工業，或者像是從「早期現代」到「晚期現代」、「消費」、「富裕」、「資訊」、「後物質」、「高現代」、「超現實」終至（？）「後現代」。

上述種種針對「我們」所處的世界、文化與社會所做之區隔和綜合描述，乃是替「我們這時代」（取自德文 *Zeitdiagnose*）做智識面的反思及診斷時的重要手段。然而，雖然很多這類「標籤」及相關討論的確為「我們的時代」提出過有價值、具洞見的概念或某些詮釋及綜合性的觀點，

但卻往往傾向把這些概念及區隔當作毫無爭議的前設;接著就拿來當成理所當然的概念篩選器,並藉之「閱讀」當前「後現代」世界的符號與表徵,其閱讀對象亦包括「後現代」世界的各種範疇,特別是對購物場所及其實踐行動的閱讀。

　　這種表徵閱讀的問題在於其本身就建立在一種倒置的觀點上。首先,由於一開始就以「世界狀態(the state of the world)」的抽象理論概要為出發點,再將所有「我們的世界或時代」出現的特質外推出全面的社會與文化狀態。接著,再把實際得到的倒置模式轉變成現況的綜合性詮釋,不過由於該模式是外推的結果,因此實際上這觀點描述的是「明日世界」。結果導致概念架構變成一種不證自明、乃至於成了利用原本建構其假設的現象來闡述 *(illustrating)* 其假設的一種概念架構。以這種方式進行的理論化工作,會對眼前發生的事物視而不見,原因是他們把預設的基模(scheme)加諸於世界的同時,描繪出的景象無非就只是基模本身的投影罷了!

　　回過頭來談「消費」議題。我們可以先將上述論點摘記如下;我們認為即便有再好的理由支持我們採用「消費社會」這類的術語,或支持我們談論生產到消費的轉變,我們都應當避免把它們當成購物研究上無庸置疑的指標和前設,因為這將使「購物」淪為一種只比投射成見的白紙稍強一點的東西,或是一種見證消費社會已然「實現」的活動,甚或是後現代社會的都會人(一種「街頭尋歡客/街頭尋歡女」(*flâneur/flâneuse*)和現代消費者的混合體)在公共空間遊走的一種實踐行動,從而衍生出許多把購物當作某種拿「當代公眾生活的主導模式」(Goss, 1993: 18)為根據的主題。當

然，這種論點也許有其基礎。然而，我們應該對當代公眾生活進行更精細且具有經驗基礎的分析，而不是對該主題進行循環論證。

　　這樣的分析不可或缺，因為我們眼前所討論的變遷情形，並不只關乎購物場所及其實際行動日益增加的主導性，還關乎公眾關係與私密關係的重建、個體關係與社會關係的重建及「內部」與「外部」關係的重建。應該將這些層級間的轉變主題化（如同本書各章所為），以防購物這主題被簡化成某種同質性的事物，從而遭受譴責（就像全面商品化）甚或被當作一種「趣味文化」（fun culture）。

　　我們可以把前文提及的觀點，運用於將購物者簡化為「消費主體」（subject of consumption）[2]的後現代相關討論上。「消費主體」意指藉著「獲取各色商品的區隔與差異的過程來建構自我」的人（Bauman, 1988: 808），因此被認定成替他／她自己「買下」了身份認同。同樣的，我們自然沒有理由否定當代自我建構模式中，個體化在歷史性重要進程當中所具有的重要性，也沒有理由否定作為該活動場域的商品世界所具有的核心地位。但確切來說，問題出在人們把區隔身份的片面程序當作自我建構的表徵。結果使「購物者」的「自我」簡化成單憑人們在（都會）「公眾生活」的舞台上（用高夫曼（Goffman）的方式來說）表現自身，所取得的某種與他人相關的「社會認同」；並因此完全忽視了能將經驗性（身體上的）自我與反思性（認知上的）自我，同時擺在單一且同一的連貫體之中的**自我關連性**（*self relatedness*）面向（Falk, 1994）。

　　一旦忽視了自我關連性，都會公共空間便儼然淪為一座巨型舞台，這裡專門上演著憑藉「自我展示（self-display）」結合「商品取得」來落實自我建構的戲碼，而商品則充當起各種「角色」或各種面具齊聚一堂所需的基本素材。從另一個角度來說，把自我建構的這兩個面向湊在一起時，由於兩者都發生在購物場所之中，看來像是把「購物」定義為「當代公共生活主導模式」時強而有力的論點。

　　然而，自我關連性的面向（從經驗性到反思性），能夠開啓一種超越性的新觀點，使人們可以不再單純地把購物描述成一系列從選擇、購買、使用（這點被簡化為展示）最終拋棄（出讓）的消費行動的「實踐」方式。這個觀點可以幫助我們體認到，「購物」包含許多無法囊括於此種消費「序列行動」模式下的其他面向，並體認到人與商品間的「互動」範圍，廣及各種感官上的經驗，甚或是想像性的行動：人們會把自我被投射在有可能獲得的物品上，伴隨而生的是一些鮮少明說且幾乎從未連貫起來的問題：「這是給我用的嗎？」、「我喜歡它嗎？」、「它可以成為我（的一部份）嗎？」、「我能像那樣嗎？」、「我會喜歡自己變成那樣嗎？」，等等諸如此類的問題；一系列無窮無盡的問題，乃是他們自己自我形塑（self-formation）的行動，他們實際上是否會真的進入實際購買的階段並不要緊。

　　因此，即便是這類發生在人與商品間的自我反思式的協商，也不一定會以購買行動（一個人將某物據為己有，同時涵蓋該詞在法律及具體感官上的意義）收場，但這仍是自我形塑（self-formation）的程序、是想像範疇的一部份[3]。從自我建構（self-construction）的觀點來看，這意味著此類面

對商品的反思行動與其他反思保持連續關係，特別是對其他人以及對電視新聞、肥皂劇、電影、音樂錄影帶和廣告等大眾媒體的表達所做的反思。這些經驗性（experiential）的商品，無論是免費放送，還是有價出售的，都很有可能當做一種「單純的經驗（mere experiences）」給消費了，但是它們一方面也扮演著上述自我反思所據以凝神的鏡子。另一方面，即便是沒有涉入過多認知性反思的經驗性接收模式，也同樣包含在自我關連性之中，因為它調控著個人的「感覺（feeling）」（既是情緒狀態也是身體（感官）經驗）。為了避免片面簡化「自我的反思性投射」，我們應該重視從身體上到認知上，或是從經驗上到反思上的連貫體所具有的重要性（Giddens, 1991: 9）。

　　當上述論點把購物定義成一項特殊的研究議題時，便隨之顯露出一些矛盾的結果。假如購物的實踐並不能簡化成透過展示及擁有所達成的自我建構，而是得在廣泛的關係中成就（包括與其他人們、商品和再現），甚或得涉及購物在想像、經驗與反思面向的話，那我們與以往從經濟角度來定義購物的方式便毫無交集了。人們的確在購物場所購買東西（除非購物場所不存在），但他們也會在那裡做其他事情，從事一些無法簡化為工具性購買行為的事，就連光是「在那裡出沒」也算（請比較Goffman, 1967）。

　　從事「其他事情」仍可能涉及經濟交易，只不過會以特定方式進行，或者說以某種將購買和消費在某瞬間甚或與賣場中的某事件串連起來的方式。無論這種購買和消費涉及的商品有形或無形，其「消費行動」根本上仍具備經驗性（experiential）。以下是幾種最明顯的例子：到餐廳用餐、吃

小吃、四處找吃的、休息一下再行購物、看場電影、參觀藝廊、按摩、甚或看醫生[4]。然而，當所謂的「消費」並不涉及這些「經驗性產品」（Falk, 1994, 1997）時，經驗與商品間的連結就顯得不甚明顯且趨於零散。一方面，購物場所裡到處都潛伏著各種尚未商品化的經驗性資源，而另一方面，「商品世界」有可能扮演次要性的角色，這也就是說，扮演起刺激作用的環境，其中不僅提供了經驗，也提供了反思的鏡子，不過誠如前文所言，在多數情況中並不會強迫購物者回答最終的問題：要不要買？

即使商品扮演此等次要角色時，也不光是個有待詳究與盤算的物品而已。一方面，這是感官載體（sensory register）的運用方式造成的差異（請參見Falk，本書第八章）。藝廊和博物館會在客體與主體之間維持一種（玻璃櫥窗）距離，因此強迫後者進入觀眾的位置，而購物者與商品之間的關係則允許近身接觸，而這正是期望人們購買的「銷售會」所鼓吹的事情。另一方面，儘管購買只是不會實現的潛在可能性，但購物者與商品間的關係仍包含了購買的可能性（請參見拉特尼（Lehtonen）和馬恩伯（Mäenpää），本書第六章）。因為主體對待客體的方式常會伴隨著以自我為中心的投射，而這同時與（潛在或未來的）佔有觀念有關，因此人與物之間存在一種投注「興趣」的關係。所以說這有別於疏遠的關係（疏遠的觀念來自於康德的「無私的美學反思」），而這種關係可能會引發「我對此有何感覺？」或「我覺得它漂亮嗎？」等等諸如此類的問題。

這些只是程度上的不同[5]。不過一旦瞭解這點，我們就要採取能夠凸顯實踐導向與經濟導向差異的方式，把購物的

實踐行動重新加以定義。這些大體上可以等同於「目的型購物」和消遣性的「逛街型購物」間的差異；後者乃是經驗和行動的自主範疇，其中經濟的（工具性）面向遭到邊緣化。然而，應該要注意這兩種導向之間的區隔並不能明確地轉換為兩種不同的購物實踐。因為這兩種導向會同時出現在其中一種實踐行動之中，而同時成為「購物之旅」的組成要素，只不過兩者會以不對稱的方式出現。因此「逛街型購物」有可能（且常會如此）涉及「目的型購物」的要素，而日常生活中必要性的「目的型購物」則鮮少有消遣導向存在的餘地6。

前文所提出的幾點區隔，說明了「購物」並非容易定位的研究議題。假如焦點擺在該項活動的消遣面上（忽略其經濟性－工具角色），那將會引起兩種問題。首先會遭遇操作主義的難題，因為事實上自主性的逛街購物只是一種導向（和動機）而不是明顯可見的實踐行動。因此，即便我們可以把今日的購物商場視作消遣性購物的主要場所，但是在那裡發生的活動卻不見得都合乎此一導向。

換句話說，仍然有必要知道購物商場裡究竟都發生了哪些事，否則就會把這些地方預設成一個純粹、有自主性購物導向的場所。因此，本書幾位作者（特別是第二章、第五章、第六章和第七章），透過人類學和經驗（empirical）研究，仔細觀察在購物場所中真正發生的事，從而與其他憑藉抽象或純理論角度研究購物的方式相區隔。

假如我們只專注於消遣性購物，則會引起第二個問題，因為這樣難以和都會中其他打發時間的方式區隔。購物在實際效用上無法區隔於其他諸如逛街、壓馬路等可以冠上消遣

之名的活動（及被動之參與），也無法區隔於充分利用公共空間的活動，例如前往具有刺激性和／或令人放鬆心情的百貨公司逛街。所以，現在自然也可以把當代消費者的特質添加到街頭尋歡客／街頭尋歡女這等經典人物當中。然而，相較於他／她們在十九世紀的先驅者波特萊爾而言，現代購物者往往對物品的興趣高於人的興趣。然而，新版的尋歡客還是和以前一樣，基本上仍是「經驗性消費者」、是享用都會自由空間的人，尤其會在各種人事物所提供的刺激之中，享有選擇自由與隨意移動自由的人。購物者基本上並不會把自身經驗焦點擺在「人群」上（這是種「完美的街頭尋歡客」經驗到的「巨大儲電槽」）（Baudelaire, 1964），而是著眼於豐富的貨色。不過波特萊爾「完美的街頭尋歡客」原則，還是有可以套用在當代的購物者身上的地方：亦即「一個對『非我之物』貪得無厭的『我』」（Baudelaire, 1964; 引用自 Bersani, 1990: 68-9）。

　　購物者的實際購物行動中的「購買面」被邊緣化的越嚴重，他就越像其先驅者。因此，那就是「購物」已融入都會生活型態的傾向，套用高夫曼的書名（1963, 1972）來說，此型態可以稱做「公共空間裡的行為」或「公共關係」。所以，接下來的問題是：「購物」究竟在什麼基礎上可以作為「公共行為」裡具核心地位且具典範性的領域？前文所提及「透過擁有和展示取得自我建構」的論點顯然還不夠完善；因為這只概括了現代性的原經驗（波特萊爾曾在十九世紀中葉深刻地將之濃縮成『短暫、無常和偶然』（ le transitoire, le fugitif, le contingent ）），並以一種無庸置疑的態度將之用於當代人的自我建構之上。

　　這種討論「後現代性」常會採用的詮釋方式，在理解自我命運時會產生兩種互有關連的結果。一方面，這會產生一種與「自我的消失（disappearance of the self）」有關之論點。這是假定主體會對（後）現代狀況的偶然性、多樣性和眾聲喧嘩做出反應，但是並沒有維持自我連貫的能力，因此將會面臨片段化的命運。另一方面，有種比較樂觀的看法認為（後）現代「自我」是種具有自我反思性及遊戲性的「身份型購物者（identify-shopper）」，他們有可能會根據他人的期望，或為了區隔於他人，甚或只是為了好玩而去建構和改變自我。

　　前一個論點涉及自我的消失，從而否定了整體和靜態的（核心）自我。可以看出這是把過時的前現代「人性恆定」觀，與一種認為人的身份認同被靜態社會秩序的慣例與傳統所固定起來的觀點，綁在一起的稻草人。此一核心自我乃是大衛‧黎斯曼（David Riesman）（1950）曾提及的三種角色裡的前兩種人格的合成體，亦即「傳統導向」和「內在導向」這兩種人格，而這個核心自我一旦消失，所剩下的就只是極度反動的「他者導向」，這不僅意指其與他者的關係，也意指其與所有外在刺激根源間的關係。然而，想要在比較嚴肅而有關「自我」這議題的論述裡，找到「核心自我」的蹤跡是很困難的。因為這類靜態的自我論述老早就被（心理的）動態模式給取代了。

　　後面那種版本則將（後）現代的自我表述成「身份型購物者」，這種觀念將片段化的自我和消費者主權結合起來，也就是與自由選擇的能力結合起來，並因此能隨心所欲的改變一個人的身份認同。然而，我們常忽略這點對於弄清自我

動態關係的真實面貌非常有用：當然也不能像理想化的版本所說的那般運作。這些或多或少得到發展的退位能力與涉入能力，亦即在知悉與感覺等等方面，搖擺在脫離與接軌之間的能力，乃是現代「個體自我」存在的模式。（後）現代狀況無疑要求自我具備更高的彈性。然而，這裡意味的並不是一種衰退，而是自我對一致性與連續性的調整。這種鐘擺似的自我動態模式乃是遞歸性的，而且只有當它停止時自我才算真正的消失，隨之而來的則是精神異常，乃至於死亡。

　　撇開自我之動態模式不談，「自我充當身份型購物者」的模式會將各種社會認同視為一系列可供選擇的「自我們（selves）」，「試穿」它時可能會取得一時的溫暖，這像極了套裝，因此也支持核心主體消失化、片段化、多重化或隨意化的論點。我們再次發現那種以循環論證的方式混合著各種模式和隱喻的推論模式。因為一旦把（後）現代個體的自我（隱喻地）描述成身份型購物者之後，卻又發現他／她並不是真的把空閒時間花在購物場所、並實行「選擇」來建立他／她的自我「自由風格」的消遣性購物者的話，那麼這種類型的典範性代表到底是誰呢？不過無論如何，後者的形象已然在前者的基礎上建立起模式，且因此完成了循環，同時也被納入下列公式之中：「街頭尋歡客／街頭尋歡女＝購物者＝（後）現代自我」。

　　不管這裡的循環推論及其中所涉及的修辭手法為何，該論點中存在一個明顯的核心。顯然在本世紀中葉，特別是一九五〇年代以來，消費的本質已經有了根本性的改變。商品與大眾文化的邊界趨於模糊，這不只是因為商品化的日益擴張，也是因為著重的焦點從消費轉向經驗（experiential）的

變遷趨勢所致。長達一世紀的現代廣告史不僅突顯出這個趨勢，而且正是其生產性的一部份（Falk, 1994, 1997）。大眾文化將經驗變成可行銷的產品，而廣告則將可行銷的產品變成一種表象、一種形象，而隨時間演進，又再轉為一種經驗。這一切的序列已經使經驗的消費和消費的經驗更加難以區辯。

　　當代的廣告可以透過虛擬方式使人們自動經驗到商品，並同時「販賣商品」，而這正是代表上述趨勢的絕佳範例。但是在當代的購物場所裡，還出現了另一種類似的「消失」現象，而且目前已達到足以實踐的水平。此處可以發現一種雙重程序—『既有關商品販賣，又可以無償經驗』，該程序乃是現代廣告引人注目的特徵，因為所有可供經驗之潛在性根源都會在同一個屋簷下（這不只是象徵意義而已）混和。從零售商的商業角度來看，所有免費提供的經驗（包含廣告在內），都應該有能力當場促銷可供消費的經驗性商品，還能促銷所有人們可以買走和帶走的商品。然而，還有另一項與此促銷過程平行的程序也會隨之發生。因為這些空間同時會獲得一種可作為經驗場域的自主性（相對於經濟角色而言），或可作為朋友會面的場所，而人們在其中只是為了閒逛和打發時間，而不是為了錢。而這就是一種無法單憑促銷目的進行歸類的趨勢：都會人（具有街頭尋歡客的身份，具有購物者的身份）的空間實踐乃至於「步調修辭（walking rhetorics）」（Certeau, 1984: 100-2）大體上都是自我決定的，而這又意味著這些空間會以各種方式形成某種足以略過、甚至妨礙行銷利益的個人私有空間。

　　購物中心的消遣性角色無非就是將市中心的消遣性角色予以延伸，只不過後者是將所有商業性及消遣性設施集中在同一條街上而不是同一個屋簷下罷了。假如把市中心蓋上龐大的玻璃屋頂，那我們就會面臨定義的問題：究竟應該單純視之爲室內的市中心，或者視之爲大型購物中心呢？我們當然可找一個區別的標準；根據可及性、空間的控制性、人工化的程度等諸如此類的標準[7]。不過，這些也只是程度上的差別。至今還沒有人對市中心進行過如此規模龐大的室內化工作，而且這很可能只能當成一種空想。然而，這種作法確實還是以較爲含蓄的方式現身了，包含十九世紀在巴黎出現的拱廊商場（arcades）乃至於當代的購物中心。拱廊商場不僅可以被建成穿越單棟建築物的「迴廊」（corridors）（有店面），也可建成兩棟建築物間有玻璃覆蓋的巷子（請參見Falk，本書第八章）。而後者與當今都會中的某些小型購物中心頗爲相似[8]。

　　上述之定義問題主要是一種純理論性的思想實驗，將該公式倒過來會讓我們更接近「實情」。我們是不是該把當代購物中心視爲縮小尺寸且經過室內化的市中心？我們又該如何設想「原版」和新的小型「翻版」間的不同關係？舉例來說，走在新加坡的市中心（單單隨人群前進），便是走過一系列有空調的購物中心和百貨公司。因此該市中心實際上就是一個購物中心的複合體，或是一群小型市中心的組合。另外還有一個例子：假如您走向羅瓦涅米（芬蘭首都）的市中心拉布蘭，你最後會走進購物中心，而此處正是不折不扣的市中心；室內化的市中心理想被實現了，更棒的是這裡並沒有原版與翻版間的差異。另一個例子仍在芬蘭：赫爾辛基

市中心的東郊購物商場：位於赫爾辛基東郊，是芬蘭最大的
購物中心，這裡具有尺度上的差異（大約２：１），再加上
特定結構的相似性，足以使後者成為前者的縮小版（請參見
拉特尼和馬恩伯，本書第六章）。

　　我們很清楚當代購物商場及購物中心，乃是人們可以在
西方（化）世界找到的東西，它不僅表明都會空間在結構和
功能上有普遍性的改變，也表明其扮演的角色被商品的世界
所佔據了。市中心的空間劃分方式，還有把零售商和消遣功
能集中到特定位置的現象並不是最近才有的趨勢，況且該趨
勢和這兩項功能沒有什麼關係。不過話說回來，當代購物中
心的型態轉變，並不只是針對消費者「心理狀態」的轉變（
朝向經驗發展）做出回應而已，甚至還是充當形塑其居民之
城市景觀和空間實踐的實體。因此，需要雙重視野才能同時
把購物視為行動實踐的場所又能將之視為實體場所；所以一
方面要將購物放在原先的經濟角色上加以主題化，而另一方
面則要將購物放在更廣義的公共行為和公共場所的脈絡之
中。前面那種觀點應該令人想起許多當代購物中心和購物商
場出現之前就存在的購物實踐行動與購物場所；它們至今仍
存在於某處[9]。而後面這種觀點應該藉著「（都會）公共空
間系譜」的角度予以主題化才是（請參見Falk，本書第八章
），又特別是最近肇使當代購物場所出現的種種歷史上的變
遷。這兩種觀點都涉及歷史性的面向，這也是本書中幾位論
及百貨公司（第三章和第五章）或超級市場（第四章）的作
者們所處理的重點。

＊ ＊ ＊＊ ＊ ＊ ＊ ＊ ＊

　　參考前文對該議題背景的勾勒，同時也參考購物研究上所涉及的困難點，接下來，我們可以從中找出四個主要的主題。在第一個主題中，主張「購物」乃是比學術界和智識界以往設想的重要性還高的現象；其重要性提高的原因不僅在於其本身便是男人和女人在生活其中的經驗，而且也是理解現代與後現代社會的核心現象。這是米勒（Miller）在第二章裡的明確主題，顯然也是道格拉斯（Douglas）和納法（Nava）在第一章和第三章裡所論及的主題。雖然每個作者各自採取不同的方式來強調這個主題，但他們一致認為，對這項平凡世俗的活動進行分析，有助我們在當代男女生活面上得到重要的洞見。米勒對於把購物假設成相較於公共政治舞台來說，更偏向半私人的個人性與旅遊性舞台的觀點有所質疑。為了直接挑戰這個觀點，他主張購物已經日漸形成一種每天都必然涉及政治性與道德性判斷的活動。所以應該被視為一項極具重要性的活動。同樣的，道格拉斯也反對將購物描寫成一種無謂瑣事的時下觀點，更反對為了強化消費者與購物者的負面形象而嘲弄經濟學家與市場研究員的觀點，因為在她看來，這要不就是單把購物視為一種對市場價格的簡單反應，要不就是將之視為對流行趨勢的簡單反應。相反的，道格拉斯主張購物者是理性且連貫的人，其所作所為受到文化考量的影響；實際上則是藉由配合且重複表達文化敵意（cultural hostility）所達成的。無數表面上看似無關的消費選擇之間，其實是有關連的，因為它們反映著持續的征戰，其中宣告了文化忠誠度，表達著好惡。主動拒絕擺在購物者面前的商品所要花的時間與精力，其實和購買它們所要

花的時間與精力不相上下（從道格拉斯的購物觀來看，購物者同時也獲得了滿足）。的確，她進一步主張購物的面貌不只限於表達（express）而已，而且還是各種不同當代文化結構的實際構成成分。

　　貫穿後面幾章的第二個主題乃是將前一個主題進一步加以明確化的版本。這裡主張購物和零售圈具有普遍的重要性，因為它們已經成為現代性這齣戲的核心舞台。這正是納蕊、鮑比和法蘭德雷克森（Nava, Bowlby and Fredriksson）（第三章至第五章）文章中的主題，他們認為百貨公司在培養現代消費者的敏感度上，扮演了關鍵性的創新角色。他們的確以很特殊的方式對待百貨公司，在鮑比看來，這是一種未經書寫記載的購物史，對納蕊而言，這些「現代性的環節」是將現代主義者的性格引介到工業社會的基本管道。法蘭德雷克森巧妙的嵌進這個大主題之中，他寫出了該制度較為民主的版本，該制度會教導下一代的購物個體如何以現代方式消費（以及如何拒絕消費）。

　　第三個主題，藉由強調性別的重要性，再一次審視這些界定出的東西，其中特別強調女人身為購物者，並從而身為現代性的代理者時，所扮演的關鍵性角色。要是說購物對於理解現代社會而言既重要且關鍵，那這多半是因為購物本身也帶有性別差異。這正是納蕊文中的主旨，因為她認為立基於自我認同基礎、並有排除購物傾向的現代性標準敘事裡，相對來說欠缺女人的參照點；而這便預設了兩者的特質比較接近私有世界而非公共世界。她將百貨公司（作為一種專為女人設計和專供女人使用的空間）定位成「公共性」的都會空間，並將女人視為現代性代理人的觀點，被坎培爾做了新

的轉換（第七章），他認爲女人身爲購物者所扮演的關鍵性
角色，意味著她們亦是後現代性的先驅者。

　　第四個也是最後一個主題，可說囊括且超越之前的三個
主題，因爲這裡專注於購物經驗本身具有的複雜性與曖昧性
，並特別專注在其中包含的矛盾與張力。研究者接下來的討
論很清楚地得出重複的結論，他們一致認爲購物乃是種複雜
且先天就曖昧的現象。比方說，對許多人而言，既不會將購
物視爲一種簡單的工作也不會視爲休閒活動，而是視爲兩者
兼涉的事情。同時，拉特尼和馬恩伯在第六章也清楚揭示，
購物本質上就是件曖昧的事，因爲它實際上是發生在公共場
所的私人經驗：一種徘徊在私人性與社交性間某個地方的活
動。就像他們所主張的那樣，這裡會遭遇到理性與衝動間的
緊張關係，也會碰到「可以樂在其中的社會形式」和「生活
必要活動」間的緊張關係；這是一個直接與性別議題接軌的
主題，就像坎培爾在第七章所展示的一樣。購物也可以說是
矛盾的，因爲它是一種既會產生愉悅也會產生焦慮的經驗，
一種「很快就會變成惡夢的愉快經驗」，因爲購物同時有光
明面（愉快的一面）和黑暗面。法蘭德雷克森說得很清楚（
第五章），這和學習成爲一個現代購物者的問題息息相關；
現代購物者這個角色是指一個人不僅要能屈服於慾望，還要
能在用盡資源前懸崖勒馬的角色。「購物經驗」或許正是現
代性與後現代性間的張力及承諾得以清楚呈現的轉捩點。

參考文獻

Adburgham, Alison (1964) Shops and Shopping, 1800-1914: Where and in What Manner the Well-dressed Englishwoman Bought her Clothes. London: George Allen and Unwin.

Appadurai, Arjun (ed.) (1986) The Social Life of Things: Commodities in Cultural Perspective. Cambridge: Cambridge University Press.

Baudelaire, Charles (1964) The Painter of Modern Life and Other Essays. London: Phaidon Press.

Bauman, Zygmunt (1988) 'Sociology and Postmodernity', Sociological Review, 36(4): 790-813.

Benson, Susan Porter (1986) Counter Cultures: Saleswomen, Managers and Customers in American Department Stores, 1890-1940. Urbana and Chicago: University of Illinois Press.

Bersani, Leo (1990) The Culture of Redemption. Cambridge, MA: Harvard University Press.

Campbell, Colin (1987) The Romantic Ethic and the Spirit of Modern Consumerism. Oxford: Basil Blackwell. Certeau, Michel de (1984) The Practice of Everyday Life. Berkeley and Los Angeles:University of California Press.

Csikszentmihályi, Mihaly and Rochberg-Halton, Eugene (1987) The Meaning of Things: Domestic Symbols and the Self. Cambridge: Cambridge University Press.

Dittmar, Helga (1992) The Social Psychology of Material Possessions. Hemel Hempstead: Harvester Wheatsheaf.

Falk, Pasi (1985) 'Corporeality and Its Fates in History', Acta Sociologica, 28(2): 115-36.

Falk, Pasi (1994) The Consuming Body. London: Sage.

Falk, Pasi (1997) 'The Benetton-Toscani Effect: Testing the Limits of Conventional Advertising', in Mica Nava, Andrew Blake, Iain MacRury and Barry Richards (eds), Buy This Book: Contemporary Issues in Advertising and Consumption. London: Routledge. pp. 64-83.

Fischer, Eileen and Gainer, Brenda (1991) 'I Shop Therefore I Am: The Role of Shopping in the Social Construction of Women's Identities', in Janeen Arnold Costa (ed.), Gender and Consumer Behavior. Salt Lake City, UT: Association for Consumer Research, pp. 350-7.

Fredriksson, Cecilia (1996) 'Loppmarknader och ruiner. Om loppmarknadens estetik [Flea Markets and Ruins: On the Aesthetics of Flea Markets]', in I. Nordstrom and R. Valerie (eds), Tyche och Smak [Living and Taste]. Lund: Carlssons. pp. 17-46.

Giddens, Anthony (1991) Modernity and Self-Identity. Cambridge: Polity Press.

Goffman, Erving (1963) Behavior in Public Places. New York: Free Press.

Goffman, Erving (1967) Interaction Ritual: Essays on Face-to-Face Behavior. New York: Allen Lane & The Penguin Press.

Goffman, Erving (1972) Relations in Public: Microstudies of the Public Order. New York: Harper & Row.

Göhre, Paul (1907) Das Warenhaus. Frankfurt am Main: Riitten & Loening.

Goss, Jon (1993) ' "The Magic of the Mall": An Analysis of Form, Function, and Meaning in the Contemporary Retail Built Environment', Annuals of the Association of American Geographers, 83(1): 18-47.

Jackson, Peter and Thrift, Nigel (1995) 'Geographies of Consumption', in Daniel Miller (ed.), Acknowledging Consumption: A Review of New Studies. London: Routledge. pp. 204-37.

Leach, William (1993) Land of Desire. New York: Pantheon Books. Miller, Daniel (ed.) (1995) Acknowledging Consumption: A Review of New Studies. London: Routledge.

Miller, Michael B. (1981) The Bon Marche: Bourgeois Culture and the Department Store, 1869-1920. London: George Allen and Unwin.

Nava, Mica and O'Shea, Alan (eds) (1996) Modern Times: Reflections on a Century of English Modernity. London: Routledge.

Rapping, Elaine (1980) 'Tupperware and Women', Radical America, 14(6): 39-49.

Riesman, David (1950) The Lonely Crowd. New Haven: Yale University Press.

Sack, Robert D. (1992) Place, Modernity, and the Consumer's World: A Relational Framework for Geographical Analysis. Baltimore: Johns Hopkins University Press.

Shields, Rob (ed.) (1992) Lifestyle Shopping: The Subject of Consumption. London: Routledge.

Soiffer, Stephen S. and Herrmann, Gretchen, M. (1987) 'Visions of Power: Ideology and Practice in the American Garage Sale', Sociological Review, 35: 48-83.

Williams, Rosalind (1982) Dream Worlds: Mass Consumption in Late Nineteenth-Century France. Berkeley and Los Angeles: University of California Press.

Zukin, Sharon (1991) Landscapes of Power: From Detroit to Disney World. Berkeley: University of California Press.

註釋

[1] 綜觀社會學（或社會心理學）對百貨公司進行過的分析（ *Das Warenhaus* by a German scholar named Paul Göhre）， 最早的是一九○七年一系列由馬丁‧布魯柏（Martin Bruber ）所編輯，名爲〈社會：社會心理學專論叢集〉（die Gesellschaft - Sammlung sozialpsychologischer Monographien）中的一篇文章。值得注意的是，該叢書也 有一些德國經典社會學家的文章，例如喬治‧齊美爾（ Georg Simmel）（宗教），斐迪南‧圖尼斯（Ferdinand Tönnies）（傳統／習俗*[Die Sitte]* ）和沃納‧宋巴特（Werner

Sombart）（無產階級）。我們或許可以斷言在德國社會學傳統裡，購物已被視爲一種相關的社會學題目，甚至在購物社會學以社會學次領域的方式出現之前就已經有了（請參見哈唯與坎培爾（Hewer and Campbell），本書附錄）。

2　此乃是《生活形態之購物》（*Lifestyle Shopping*）一書的次標題（Shields, 1992），其中以一種些許調整過的方式對這類趨勢作了一番陳述。

3　這個公式令人想到拉岡曾論及自我乃是想像性構成體的觀點（這並非將自我轉變成某種非實存之物），而且還真的能與之相容。然而在目前的脈絡下，「自我形塑」的想像性特質不僅應該透過更廣義的術語來理解（有別於人類心靈動態學這類較爲狹義的角度所進行的探索），並強調歷史觀，因爲歷史觀能著眼於十九世紀晚期以來，顯得越來越廣義的「自我形塑」面向。這些有關「自我」的新面向有可能被概述爲一種朝向個體化發展的強大趨勢，這種個體化趨勢使人們得以在各種因爲新興都會生活方式、或因爲「消費社會」來臨、乃至於因爲大眾媒體和（大眾媒體化的）流行文化的膨脹所造成的脈絡因素間調整自我。在這些背景脈絡（社會與文化）因素的關連下，「想像」一詞獲得了額外的意義，指涉人們對外在世界的主觀導向，原本強調的「實際行動」，現在已轉變成「內在」經驗和反思（Falk, 1985, 1994）。結果便會轉而對所有（都會）外在世界所提供之免費物品或商品（包含實體商品和大眾文化的經驗性商品）具有的刺激、印象和形象予以想像

性的接受（或消費）。柯林‧坎培爾的「浪漫性自我」和「現代享樂主義者」（Campbell, 1987）乃是對「自我形塑」此一想像性面向的良好說明。

4　看醫生很難被說成經驗性商品的消費。然而，以往用在購買和即時消費上的原則也同樣可以用在當代購物商場裡所提供的其他各種服務上（比方醫療、司法等等）。就在最近，一家私人診所「愛拉」（Eira）在赫爾辛基當地最大的報紙「赫爾辛基聖洛梅報」（*Helsingin Sanomat*）上，以「愛拉現在也在司達克百貨為您服務」為標題刊登廣告。標題下方的文字寫到：「在新愛拉診所裡，您可以在購物的同時請教醫生，又快又簡單」。

5　一系列涉及反思性的問題之中（這是和感官載體的轉變平行發展的：像是看、碰觸、試穿），從「這漂不漂亮？」直到像是「這適不適合我呢？」、「我應該買嗎？」等更接近購買階段的問題，很容易找出連貫性，接著在更具體的層面上，我們有可能再度建構一些相對的設定，藉此區別購物以及其他也同樣趨於普及的事物。比方，多數的藝廊實際上已經變成專供某些人購買私人收藏、家用擺設或是專供投資用的藝品店了。事實上，如果比較一下購物商場和某些（販售型）藝廊的「拜訪者／購買者」平均比率將會十分有趣。不知道購物商場和不同超級市場得出的比率會不會比較接近，尤其是相較於我們排除了前一場所中被消費的「經驗性商品」後的結果？從另一方面來說，有一些從相反觀點來看的例子，比方瀏覽商店櫥窗，特別是當商店歇業的時後，會在很大的程度上相近於瀏覽博物館

的玻璃盒。

6　週末的超級市場之旅（同配偶或家庭成員乘車完成，特別是在市中心之外），即便仍然依循「目的型購物」的方式進行，卻可能提供較多的消遣空間；也就是說，每週都從店裡買回大量物品。然而，我們已經對那些在購物中心（該處提供了可觀數量的經驗性產品以供消費）裡完成「半批發式」購物的案例，採取結合上述兩種導向的方式處理購物實踐行動。根據實體結構來說，其本身在建築設計以及功能上的程度差異，都表明大型超級市場與購物中心的區別不大，位於市中心以外的購物中心更是如此：因為超市的規模加大，也會擴充他們所供應的服務乃至於「經驗性產品」（「停放」兒童的遊樂場、咖啡廳、餐廳等等），因此使他們更像是一座購物中心。

7　購物中心是一個凡事皆處於掌控中的室內空間，它和隨時開放的街道大不相同，因為購物中心會利用錄影機和廣播系統這類現代化的全景裝置，使室內空間的掌控比起外在空間的掌控更為有效。此外，購物中心極具人工複雜性：這是一種整體規劃、安排與實施的結果。以後者的角度來看，購物中心有別於市中心，因為市中心普遍來說是由不同時間的各種不同規劃所產生的異質性結構。不過，諸如巴西這類基於單一計畫所興建的城市則是這個法則的例外。

8　在特定意義上，赫爾辛基市中心最近（一九九七年五月）已經室內化了。在幾個月之內，那裡便會設置起連接各主要百貨公司和商場間的地下通道與購物大街（這是和鐵路

及地下車站放在一起的），形成一個更大型的室內空間。
這並不是真的位於同一個室內空間裡，只不過至少可以讓
你不用走出室外就能從一個購物場所到另一個購物場所。
[9] 針對購物的組成要素做一論斷仍是開放的議題，而且正是
本書不只涉及購物中心，也涉及大量的百貨公司與超級市
場的原因。再者，有些這方面研究也針對零售商店，諸如
車庫舊貨店（Soiffer and Herrmann, 1987）、跳蚤市場（
Fredriksson, 1996）、汽車行李箱銷售店舖、甚至是特百惠
保鮮盒集會進行研究（Fischer and Gainer, 1991; Rapping,
1980）。這些研究有助於平衡人們側重當代購物中心的趨
勢。

譯者序

　　對某些人而言，購物（shopping）只不過是單純的金錢交易，不過也有人覺得購物是種有趣的休閒活動，甚至有人覺得購物是種令人心醉神迷、如痴如狂的行動，從而生動地以「血拼」稱之，血拼可說是購物的極致表現。儘管讀者可能從沒想過購物的定義，但卻很少沒有購物的經驗，購物堪稱最貼近生活的經驗之一。

　　或許正因為購物這個議題太過於貼近生活、太過於接近世俗瑣事，因此向來不是學術殿堂上的要角，過去幾十年來，除了因應商業運作的需要，透過行銷角度做過探討之外，這方面的研究可謂寥寥可數，而社會學或相關文化研究領域中，也傾向透過較為抽象的「消費文化」作為研究議題，很少見到學者專門以「購物」為主題來進行研究。但仔細想想，這熟悉而尋常的經驗中其實蘊含了極為豐富多樣的面貌，本書便為讀者詳細分析購物歷程中所經驗到的各種細節，探索購物可以形成何種經驗，以及形成該種經驗的種種原因。

　　這是一本透過社會學與文化研究角度專論購物活動的開創性著作，其與既有的消費文化研究之間的關係，既是一種斷裂也可說是一種延續。書中收錄近幾年來在社會學與文化研究領域中以購物為主題的最新研究成果，七篇文章的作者分別從不同的切入點著手，為讀者們提供了七種異於既有理論的觀點，不僅深具獨特性，而且深度與廣度俱佳，讓我們體認到即使是尋常生活的經驗也有與個人息息相關的學問，人們在購物歷程中不僅完成了一樁交易，也成就了一種社會

實踐。因此，透過購物所經驗到各種事物，將融入我們待人接物的方式，告訴我們不同性別、種族與身分的價值與意涵。書中各章題材獨立，讀者可以不必逐章閱讀，大可隨各人喜好，決定讓作者陪同你前往超級市場、購物中心或是百貨公司，一同來趟購物之旅，同時探索我們平日不曾細想的購物經驗。

　　一趟豐富的旅程是吸引我投身翻譯的重要原因，尤其是一趟重新審視生活經驗的旅程，對於某些像我一樣喜歡思考生活經驗的人而言，這具有一定的魅力。由於個人長久以來十分關心相關的文化理論，因此對既有消費文化研究並不陌生，當初即是希望開拓新的視野，才選譯這本與既有消費文化研究有所差異的書，雖然書中的理論有些仍處於發展階段，但整體來說仍深具啓發性。讀者在閱讀過程中，可能會觸及的議題廣及城市、歷史、性別、政治與經濟，也會接觸到不少社會學、文化研究與女性主義的經典理論，對於原本熟悉消費文化研究的讀者而言，很容易從中激盪出不同以往的學術洞見，對於原本不熟悉消費文化研究，但仍關心購物活動的讀者而言，可能會略感吃力，不過它仍然是本值得您仔細品味的好書。

　　最後要感謝弘智文化事業李茂興先生在本書翻譯其間給予的尊重與寬容，以及王乾任先生提供的建議。

陳冠廷

第一章

爲購物辯護

瑪莉・道格拉斯

購物

　　本文將爲購物辯護。具體而言，亦是爲當前已由女人接管的購物辯護、並爲了她們在購物上花費的錢辯護。言下之意就是反駁男人對購物的既定想法，並對那些鄙視消費者選擇的消費理論提出指控。我爲了做出有效的反擊，將會指出這些消費理論有哪些聲名狼籍的缺點，並指出這些消費理論無非只是一種本身明顯有所侷限，對購物的思考又流於片面的理論進路。

　　經濟學和市場研究都擅長解釋市場對消費者選擇的影響。這是以十九世紀功利理論爲基礎所成就的。但今日真正的問題早已改頭換面了。我們必須要理解消費者對市場的影響。當我們面對的問題變成「消費者的喜好對市場的影響」時，就得重新審視我們對消費者的看法。例如消費者的選擇有多少同質性？或有多膚淺？其深層動機有多麼曲折與破碎？這些依循當代心理學典範所提出的問題徹底羞辱了購物者的智慧，因爲它們忽略了購物者其實是全然理性的消費者。

　　時下流行一種說法，認為購物者根本上是隨波逐流的：她跟著流行擺動，而不依循市場的價格。擺動（Swings）與價格是解釋購物的兩種方式；言下之意，不管購物者的行動是由市場或是由流行來決定，都只是機械性的判斷，並不值得多加檢視。我手邊就有一篇以這種方式看待衣物摺邊的著名文獻。讓我們來回顧一種稱為愛德華款式的褲管摺線，被愈改愈窄，後來又突然放寬的歷史。曾經在零售市場流傳著一則出處不詳的故事，這故事是說，英國王子還沒成為愛德華七世之前，有一次不小心跌到池塘裡，弄濕了褲管，萬不得已買了他一生中唯一一件成衣。但這件褲子比不上御用裁縫所作的合身，所以御用裁縫放鬆了褲管，並造成了流行。王子的意外事件給了必然會發生的流行風潮一個發生的機會。管狀的愛德華款式在愈來愈窄的同時，終將面臨修改的極限。到最後，要不就得打破褲子與襪子間的界線（這樣一來，裁縫師便喪失了專業地位），要不就得放寬褲管。我父親以前一位劍橋的老師曾警告他「絕對不要相信褲子寬鬆的人」。要是家庭教師打算對抗潮流，那就太天真了，因為牛津款式的褲子已穩居上風。

　　這就像一個鐘擺，一定會先擺向一邊再擺向另一邊。可是如果這只能預測改變，卻又說不出何時將會改變，以及會有何種改變的話，這算是哪門子的解釋？況且不是每件事都會改變；某些流行樣式有歷久彌新的能耐。「鐘擺」效應並沒有影響到我們怎麼設計人們坐在標準餐桌邊，在標準餐盤上使用的標準刀叉。其實這還有待文物研究專家來認定才是。不過，其他文明（依索比亞，印度）不用刀叉也能順利進食，為何鐘擺效應不會使他們的餐具擺成我們所使用的刀叉

呢？我們又為何不能擺向反刀叉的模式去呢？事實證明，鐘擺理論起不了多大的解釋作用。

　　鐘擺效應的支持者曾藉由主張只有特定選擇才會遵循擺動原則，來維繫該說法的有效性。但這樣解釋就只能憑借模糊的標準來區分購買者是依靠理性選擇（rational choice）而購買該物，還是因為選擇性因素（optional element）才購買該物。舉個例子來說，每個人可能都會需要一件外套，但是顏色就是選擇性的因素，並且很容易追隨當年的流行色。這意味著有些選擇具有核心地位且是穩定的，其他的選擇則是邊緣性和暫時性的，有些和內在有關，有些則與外在有關，有些是必須的，而有些則是奢華與表面的裝飾。要是缺少這種選擇區隔，消費者的擺動模式就會流於荒謬可笑。

風格（Style）

　　「內在性／外在性」（intrinsic/ extrinsic）特徵的對比拯救了擺動理論，並可以契合風格這個廣為接受的想法，風格只與一件作品做成何種樣子有關，而與其本身是何種東西無關。這個風格理論意味著有些本質可以區隔於外表。風格乃是藝術作品的外表，可能是光滑或粗糙的，外表外於作品本身。這個理論藉著暗示每樣東西都有本質而阻止更進一步的分析。也就是說每樣東西總有一些無法直接揭示，無法直接觸及的實相（reality）。尼爾森・古德曼（Nelson Goodman，1978）已經仔細檢討過這種美學哲學的缺失了。假如這種論點誤導了藝術史，那麼它對消費理論也同樣有害。這敦促

我們遠離所有可能把消費者行為當作固有未知之物的說法，並時時提防各種把非理性及未知領域排除在人類心智模式之外的模式；因為阻止對話的人，便是阻止思考的人。問個常識性的問題：為什麼人們要採用這個和內在本質毫無關連的風格？或者說，人們如何保存其內在本質而不影響習慣的選擇？或者要問究竟什麼因素決定了人類行為中的非理性部分？屬於內在中心不受影響的又是什麼部分？消費理論要不就得回答這些問題，要不就得改善他們對人類的觀點。我認為憑藉嚴肅的態度把文化說成消費者喜好的仲裁者，可以達成這項改善工作。

倘若把消費行為的特定部分，界定成易受價格影響，而不易於受自由追隨風格而影響的部分，便可以某種方式透過市場力量（Market forces）來強化擺動模式。這便是說舉凡技術上的改變、新的工作機會以及生產方式的改變，全都會造成價格變動，而消費者對這部分的感受比對流行的感受更為強烈。比方說，郵遞區號揭示了消費者的生活形態，因為居住地點的選擇反應著市場的限制。特定地區提供的工作機會與勞動市場對當地居民的雇用狀況息息相關。從消費的角度來說，假如都會區人口過於濃密以致於沒有花園，那就不會需要除草機、殺蟲劑、花園家具、澆花的水管或灑水器。緊繫於郵遞區號的重大選擇限制，和市場力量一致。但是卻也有一些無法用市場解釋的喜好變遷情形不斷在消長。甚至於擺動理論都無法解釋近來對殺蟲劑態度的轉變。但不論這種轉變的原因何在，無非都是文化變遷的一部份。

我們已經指出當前消費理論的典範有些錯誤。這也就是說，把所有和市場沒有明顯關連的選擇，當作毫無價值的選

擇是錯誤的作法。同樣的道理，沒有考慮到市場力量對消費者選擇所造成的影響也是錯誤的。總而言之，把消費者想成一個不連貫、片段化的存在者，或是一個被自身目的所分裂、只會對其決定做出反應、乃至於一方面被價格所支配另一方面又被可流行的擺動所支配的人，更是一項錯誤。難道她就沒有屬於自己的完整目的嗎？

抗議（Protest）

我主張「抗議」正是足以揭示消費者身為一個連貫、理性之存在者的消費面向。雖然兩代間的敵意有其重要性，但消費並不受世代間的擺動模式支配。即使就世代之間的問題而論，消費仍是透過更具深度且更為有趣的抗議方式所主導。抗議是一種基本的文化態度（cultural stance）。任一種文化無時無刻都在指控另一種文化。有種比較含蓄的想法認為，消費者選擇產品的行動有其辯護（defiance）效果，但我堅持比較強勢的觀點，我斷言消費行為會持續且全面受到文化敵意（cultural hostility）的引導。這個論點將會復原消費者的好眼光和整體性。

我們必須徹底改變想法，不再把購物想成個體選擇的表現形式。文化本身乃是由無數個體選擇累積而成的結果，而這不僅意指人們在社群之間所做的選擇，也意指在各種關係之間所做的選擇。一個理性個體必須做的基本選擇是選定其所欲居住的社會。其他的選擇則會根據這項選擇而來。人造物被挑選出來的作用乃是替之前的選擇作示範。舉凡吃的食

物、穿的衣服、電影、書籍、音樂和假期，諸如此類剩下的
部分都是為最初選擇的社會形式作見證而作的選擇。商品獲
得青睞的原因在於商品本身並非中性之物；它們會雀屏中選
乃是由於其本身在否定它們的社會形式中毫無容身之處，而
會在偏好該形式的社會中獲得接納。敵意已經隱含在他們的
選擇之中了：

　　「我不能忍受把牆壁漆成可怕的橘色」，一位住在國宅
的居民滿心不悅地說道（Miller, 1991）。她明明知道鄰居就
是喜愛鮮橘色的明亮。顏色隱含在鄰居的生活形態之中。為
什麼她不把牆漆成親切的米白色呢？人類學家認為她對她所
厭惡的東西無能為力，因為她在所居住的國宅裡勢單力薄。
的確，她的鄰居會把牆面塗成令她厭惡的顏色很可能有積極
的價值，這可能是她對抗他人及其感到不屑的生活方式的旗
幟，也是代表她自身及其生活形態的旗幟。她穿什麼顏色的
衣服？人類學家本身並非購物者，所以並未報告其他方面的
厭惡感。

　　一位購物者說到：「我死也不穿那種衣服」，她在駁斥
其他人選擇那件衣服時可能會用到但卻不為她所喜歡的理由
。她所討厭的衣著，諸如髮型和鞋子、化妝品、肥皂和牙膏
以及顏色等等，在在都標示著文化隸屬性（cultural affiliation
）。因為有些人會這樣選擇，就會有其他人否定這種選擇。
購物是反動的、真實的，同時也是起積極作用的。購物是種
聲明，宣告著你的忠誠度（allegiance）。這便是購物所以需
要深思熟慮，花費那麼多時間的原因，也是女人必須對購物
有意識的原因，更是她們從中獲得諸多滿足的原因。這就是
男人為什麼會明智的把購物留給妻子的原因。無論如何，男

人的服飾和髮型都比較接近受到他們終其一身投注心力的職業結構給高度規定的事項；他們對此符號的多樣性並不敏感。而男人置身文化戰場之外的事實，正好解釋了他們為何會對這些東西竟然如此貴重深感驚訝，這也能解釋何以在緊要關頭很難向他們說明清楚。功利理論在出發點上就有不可靠的偏頗，然後才藉此得出冷漠的購買規劃。因而始終疏忽了文化敵意的規模。有關消費模式的探索早就把焦點擺在「需要」（wants）上了。這個問題和人們為何想要她們所買的東西有關，而多數購物者同意人們並不知道自己想要什麼，但非常清楚他們不要什麼。男人和女人一樣，對他們不要的東西堅定不移。我們想要理解購物者的實踐行動，就得要探索他們一致感到厭惡的事物，因為這些東西不僅較為固定，也比慾望揭示出更多東西。

四種文化型態

文化理論可以解釋厭惡何以能形成共同的標準。文化理論假設四種不同的組織方式；亦即四種彼此衝突的文化。選擇商品就是在不同文化之間做出抉擇，選擇其一並否定其他。四種形式如下：第一種是**個人主義式**（*individualist*）的生活形態，正如廣告所言，他們「行駛在快車道上」。這種生活形態選擇了相互競爭、開疆闢土，追求開放式人際網路、享受高科技產品、喜好運動、附庸風雅、追求冒險性娛樂，並擁有變換寄託的自由。選擇這種生活形態的個人主義者反對其他三種生活形態。第二種是**階級制度式**（*hierarchical*）

的生活形態，他們形式化並且依附在已確立的傳統和制度之上；維持明確的家庭網路及老朋友的網絡。（這顯然是行駛在慢車道上：這種生活形態看似節儉；其實維持家庭網路的成本很高。所以沒有多餘的錢可以用在高科技、旅遊、娛樂等事物之上）。另一種生活形態是個人主義式生活形態和階級制度式生活形態所反對的，帶有平等主義意味的**異議份子式**（*enclavist*）的生活形態，他們反抗形式化、浮誇和機巧，反對獨裁主義和制度、偏好簡單、率直、親密的友誼和精神性的價值。最後一種帶有折衷主義意味，退縮封閉而不按牌理出牌，他們是**特立獨行式**（*isolate*）的生活形態。不論哪種型態，都脫離了農業時代的友誼關係，也都不擔心有其他類型的文化強加於上的代價。特立獨行的人並不是因為朋友所逼而特立獨行，他們只是不想浪費時間在繁文縟節之上，也不想為了競爭而費唇舌；他不必像其他生活形態一樣為禮數苦惱，也不必因為緊湊的行程而煩心：他是自由的。或者以另一種參照角度來看，你也可以說他是孤僻的（alienated）。

　　人類學家早就對文化策略在預防疏離上的作用感到興趣[1]。這裡的論點也有異曲同工之妙：有一種同時具有防衛性和攻擊性的要素，其作用不是針對必然地疏離，而是針對不認同的文化形式。對某種文化疏離並不必然會使某人無依無靠；這還有其他文化上的選擇。選擇龐克文化乃是否定主流文化，而不是退出主流文化，他自有一套富創意的文化策略。特立獨行的人不必然是一般所謂孤癖的人；他對不願接納的文化仍有可能保持十分親切的態度。

　　這四種生活形態（個人主義式、階級制度式、異議份子式、特立獨行式的生活形態）對於學習消費行為的學生而言仍感陌生。其中最令人感到新鮮、最難以接受的地方，大概就是將生活形態區隔成四個截然不同的區域，而這四者又是與其他三者相較之下而得出的。它們之間的敵意正是成就其穩定性的力量。這四種不同生活形態所以能持續下去，正是因為它們各自依靠一套不可相容的組織原則。每種文化都是一種組織方式，每一種都會掠奪其他型態的時間、空間和資源。他們很難和平共存，然而他們必須要和平共存，因為每一種文化型態的存活就是其他三種型態得以存活的保障。敵意使他們得以續存。

　　容我在此稍微暫停，好為各位說明各文化之間存在的衝突。消費早被家用購物袋的形象給定義了。凡是從商店帶回家的東西都是專為特定空間和時間下的使用情況而設計的。行駛於快車道的個人主義式文化背後，驅動他們的原則是每個人都該擴張他的／她的人際網路。對階級制度式的家庭來說，這是很難的，否則他們就得撕裂既有的藩籬，並侵犯到階級制度式家庭預留的空間與時間。階級制度式和個人主義式的原則正在交戰，誰看對方都不順眼，也都在想盡辦法獲得勝利。其不可相容性源自兩代間的敵意背後所存在的衝突，尤其是婆媳之間，因為年長者朝向階級制度的方向發展。然而企圖把家庭變成一個平等主義國度的作法，要不就不適合階級制度式的作法，要不就不適合個人主義式的作法。特立獨行式的人，則會試著避免加入他人的行列，而這種作法會觸怒所有的人，因此很難消彌在每個家庭裡上演的文化衝突。

自然的迷思

　　任何人讀到這裡都可以看得出這點，同時任何人都可以
看出是否有股持續的壓力，持續定義一個人對這四個相互衝
突的文化所具有的忠誠度，不過要靠這點來解釋購物還有一
段長路要走。截至目前為止，這種說法聽起來仍像是帶有教
條味道或有先驗味道的東西。其實這個理論要強調的是，文
化忠誠度會滲透到包括購物在內的所有行為之中。在店鋪間
徘徊的消費者實現了一種生活哲學，或者實現四種哲學和文
化之一。文化偏見把政治和宗教帶進其美學、道德、友誼、
食物和衛生保健之中。根據這個理論最強勢的觀點來看，那
些認為消費者心智脆弱且易於遊說的想法甚是荒謬。只要想
想人們對殺蟲劑、噴霧劑、人工肥料和肉品的反感，再想想
人們對能源的強烈興趣，廣及核能發電、太陽能發電或火力
發電。消費者在這些例子裡絲毫不依市場條件作反應。恰恰
相反：他們站出來深刻地改變了市場。消費者開始對環境感
興趣，但這種興趣並未趨於一致。在四個文化角落中的消費
者：有些偏好包括核能電廠在內的便宜燃料；有些人則反對
這種論調，而多把焦點放在能源保護上；另外有些人則對此
漠不關心。

　　麥克‧湯普生（Michael Thompson）已經帶頭將文化理
論應用到激烈而令人感到混淆的環境政策辯論之上（
Schwartz and Thompson, 1990; Thompson, 1988; Thompson et
al., 1986）。我將追隨他的腳步，試著把他的方法用在消費理
論上。湯普生的方法是聚精會神的傾聽環境論辯，並從他們

的論點中抽離出基本假設。無限上綱是得不到結論的。解釋最終還是得要劃上句點。湯普生從環境論辯中聽出他們訴諸追隨自然的立場。不管自然是何種面貌，它都只能支持其中一種政策，錯認自然將會導致無情的毀滅。他追溯四種關於自然的迷思（Thompson et al., 1990）。每種迷思都在為特定發言者寄身其中的生活方式所構成的世界提供解釋。這種寄託並不是個人的意圖，而是發言者選擇投身的文化所具備的一部份。湯普生從均衡機制（equilibrium mechanics）的角度畫出四個圖表，說明這四種自然的迷思（圖1.1）。

自然是強韌的　　自然是不可預測的　　自然只會在一定限度　　自然是脆弱的
　　　　　　　　　　　　　　　　　內強韌　　　　　　而污染具有毀滅性

圖 1.1 自然的迷思（Schwartz and Thompson, 1990）

1 **自然是強韌的（robust）**。這個觀點是為所有不甘心單單因為那些主張二氧化碳污染或土壤侵蝕可能造成永久傷害的警告，就讓自己的計畫遭到中斷的企業家所做的辯護。他們所屬的文化團體乃是一種基於自由出價與議價為基礎的生活方式。他需要自然是強韌的，從而反駁那些抗拒其所欲交易之人所持的論點。

2 **自然是不可預測的（unpredictable）**。事情會發展出何種結果是難以預料的。這個觀點可替這群不具結盟關係的特立獨行者進行辯護。其以此作為答案是企圖

　　　讓自己可以往任何方向發展。

3　　**自然只會在一定限度 (limit) 內強韌**。這種觀點是來
　　　自階級制度者，他們的辯護是為了讓自己能建立具規
　　　範性且有規畫性的計畫。階級制度者要的是管理環境
　　　。為了要替他們給企業計畫加諸的規範作辯護，他需
　　　要自然不完全是強韌的。

4　　**自然是脆弱的 (fragile) 而污染具有毀滅性 (lethal**
　　　)。這個立場根本上不同意發展企業的政策，也不同
　　　意有組織的階級制度者，也不同意特立獨行者的宿命
　　　論。這種說詞是為綠色遊說團體的焦慮提供辯護用的
　　　。

　　　文化理論從他們訴諸自然的脈絡出發，便可以揭露其論
辯的策略，並顯示出迷思的基礎乃是其最終緊咬的論點。事
實上，論爭路線並不能緊咬住任何東西，因為根本沒有辦法
顯示出任何一個自然迷思是正確的。從某角度來看，要求證
據是多餘的；再多證據也無法排解分歧的意見。一路論爭下
來，參與者也漸漸體認到他們面對的是無限上綱，所作的解
釋越多引來的對立解釋也越多，而且這種情況一旦發生之後
，理論化的工作就必須結束。在關於究竟該如何處置環境的
論爭之中，各陣營所提出的解釋依賴著他們相稱的自然迷思
。文化理論的任務乃是去分解論爭的元素，並顯示出各種自
然觀如何從個人主義者、特立獨行者、階級制度者或平等主
義者等不同社會觀點來驅使自身。假如論爭的參與者從他們
所屬的社會觀點參與該項議題，而不是從判斷出發，那麼他
們所面臨的只是在不同組織原則間做一抉擇，而不是在道德

判斷上做抉擇。在各種社會觀點之間，沒有道德判斷可言。
我們將處置各自的偏好、從外部條件進行評估，恰當的成就
不同類別的結果。

人的迷思

　　但憑一點巧思，便可將這種文化分析轉用在消費之上
。首先，消費領域並不能代表消失的雨林、被侵蝕的土壤或
大規模沙漠化的全貌。購物乃是透過購物籃定義的領域。這
裡的論點並不是為了勸服政府或控制跨國企業，而是關乎如
何組織家庭的論點。我們將會聽到維持不變的論點，而且會
不斷回頭使用其所緊咬的措辭，以及固定的自然訴求。但是
這些基本迷思當然不會指向自然環境。消費的論辯因為有人
的本質做參照而阻擋了無限上綱的威脅。「選擇」再一次和
管理及控制牽連在一起，但是這一次規範的是人，而不是環
境。讓我們拿自然的迷思依序加以推論出與此相應的「人的
迷思」會是何種面貌（把圖1.1裡的球換成人）。

　　誰要是主張自然夠強韌到能承受任何虐待，誰就是用自
然去捍衛企業家的凌虐主張。我們期望在探討受到一家之主
限制的人時，先前這個主張會被顛倒過來。企業家會主張只
要不把人放在令人窒息的控制下，人的本質會是十分強韌的
；但人真正的本質是崇尚自由的，而且在受限時會深受傷害
。

　　至於特立獨行者，沒有理由對自然環境抱持任何特定的
看法，也沒有理由對人的本質抱持任何看法。特立獨行者的

家庭生活方式是靠著置身事外的折衷主義來維繫。另一方面，階級制度者的生活方式有組織且可辨認，他在環境議題上認爲環境只有在被規範的情況下才會安全，所以他主張人的本質是要在組織中才能成長茁壯的。結構是人們（必要）的支持。最後，任何服膺平等主義的社會秩序，而不同意上述觀點的人，對人的本質所抱持的主張，和他對生物圈抱持的主張將會如出一轍。因而認爲那些引起環境污染的腐敗、不公的結構也同樣會污染孩子。

　　豎立不同「自然迷思」的根源也同樣可以產生出各種「人」的基本模式，並可藉以辯護或否定其他「人」的權威性。假如這四種人的模式是可靠的，那它們就可以讓消費者不致被批評爲膚淺的流行追趕者。文化競爭就是造就消費選擇背後具有連貫性的因素。文化競爭是一種意識問題。若想在個人心理學之中尋找連慣性，就永遠無法把有意識的購物者正在捍衛文化前哨站的情形指認出來。心理學對於她所要對抗的對象毫無概念。但從文化理論的角度來看，就可以說她在選擇一項商品的同時也在選擇一面得以揮舞的旗幟，而且她知道她在對誰揮舞這面旗幟。她門前的階梯儼然就是一種公開宣示，彷彿在鼓舞著意志不堅的追隨者：她希望她們能忠心耿耿、一心一意的追隨她，或期望能她們打破成見，還她本色，這階梯無非就是個符號。選擇乃是一種藐視、威脅和勸服的行動。購買雜貨或是化妝品都是在添購武器。桌椅、清潔劑和亮光劑乃是忠誠度的勳章。選擇瓶子、鍋子或藥物都是在宣揚教義。購物非但不是一件不用大腦的活動，而且需要無窮的注意力。敵軍已經兵臨城下，需要持續的警覺性，敏銳度以及財力來應付。

工作機會

　　有關文化敵意的論述，直到最近仍欠缺事實根據。針對消費進行的統計一直集中於一套建個人主義心理學的詮釋性框架下。長久以來，欠缺檢測文化理論的經驗性（empirical）研究。然而，現在情況已經有所改變。首先是吉羅德和法拉利・瑪斯（Gerald and Valerie Mars，尚未出版）對倫敦家庭進行的文化結盟（cultural alignment）研究。接著是重新對卡爾・達克和亞倫・沃達夫斯基（Karl Dake and Aaron Wildavsky，1990）的調查資料所作的分析，他們做的調查已經成功將冒險態度和政治取向連接起來。現在卡爾・達克和亞倫・沃達夫斯基同麥克・湯普生正在進行一項有關「能源未來走向」和消費模式的新研究。

　　結果文化結盟成了預測各領域偏好時最有力的方式。同時也證明購物者是神智健全的人，她的完整性毫無疑義，她所表現的連慣性與穩定性，比起目前把消費者當作市場機會的反應者，或流行的追隨者的主流觀點所認定的程度來得更高。她以仲裁市場反應的主角姿態出場，而市場則在她這有權判決的人面前敬畏的站著。

　　吉羅德・瑪斯在《職業騙徒》（Cheats at Work）（1982）一書中針對職業犯罪進行研究，他將現代工業社會裡，不同工作場所中會出現的各種文化類型予以界定。社會環境普遍受到階層組織所支配，展現各種集權制與代議制的權威體系。然而在科層單位間的縫隙裡，有些地方可以讓工作者結盟，為了各自的利益而工作，也有一些讓平等主義團體聚在

一起分享戰利品的地方，還有一些讓特立獨行者和企業家工作的地方。以有系統的方式來說，瑪斯發現四種文化理論指出的類型：

1、　這裡的個人主義者指的是為自己工作的獨立工作者；讓他們遠離階級制度的控制是最適合他們的條件。他們賺取機構的酬金，而讓機構自行承受瓶頸和官樣文章的阻礙，獨立奮鬥的企業家可以藉著不太合法的提案介入機構，製造有利他們的安排，好幫助每個人賣掉東西。像是律師、管理顧問、小型生意人、工匠、計程車司機、都能擺脫工作系統的枷鎖。

2、　這裡的特立獨行者意指在機構只給予少量自主性或少量權威之處工作的人。在工業場景中可以找到許多這類人。例如巴士服務員、超市結帳小姐以及其他不具有工作自主性，沒有管道可以抒發自己主張的職業。而他們對這些否認其尊嚴的系統做出的反應通常就是破壞它。

3、　這裡的階級制度者則意指那些在科層組織裡執行一項分工作業的人。此處會有工作的委派，導致自成一格的局面和微弱的控制，有專業化的要求，他們可以組成一個竊盜集團。碼頭工人或機場行李搬運工，要是組織結構良好，並忠於組織的話，可以賺到可觀的外快。

4、　這裡的平等主義團體，則意指那些具有強大的外部界線，而成員間略有分級的人，他們是巡邏員

或飯店工作者，他們會在階層制度所及範圍之外
某個可以分享利益的角落中發展。

　　這種由機會主義及規避控制成就的架構，顯示出一種職
業犯罪的系統化圖像。當瑪斯轉向「家庭」此一現代工業社
會的另一面向時，只需將其方法顛倒使用即可。由於職業犯
罪的研究賦予他熟練的眼光，讓他可以依據其賦予成員的自
主性、凝聚力、以及他們工作分級的方式對組織進行分類。
研究目標則是評估個體對既存結構的自我主張。

家務

　　吉羅德和法拉利‧瑪斯均已將其專業能力轉用於家務結
構之上。以這項研究來說，目標是要評估不同個體建立組織
的成果。他們同樣憑藉熟練的眼光辨識出他們對空間及時間
的分配方式，以及預算限制的意涵，但這次的對象並沒有遭
受強加的限制。因為家庭組織是由家庭成員所組成。這個進
路和一般消費研究的假設與方法大異其趣，以致於不可能不
對社會科學研究者的「文化無知」（cultural innocence）加以
指責。一般的消費行為研究都僅限於眾所周知的行政問題所
產生的研究框架之內。諸如我們是否需要更多的醫院？我們
是否需要更多學校？是否需要更多監獄？我們能提供多少公
開的協助和良方？對這一類問題來說，政務司（Registrar
General）所提出的社會類別是最精確的資料。人口資料具有
人口統計學的特徵，可以用年齡、性別、教育程度、收入、

國籍、宗教來分類。但這些分類是否健全總有爭議，還有這些分類的分界是否更新過也有爭議。但正如類別在文化上是無知的，這些論點也是無知的。文化無知描寫的是一種即使按規範替自己辯護時還堅持其價值中立的地方政治論述；這是一種尋求勸服並爲其行動辯護的論述。

　　文化無知是社會科學的研究自由上，長久以來的沈苛。如果和家庭消費有關的所有資訊，就只是這些因爲實用目的而收集來的資料，那麼這些資訊就不適合用在我們起初要探討的那些有關購物者動機與智慧此等深入的問題之上。在這類文化無知者的眼裡，購物者只是數字而已，別無他物。但想要回應擺動理論對購物者尊嚴的攻擊，就得在另一層次上才行。這裡的問題並不是「爲何這些特定的人會在此刻買這些東西？」這是在文化定義已經很清楚的場所裡才會碰到的問題。我們應該要問的是「人們爲何會買他們買的這些東西？不單是現在，而是一直會買的東西」，我們感興趣的是他們的選擇已經提升到後設文化（metacultural）的層次，這已經超出任何地方性的參考。我們曾經調查過的答案（意指會回應來回擺動的流行，或追隨市場波動的被動購物者）必需提到另一個層次來看。因此我們需要的是專爲測試文化競爭的假設而收集的資訊。

　　當前首要的任務，便是針對「家庭是個具有文化差異的組織」這個想法採取一些假想性的理解。我們習慣上認爲（採取文化無知者的角度）不同家庭間具有意義的差異，乃取決於人口普查收集而來的種種大同小異的人口統計資料：比方成員數、成員年齡、撫養子女數目，其他的撫養親屬、養家者的工作、單親與否、收入、教育、職業等等。這隱約暗

示著這些家庭要是在這些項目上完全一致，那他們的家庭就會以同樣的方式運作。為了盡可能不受這些因素影響，所以瑪斯的研究挑選出的家庭都是盡可能具有同樣特徵的家庭；住戶有同樣的教育程度，相同的成員數及年齡，他們都有丈夫、妻子和兩個學齡兒童，住在同樣地區的郊區雙併別墅裡，且擁有相同的收入水準。所以他們所發現的差異將不能歸咎於這些一般性的解釋，因為所有人口統計學變數都被固定了。藉著熟練的眼光，他們從中找出家庭內部空間的分配方式，及物品的使用方式、時間分配方式及家務的分配方式。他們仔細檢視了共同預算控制程度高的地方，還有毫不在意的地方。當他們確立文化偏見的指標後，便揭示出四種基本組織方式，而且可連繫於四種不同的價值觀、態度及宇宙觀。

他們一旦發現極具某一類特徵的範例，便會仔細研究。他們研究這些對象對化妝品的選擇方式、對食物的選擇及準備的方法。性別認知（例如對顏色、毛巾、壁紙、報紙和週刊的選擇）已被證明在文化忠誠度方面，是一項放諸四海皆準的指標，在個人主義式和階級制度式的家庭中是陽性的，在平等主義的家庭中是陰性的，這和預期相符。某些家庭過度強調性別差異，家務的分工由性別來組織，並將性別當作其他選擇的基本區別條件，例如所喝的飲料，使用的肥皂、牙膏、洗髮精、髮膏等等。其他家庭則降低了性別的區別程度，無論是家務分配或任何其他事項。可惜這個研究尚未發表，不過該研究的草稿已經指出，當該方法完善之時，只要對飲料櫃稍微瞄一眼就可以預測浴室櫃子裡的內容，反之亦然，而且他們只要能對這兩個項目做出解讀，就有助於猜測

進出此房間的朋友會介於何種範圍之內，以及他們前來的時機。一旦他們完成了田野調查工作，吉羅德和法拉利‧瑪斯便可以找到何時能藉由對象對陳設的要求，來揭示他們幾乎能確認該家庭文化忠誠度的線索。

階層制度型與其他類別的對照

　　這顯然會成為一項開創性的工作。雖然詳細的消費模式要視實際的時空情況而定，但是早被設計好的原則還是具有普遍性。有關時間如何分配，有關空間、工作、性別角色、對於權威和平等的態度等種種的問題，世上任何地方都可能會發生。使不同文化產生資源衝突的原則，已經清楚到足以引發新問題的地步了[2]。舉例來說，瑪斯的家庭研究綱要裡，原先並沒有打算追溯那些願意為特定家庭慶祝的親友模式。但是據推測，階級制度者將會花更多的時間在固定的朋友身上，也較會為此煩惱，他們也較少工作上的朋友。我們預計能從他們與父母親的朋友的小孩維持見面的次數，指認出階級制度者。兩種文化型態的婚喪喜慶模式又形成另一項對比：預期階級制度者應該比較有機會參與老朋友的喪禮，而個人主義者比較有機會參加新朋友的婚禮。個人主義者家庭的朋友較常來自工作場所。對病痛和健康的態度預計也會有這種差別。

　　不同家庭文化會使特定家庭採用不同的購物行動來補充家庭日用品，而這絕不是對特定需求的隨意反應而已。這裡運用了某些概括的模式。這也不會是靜態、固定的模式。

從文化理論主張的角度來說：正是由於文化間的對立，新商品才得以在每年、每月、每週不斷出現。消費性商品在家中的配置情況，多多少少反映出一個家應該被組織成何種面貌的世界觀被實踐後，所產生出的表面徵候。我們也體認到購物並不是專屬女性的任務。正確的說法是女人「負責購物」（does the shopping）。她可能會前往商店，但是她的選擇卻早就被她屬於何種婚姻及家庭，所預先決定。為了盡可能為購物者的整體性辯護，該研究已經走了很長的路，但是還不夠遠。家庭購物乃是一項成就政治、道德、宗教目的時日益重要的聯合性事務。目前為止所談到的部分全然不能顯示出以年齡或性別作區分的各種家庭組織，和以成員對殺蟲劑、死刑、政黨及對現代科技危險性的想法作區分的各種家庭組織間，會有任何關連存在。

　　問題是：階級制度者對性別及世代間的分級是否超出家庭範疇之外？預期階級制度者的家庭比個人主義者的家庭更容易在較大範疇裡接納不平的想法，究竟合不合理？文化理論是否在預測家庭情境建構的方式和宇宙中其他事物的結構方式有某些同質性存在？從事文化理論的我們對此事的意見紛歧。這導致我個人的極端立場（我猜其他人不見得會有同樣的想法）。我將透過階級制度與個人主義間的簡單對照，盡力用最有說服力的方式說明我的論點。

　　在階級制度式的家庭中，家務分配的方式截然不同：男人作那些標上「粗重」標籤的工作，例如木工以及其他標上「突發事件」標籤的工作，像是通排水管，還有標上「技術性」標籤的工作，像是修理保險絲。他樂於讓他太太從事一些不能標上「粗重」、「突發事件」、「技術性」等標籤的

日常家務，所以她便負責煮飯、洗衣、洗碗、清理屋子、鋪床、當然還有購物。這是傳統的家務分配。這個背景使男人通常應該要作的家務看似合理。大家期望他能設立起伯恩斯坦（Bernstein，1971）所謂的「職務型家庭」（positional family），將他與太太聯合起來，這是種每個人都在其中各司其職的結構關係。他的孩子也依照性別和年齡來安排。他們的家務分配也依照同樣的原則。他們的睡覺時間則反映出年齡差異：年紀最大的孩子因為最先出生而有特權。因此在根本上就期望在性別與年齡間有所不等。在我看來，他們日後顯然會將這些習慣從家中帶到其他人生階段去的。這不就是在PUB中和同伴講「約克郡笑話（Yorkshire jokes）」的人嗎？「約克郡笑話」講的是女人想要外出工作的想法有多奇怪的故事，或是講一個妻子做好分內工作將比她去賺錢更有價值，甚至是講女人在購物方面是多麼的可笑。運氣好的話，妻子在家中也會有閨中密友的圈子，而讓她跟她們一同講些男人有多可笑的笑話。

　　相反的，在個人主義者的家庭裡，丈夫也會購物和分擔家務；他在PUB中不會和那些從不這麼做的男人一同笑話女人。不過話說回來，他倒也不太可能和他們一起喝酒，而且反而有可能在其他地方笑話他們。工業社會有其自己的勞動分工：某些職務提供全部男性化的工作場合，但這裡也和家庭一樣會有不同性別屬性的勞動分工。在這點上我們需要面對我們自己的偏好。

　　階級制度、個人主義和平等主義，是不能相容的組織原則。我們一定會傾向其中一種文化型態。人難免持有一種偏好，這是正確的事。但是文化無知不應該模糊我們的專業判

斷。一種文化型態不見得會優於另一種。目前普遍的成見顯示對平等主義者的家庭的偏好，或是對個人主義者家庭的偏好，甚或企圖妥協和結合兩者，就連社會科學家對階級制度式的家庭也有強烈的成見。這是對階級制度的文化無知感到反感嗎？就家務勞動分配而言，一般期望受雇於服務業的人，要比那些受顧於製造業和採礦業的人有更高的名望和收入。而性別區隔觀念最強的正是後者，在那兒最可能找到階級制度式的家庭文化。目前對這些階級制度式的家庭的否定，很有可能是因為有點勢利、有點機會主義、且契合菁英生活型態的偏好所造成的。個人主義家庭所帶大的孩子，有機會從現代社會中獲利，但也要付出代價。階級制度文化會以某種特定方式瓦解，而個人主義文化則會以其他方式瓦解。階級制度家庭和個人主義家庭比起來，比較不容易因為重大衝擊而解體。假如妻子身染重病，假如孩子嚴重殘障，假如丈夫長期失業，階級制度家庭會有更多資源可以應付逆境。要是父母能力不足，最起碼也會有非工作上的朋友這項優勢。

新研究

一套複雜而細緻的交錯組合，把家庭文化差異和職業結構串連在一起。雖然他們的宗教信仰有可能相同，或者教育、收入水準相同，但瑪斯的研究指出他們所講的笑話並不相同。政治取向也不會相同。我們會期望對環境的關心、對平等的關心和對科技風險的擔心是湊在一起的。尊敬已確立的專業、懷疑換過的藥、擔心外國人的湧入將是另一組關切方

向。這裡並非不敢預測某些關連性，而是事實上生活形態和價值的調查結果尚未出爐。支持這個論點的經驗研究資料還難以整合。而原因則是家庭文化的差異倍受忽視。

所以，消費者研究仍有驚人的可能性，因爲一個男人在家中對妻子持一種態度，對其他女人又持另一種態度。我們仍然有可能不單憑直覺而相信家庭生活與工作生活間，並沒有維持固定的聯繫。既然階級制度家庭的想法並非研究的目標，我們便不能說他是否因爲對環境更加關心而產生出新社會秩序的渴望：我預期並不會如此。那麼家中的階級制度是否會支持平等主義政治呢？這裡我會說不、不可能或極不可能。家庭的階級制度是否是綠色政治的同路人呢？家庭個人主義是否支持綠色政治呢？我預計不會。只要市場研究人員確信家庭間的重要差異都已經登記在人口普查資料中，我就永遠不會知道這些問題的答案。假如市場研究人員相信國家政治的文化差異與家庭政治無關，就永遠也收集不到有關購物這高貴藝術的關鍵資訊，我們也將永遠抱持我們的偏見。

所幸，可用以檢測文化理論強勢觀點的研究，目前已在發展之中。基於專業的訓練，心理學家很自然應該從個體人格差異去解釋人們對科技危險性所抱持的態度。這種方向變化乃是由風險感知（perception of risk）的工作成果所導致的。因爲這是該題目的第一個成果，所以很難獲得接納（Douglas and Wildavsky, 1982）。這點上的相關突破是始於一項詢問受訪者對特定科技風險所持態度的調查，不僅如此，他們還進一步將其答案同以下兩種世界觀聯繫起來（Buss et al., 1985）。當代世界觀A提倡一種高度成長、高科技、自由企業的社會，對目的與管理採取企業主的立場，世界觀B則提倡物

質與科技成長將會夷平一切的未來觀，提倡政府將關心社會
與環境福利，將財富重新由富國分向窮國，人民參加決策過
程，以及非唯物論的價值觀。根據文化理論來看，該調查無
非是在詢問以下兩種文化型態間的政治偏好：亦即個人主義
者（世界觀A）以及平等主義異議份子（世界觀B）。該調查
的結果顯示出政治世界觀和科技危害觀之間存在強烈的關連
性。從那時候開始，有越來越多經驗研究藉著文化偏見的角
度，將其結果和人們對風險所持的態度給串連了起來（Dake
and Wildavsky, 1990）。

　　我們正在研究「選擇殺蟲劑」以及「安排孩子在不同時
間上床」這兩者之間的關連，當然前提是他們真有關連。我
們很快就會知道在偏好人工肥料或有機園藝，以及說約克郡
笑話和安排洗碗的法則之間是否有所關連。當我們目前設計
的新調查結果出爐後，便可以發現家中運行的原則是否只限
於家中。我預期這兩者關連性非常高。假如目前由卡爾‧達
克，亞倫‧沃達夫斯基和麥克‧湯普生收集的新資料都支持
強勢主張的假說，那我們便會發展全面性的文化理論，而把
對商品的偏好和所偏好的生活形態和社會經濟結構連結起來
。

　　雖然這個計畫聽起來煞有其事，但我們還不能進行理論
探索，因為目前仍然欠缺經驗資料的支持。把「購物視為個
體需要的表達（expression of individual wants）」的假設，已
經誤導了我們所有的研究。消費者研究已經成功轉變了人們
的日常期望。雖然大多數人往往假設這些文化與職業上的聯
繫早已存在，並認為購物是全然理性的活動，但消費理論卻
把一套十分難以致信的限制加諸於理性之上。所以我們目前

應該作的事，就是回歸常識並重新考慮文化偏見。經濟學理
論的「消費者主權」觀念，將在市場研究中倍受推崇，因為
它將充分表明乃是購物者設定了趨勢，而新科技和新價格都
要過來，以配合購物者的目標。購物者並不期望藉由選擇商
品來發展個人的身份認同，因為這太難了。其實購物是競爭
性的，是為了「不是什麼」而奮鬥，而不是為了「是什麼」
而奮鬥。當我們歸結出的文化偏見是四種而非一種之時、當
我們允許每個文化偏見都帶有對其他文化偏見的批評時、乃
至於當我們看出購物者在採取文化抗爭的姿態時，這一切就
有意義了。

參考文獻

Bernstein, Basil (1971) *Class, Codes and Control: Vol.1. Theoretical Studies Towards a Sociology of Language.* London: Routledge and Kegan Paul.

Buss, David M., Craik, Kenneth H. and Dake Karl M. (1985) 'Perception of Decision Procedures for Managing and Regulating Hazards', in Frank Homberger (ed.), *Safety Evaluation and Regulation.* New York: Karger. pp. 199-208.

Dake, Karl and Wildavsky, Aaron (1990) 'Theories of Risk Perception, Who Fears What and Why?', *Daedalus* (Special Issue on 'Risk'), 119(4): 41-60.

Douglas, Mary and Wildavsky, Aaron (1982) *Risk and Culture: An Essay on the Selection of Technical and Environmental Dangers.* Berkeley: University of California Press.

Goodman, Nelson (1978) *Ways of Worldmaking.* Indianapolis: Hackett.

Mars, Gerald (1982) *Cheats at Work: An Anthropology of Workplace Crime.* London: Allen and Unwin.

Mars, Gerald and Mars, Valerie (no date) *The Creation of Household Cultures* (originally commissioned as a report for Unilever, now being developed with new empirical inquiries).

Miller, Daniel (1991) 'Appropriating the State on the Council Estate', *Man,* 23: 352-72.

Schwartz, Michiel and Thompson, Michael (1990) *Divided We Stand: Redefining Politics, Technology and Social Choice.* Brighton: Harvester Wheatsheaf.

Thompson, Michael (1988) 'Socially Viable Ideas of Nature', in Erik Baark and Uno Svedin (eds), *Nature, Culture, Technology: Towards a New*

Conceptual Framework. London: Macmillan.

Thompson, Michael, Warburton, Mark and Hately, Thomas (1986)
*Uncertainty on a Himalayan Scale: An Institutional Theory of
Environmental Perception and a Strategic Framework for a Sustainable
Development of the Himalaya.* London: Milton Ash Editions
Ethnographica.

Thompson, Michael, Ellis, Richard and Wildavsky, Aaron (1990) *Cultural
Theory.* Boulder, CO: Westview Press.

註釋

1 米勒（1991）對這種取向的文章作了摘要。
2 麥克·湯普生和卡爾·達克正在發展吉羅德·瑪斯的嘗試性的研究，他們進行了大規模的測試，但尚未發表。

第二章

究竟能否認真看待購物？

丹尼爾・米勒

近年來「政治」（politics）這個字在語意上所指涉的範圍日趨廣泛，幾乎每件事都可以「政治化」（politicized），或被視爲某種潛在的政治議題，而「消費」一詞則成爲泛指使用商品或接受服務的用語。因此，我們談到政治與消費間的相互關連時，很容易會模糊焦點而流於空談，我希望不會以這種角度來探討購物活動。購物是很恰當的切入點，因爲人們往往利用「購物」一詞來把「政治」一詞的含意推向狹義的一端。按照英國通俗文化的習慣來看，我們若想抹黑某項政治說詞的話，往往會影射它們只不過是和購物有關的事罷了。所以，有一部名爲《親臨現場》（*Spitting Image*）的電視諷刺秀，爲了諷刺慈善流行音樂會並非真心關心慈善活動，於是把他們表現成一群關心軟乳酪（fromage frais）在超市貨架上該放在優格旁邊還是乳酪旁邊的一群人。而《衛報》（Guardian）的諷刺漫畫（史蒂芬・貝爾（Steve Bell）取名爲〈如果……〉（'If...'）的漫畫專欄），則（在撰寫本文的那天）把英國首相降了級，不拿他與真的政治議題相提並論，而是拿他和高速公路的廁所相提並論。

　　我相信這些諷刺作家確實反映某種現象：亦即人們一直把購物和政治看做兩個毫無瓜葛的對立概念。其中尤以左派人士爲甚，這些人似乎對於他們所謂「庸俗」的購物決定感到厭惡。這樣看來，購物似乎已經被明白歸類成一種非政治領域的社會行動。而我認爲這種說法源自於左右派政治基本意識型態發展的悠久傳統，這種思想結構在今天看來不僅顯得相當保守，而且會在許多人覺得政治意識型態亟待重新組合時，對任何重新思考政治可能性的企圖造成阻礙。例如英國普遍認爲《馬克斯主義現況》（Marxism Today）這部期刊多年來一直努力嘗試將政治態度轉向消費，但卻因此成爲該期刊飽受既定意識型態支持者非難的面向。

　　在某種意義上，購物的功能就形同一個高夫曼框架（Goffman' s frames）：可藉由與之相對的事物來界定真正的政治研商有何重要性。而從反面倒推回來的邏輯也是促成此一現象的部分原因，就民主政治而言，投票行爲象徵性地代表選民心中對未來可能執政的政黨在各方面不同作爲的選擇。這種把未來面對各種細節進行選擇的權力授予他人的授權行爲，使投票行動蘊含高度嚴肅性。因而相較之下，個人購物選擇往往只是例行工作的一部份，屬於較爲枝微末節之事。所以選擇（choice）之於購物，象徵購物無足輕重，而之於政治，則象徵政治舉足輕重。

　　我認爲對政治團體而言，敦促人們相信投票產生的後果遠比購物瑣碎的選擇所帶來的後果更爲嚴重，乃是至關重要的事。其實，任何家庭或個體很有可能藉由主張購物累積的後果比政治投票的後果更爲重大，而推翻這裡所假定的嚴肅性。購物雖然將決策層級降到消費者的層次，但消費者在這

個層次上仍保有主動性；可是政治並不在這個層次上運作，因而可能有人會認為政治流於粉飾太平且牽扯不清，甚至常會把決策提升到個體只能被動參與的層級。因此，想讓政治行動既保有嚴肅性又受人敬重（我認為我們大部分的人都屬於這一類），就必須責難購物決策程序流於民粹主義及無政府主義，從而使之維持負面形象。這樣一來，我們才能鞏固政治行動的意識型態根基。

另外，長久來根深蒂固的性別偏見使這種責難得到進一步的助長。比方《金髮美女》（Blondie）和《天生一對寶》（The Gambols）這類卡通，在過去幾十年來，不斷強調女性涉足與投入購物的情形，並藉機譏諷她們毫無重要性。於是這種意識型態總與不同性別對政治利益的期望脫不了關係。

其實政治需要透過另一個對立面來保護其嚴肅性的原因還不止於此。布爾迪厄（Bourdieu）在《秀異》（Distinction）一書裡最有趣的部分之一，就是探討政治主張（political opinion）的章節，他所側重的並非左派與右派的政治主張，而是著重在某些被問到政治主張時，總回答不知道的那群人和其他人之間的區別。這是一群對於波西尼亞處境沒有意見的人，他們在政治上沒有固定的支持對象，而且他們只閱讀側重娛樂新聞而非拉丁美洲事件的那類報紙。

布爾迪厄認為，有政治主張（其實就是對政治事件所持的信念），乃是現代生活中最能影響品味的要素。這是階級差異上最重要的指標，而欠缺政治知識及政治主張乃是下層社會人士的恥辱。

政治形同某種平行於其他消費舞台而發展的品味，人們可以藉此選擇相稱的朋友、伴侶和其他伙伴。伍迪‧艾倫（

Woody Allen）的某些電影中（例如《曼哈頓》）也強調政治主張是一種品味。

　　看來既有的意識型態有點奇怪，因為這意味著消費者在他們擁有權力的舞台上，竟然比他們在相對來說無權置喙的舞台上顯得更加無關緊要。這便是說，如果要針對購物和權力的關係進行探索，就必須連帶對「政治」一詞在語意及內涵上所代表的意思進行評價。當然，我不會主張這些現象只有一個重要。例如政治決策很有可能對人民的生活產生根本性的影響，它可以保護或殘害人民，或者對其他像是稅收、對大企業的控管程度等方面產生一些影響。同樣的，購物涵蓋的範圍也很廣，可能是某些拯救貧困的物資，也有可能是粉飾虛偽關係的表面性選擇。然而，重點是這裡有一種凌駕一切的意識型態，使我們對其中某種嚴肅性視若無賭，又對另一種重要性不足之處未加詳查。

　　這種「政治―購物」兩極化的遺風，可以解釋政治理論家不肯多花時間探討購物之原因。我在本章先要批評一位在這個課題上極具影響力的理論家：華特・班傑明（Walter Benjamin）。接下來，我將試著把一份探討千里達（Trinidad）購物活動的民族誌研究與當地政經權力現況連貫起來。這將為「購物―政治」兩極化的負面後果提供進一步的證據，從而使我們有可能認真看待購物。

購物與華特‧班傑明（**Walter Benjamin**）[1]

除了致力於商業考量的消費者研究外，社會科學上真正涉及購物方面的文獻並不太多。而最近有關這方面的著作，主要的探討對象都是購物商場，尤其是像西艾德蒙頓（West Edmonton）這類富麗堂皇的大型購物商場（比方可以參見：Chaney, 1991; Hopkins, 1990; Shields, 1992）。不過持平而論，我認為這些著作都直接或間接地受到班傑明的影響。在我探討班傑明的觀點時，主要仰賴貝克—摩斯（Buck-Morss，1989）所編輯的《觀看的辯證》（*The Dialectics of Seeing*）一書，以及她代為完成的另一本班傑明的著作：《拱廊商場計畫》（Arcades Project）（Benjamin, 1973a），後者是將購物政治意含交代的最清楚的著作。

《拱廊商場計畫》本身就是含有歷史觀念或民族誌概念的著作。而班傑明似乎將巴黎拱廊商場視為資本主義初期歷史（proto-history）中至關重要的代表。貝克—摩斯把這點說得很清楚，她指出，這之所以重要是因為班傑明的研究目標並不是要對購物本身作分析，而是要把他認為足以展現資本主義本質，或者從歷史演進角度來看，也反應了社會主義本質的關鍵形式加以定位。班傑明認為，自己在探索歷史的片斷，因而他接著又像考古學家一樣，從中建構出兩項理論見解。第一，他認為拱廊商場展現了資本主義的醜態。而貝克—摩斯也注意到他一直把拱廊商場暗指為地獄。他認為這個購物的邪惡面向，是誘使人們意識脫離現實並流於拜物的核心要素。對一本承襲黑格爾傳統的著作而言，沒有什麼罪行

會比有系統地剝奪意識更為嚴重。拱廊商場裡的購物者被奇幻的景像淹沒，這些景象的目的就是要使購物者心醉神迷，進而進入大眾文化的夢想世界，同時也用物質豐富的進步景象掩飾政治進步的失敗。每位購物者都可以獲得奇幻世界裡被麻木的迷亂感，人們可以在想像中掌握它，可是一旦想企圖透過購買來抓牢它，便會發現它只是一種難以捉摸且留不住的東西。這種歷史材料的重要性在於他們揭示了這些流行時尚的夢想世界，只不過是種稍縱即逝的東西（transience），而對這些歐陸思想家而言，稍縱即逝幾乎是膚淺的同義詞。沒有什麼比東西比最新的流行時尚更遭糕了。

　　不過人們之所以認為班傑明的觀念相當複雜，是因為他同時把拱廊商場視為另一項隱而不顯的發展之證據。用貝克─摩斯的話來說，亦即「這拜物的幻景也是人性和社會主義者隱含的工業性質遭到凍結，並等待可以搖醒它的集體政治行動的一種形式」（1989: 211）。就像班傑明看待藝術品複製的觀點一樣，他慧眼獨具地察覺到這種新興工業資本主義所蘊含的民主潛力，只不過他在拱廊商場這方面，卻只察覺到一種冷凍胚胎的形式。拱廊商場以一種奇特的方式，為我們展現物質擴張和技術進步會為人們帶來的景象。這個景象的重要性在於它是我們想像未來的基礎，而人們對未來的想像又是一項重要的政治工具。班傑明撰寫《拱廊商場計畫》的目的是為了讓當代人意識到這些隱藏的真相。而達成這個目的的方法則是披露它們表裡不一之處：「這些被夢想世界遺棄的道具是一項具體證據，它證明這些進步幻景一直是刻意扮演的場景而非真相」（Buck-Morss, 1989: 286）。因此，其所蘊含的基本潛力只能是個胚胎，是種只有當社會從商品

過量的場景引起的催眠狀態或精神分裂狀態覺醒過來時才能體認到的東西。

　　在我看來，近來談論購物的作品，特別是談購物商場的作品，大多都延續此種分析傳統。這類「刻意扮演的場景」的說法被複述了幾十年，目的是要讓那些把購物呈現爲一種使我們遠離現實的東西，或呈現成替符號學家提供某些有待符號學分析或文化分析的資本主義本質之線索，等等諸如此類之企圖得以繼續維持下去。

　　我相信對於任何關切購物在現代社會中有何政治意涵的人而言，班傑明的後續影響簡直是一場災難。即使在班傑明自己的文集裡，由於採用他的觀點而造成的問題也是顯而易見的。其實貝克—摩斯已經發展出一種方法可以對班傑明複雜的哲學，以及他對現實這類概念的理解進行分析。班傑明訴諸於美學傾向，不只是因爲他有賞析風格的才華，也是因爲他本質上有一種深沈感（實際上有神秘感）。拱廊商場計畫基本上關切的是資本主義或社會主義的本質，以及物品顯露在外，可能會也可能不會被納入天啓經驗（experience of revelation）的表面性質。班傑明不能接納購物世界就是真實世界（這正他最終的夢魘）。從班傑明的註釋中可以看出他並不打算理解商場使用者的實踐行動，而我們似乎總是面臨兩個空洞的角色：布爾喬亞階級和工人階級，對這些人而言，拱廊商場喚起了各種可能性，或者說是各種假象。

　　同樣的，他拒絕承認商品世界的「真實」，他用一種相對於某些內在核心的外在空間模型，促成一種連今天看來也是最前衛的「結論」。後現代的論爭肇始於建築界，他們從中看到足以對抗現代主義堅持某種特定造形的霸權，以及使

他們得以解放的多元論效應，但不幸的是，他們很快就陷入符號凌駕指涉對象的悲觀泥沼之中。大部分緊扣這項傳統的作者，都繼續留在形上學裡，這裡被隱蔽的現實，除了有前現代式的威權主體性，還有全球資本主義的動機及其背後隱藏的邏輯。而這兩者則都因為商品幻景中的光線和色彩所折射出的迷人光彩而被神秘化了。因此，在最近的文獻裡，商店充其量只是用來將某些資本主義之一般意義予以符號化的東西。這個立場又因為文化研究中以符號解碼為方法論的分支而得到了助長。然而這點也受到另一種以民族誌為取向的文化研究分支的挑戰。

　　如果我們不從班傑明的形上學出發，就有可能從非常不同的角度來理解他大部分的作品。我想要再提另一個班傑明的作品為例，只是這個作品就我所知尚未被視為他在購物方面的關鍵之作，不過我相信該作品是班傑明自己也無法接受的這類經驗的指標。在《假象》（ Illuminations ）（ Benjamin, 1973b: 59-67 ）一書的再版中，收錄了一篇名為〈開啓我的自由〉（ Unpacking my Library ）的文章，該文的附標題是「論書籍收藏」（ A Talk about Book Collecting ）。該文無疑是我們手邊能拿到最富有渲染力，也最具說服力的購物記載，雖然班傑明顯然企圖把自己抽離書籍收藏的宏景，而謙稱自己只不過是「一個收藏教科書的學生，或一名買禮物贈與愛人的人罷了」。然而，這只是班傑明（理智化的）菁英式說法。在該文中，班傑明討論到各種取得書的手段，他稱之為高速公路或小道，這是一種在無意中找到書時，或在拍賣時高興的抓住機會討價還價的能力。班傑明將我們所謂購物的藝術，說成「得到一本書絕不單單是錢或專業知識的問題……

任何想從型錄上購買的人都必須要具備我所提到的那種才能
」（Benjamin, 1973b: 63）。

在購買書籍方面，班傑明（拜物教的首席評論家）能夠
做出彷彿出自黑格爾《權利哲學》（*Philosophy of Right*）（
1952）一書的陳述，例如：「所有權是人與物之間所能擁有
的關係裡最密切的一種。不過並不是它們在他身上活躍起來
，而是他生活在它們之中」（Benjamin, 1973b: 67）。因為班
傑明不把自己看做購物者，而是收藏者，因而他似乎不認為
拱廊商場裡的購物者有什麼值得相提並論之處。不過，這種
把獲取之物品視為收藏的慾望其實並不罕見。貝爾克（Belk
）等人（Belk et al., 1992）曾對當代收藏活動作了廣泛的研
究，並展示這種活動從維多利亞時代至今的普遍程度。這表
示大部分消費者已經可以（在某些時候）用上至少一種班傑
明自認能夠克服異化的策略。書本的收藏表現出班傑明對舒
適宜人的生活所持的觀點，在這點上他有別於他的同僚，他
許了我們一個可能的未來。

班傑明這篇文章對我們的學術研究相當重要，因為我們
大多數人並不是這種收藏家，所以要說有什麼活動可以引領
我們更廣義的涉入購物活動的話，那便是書本的購買。想必
也有瀏覽書店時並不能找到樂趣的學者存在，只是我沒有遇
到他們而已。事實上，有許多學者只會在討論其他類型的購
物時承認這種「病態」。有些學者覺得唯一可以讓他暫時減
輕壓力的事便是到書店買本書，而有些學者覺得購買書籍相
當於閱讀書籍，而且前一種情況下讀的書要比後一種情況還
多。也有些學者（和學生）會偷書籍而非其他東西，這是因
為介於他們覺得自己可以承擔的東西，和他們覺得書籍必須

爲他們擁有的感覺之間的差距所導致的結果。問題是，班傑明把他自身的詩性特質透過二手書店，及該處的氛圍和感受，從而帶到逛街的議題之上。問題是，學者們能否突破這種美學藩籬，並將個體的詩性成就與洞察力賦予那些想藉仿木面版洗衣機來對抗傳統現代主義具侵略性的白色器具的人。最後，就算我們可以將這種行爲浪漫化，並與班傑明的取用物品習慣相提並論，但這又有什麼政治意義呢？

　　其實，班傑明遺留下來的購物研究，最主要的還是《**拱廊商場計畫**》，而不是這篇有關書籍收藏的文章。只是他在主要作品裡往往側重現代主義者的片簡式格言，以及與看不見的整體有關的前提。班傑明受到柏林和巴黎那些飽經世故且不屑俗世的知識份子所影響。他和當時其他的知識份子，嘗試喚起一種用以看待現代世界的發展，和他們眼中所見的財富時，日漸趨於高傲的精神。但是他們的角色乃是「街頭尋歡客」：裝模作樣的富有中產階級，心中滿懷憂慮和自我意識，他們所產生的關鍵影響在於現代主義者給布爾喬亞階級當頭棒喝的前衛哀悼，因爲那正是他們的切身感受。

　　但我認爲，這些著作所描述的一點也不是布爾喬亞階級的真實經驗，也不是其他族群的真實經驗。不過這絕不是他們因爲無能理解自身的具體條件而造成的結果，目前已有研究（像是，聶格・瑟瑞福特（Nigel Thrift）的個人溝通）顯示，布爾喬亞階級越來越願意善用他們的教養。受過高等教育的現代中產階級，具有高度自我意識，而且從某方面來說，也算是自我批判的階級，他們看伍迪・艾倫充滿影射和反諷情節的電影和廣告；他們散發著懷疑論、犬儒主義、有時還是反唯物論的氣息。他們持續利用商業影像，卻又仔細斟

酌並運用了複雜的策略和表現方式，他們越來越能夠運用相對主義、結構主義、後結構主義和其他可資運用的學術資源。今天趕時髦的布爾喬亞階級，可能很輕易就會透露他們對設計師鞋款毫無所知，但要他們承認從未讀過德希達或華特‧班傑明卻比較難了。

　　如果班傑明和其他知識份子連布爾喬亞的發展軌跡都預測不了，就更不用說會與千里達中部小鎮查瓜拉斯（Chaguanas）的工人階級的購物者能有什麼關連了。與一九三〇年代的柏林人相反，大部分查瓜拉斯居民把現代的購物經驗視爲過去生活在蔗糖田和農村裡的近代經驗的對立面。對他們而言，過去的日子是一段黑暗的時代，那時只能不斷重複著機會少回饋低的例行工作。在他們心中，「購物的魅力」必然比「覺醒」佔據更高的位階，而且無論如何，購物暫時會是查瓜拉斯當地居民所能獲得的經驗裡最令人愉快的一種。但我與班傑明不同，我不認爲這是看來具有這種效果的新興商品世界的外在表象；我要指出這是一種將商品轉爲個人展示的能力。

一份關於購物的民族誌[2]

　　接下來對購物進行的說明企圖在廣義的角度上將大眾消費和商業分析、廣告分析及零售分析連貫起來的民族誌之中的一部分（Miller, 1997）。目前有運用（有可能過度運用）民族誌的學科是人類學，其實民族誌的問題也很多，不過可能還是比符號學家的作法來得好，因爲後者往往只是將各

式各樣特質投射到想像中的購物者身上，卻從未真的與這些購物者接觸過。

　　民族誌研究所作的直接接觸可能會將「展示」類型切割成各種可能性，而這一點也不叫人意外。查瓜拉斯零售商所偏好的展示方式，往往與該國首都西班牙港（Port of Spain）截然不同。造成這種現象的原因之一是查瓜拉斯在該國零售結構中具有特殊地位，因為當地是千里達境內公認商品最廉價之處。該地的店主為了保有這項名聲，紛紛避免鋪張的櫥窗展示，而偏好「堆得越高越便宜」的美學，而這符合該地區購物者的期望。在購物者的印象裡，這裡的商品總多到店裡放不下，而得擺到人行道上，這表明了他們基本上關心的是如何避免金錢浪費，並為人們提供相應於這種展示美學的價格。當然還有很多例外及替代性的策略，但是這種方式在當地仍有壓倒性的優勢。

　　不過，首都的情況就完全相反了，在這裡風格比節儉更重要，當地的購物商場確實很在意引人注目的展示模式，並有意願運用美學展示。展示方式會以千里達人對於物品的佔有和外表的想法為基礎。這表示「展示」在訴說著資本主義的「承諾」，但這往往得將廉價或多樣等特別宣稱的屬性抽離出來，並迎合特定購物者的需要。

　　可是，零售商掌握購物者真正關切事物時必須運用的意圖和策略並沒有隨之出現。我花了一些時間試著套用各種關於購物者如何消費「展示」的理論，並且試著找出這與看待資本主義的某些普遍態度之間是否有任何關連。然而，我不得不做出以下的結論：實際上會對商店外觀多加評論的人並不多，而我對於人們把試穿衣服和把自己融入店內氣氛作為

一種展示形式的期望，也只有得到部分證實。

其實，還是有一些查瓜拉斯的商店會細心妝點門面，並刻意創造出華麗炫目的效果。例如有一家比薩店就用仿磚材質，將室內裝潢成全世界披薩店共有的美國式義大利風格。有一家專賣人造珠寶飾物的店則利用店內的商品裝飾成阿拉丁洞穴。而另一家商場在聖誕節期間，更利用小飾品裝飾門面，並依季節變換風格，使得進入商場就有孩童進入奇幻洞穴一般的經驗。

也有一些商店的環境充當起某種框架，使購物者的行為得配合改變。從某種意義上來說，購物者有可能把商店「穿在身上」，也有可能「試穿」某種角色或某種風格的行為。就像衣著有「正式服裝」和「便服」的區別一樣，我們期待自己在唱片行裡和在家裡客廳會有不同的行為。當一個人想要藉著拿衣服來擺「姿態」，而不是在高級服飾店裡好好站著當衣架子時，這人便會表現出特定的言談舉止，同樣的道理，一個人的聲音與姿勢可以表達他在酒吧裡感到多麼的放鬆和多麼的「酷」。通常這些細微的差異是身體在面對周遭的音樂時，所連帶產生的移動方式所形成的結果。雖然我還沒有聽過其他人用這種方式表達這種關係，但顯然有許多千里達人參照音樂打扮自己，而且感受環境的重心往往在於音樂而不在於視覺展示。

這便是說，購物者有可能利用「展示」來斟酌自己和現代大環境的關連。最明顯的例子就是，出現了超級市場使用類別的概念。儘管如此，就我最關心的展示消費（consumption of display）的研究而言，身為民族誌學者的我和零售商同樣感到汗顏，因為我和零售商雖然都以展示為關心的焦點，但

沒多久就發現這對購物者的影響其實相當有限。

只有來自其他購物者的展示能夠持續引人矚目。千里達人在購物時，總是不斷對其他購物者品頭論足。他們常常喋喋不休的評論其衣著、舉止、身體和語言。購物主要的作用便是爲人們的邂逅提供藉口。人們所關心的是如何佔有商品以及他人的表達；商品對未來的承諾與假設都無法與之匹敵，更別說零售商的花言巧語了。對於在購物區購物或閒逛的人而言，這是千真萬確的，他們總會對路過的購物者品頭論足一番。他們是極度挑剔的觀眾，當地有許多詞彙專指欠缺風格的購物者，比方像是*cosquel*和*moksi*。由此可見，李察・賽內特（Richard Sennett）的「公眾人」（Public Man）（1977）並未凋零，他們不只是街頭尋歡客，且是一群會把公眾評價和突如其來的公眾羞辱視爲高度發展的社交形式的人。

這項意外發現的諷刺之處，或許用千里達方言詩人保羅・肯尼—道格拉斯（Paul Keens-Douglas）的話來說最爲貼切，他用幽默的方式表達了這種爲了去服飾店而打扮的情形，他在文中參考了最新的健身房潮流：

　　　　陶樂斯爲了一場約會，順便拜訪了一間商店，她穿了一套花俏的慢跑服，頭上帶著吸汗帶（sweat band），並在肩上披上一條毛巾。他告訴拉爾（Lal），拉爾男孩是今天唯——一個喝水的人，他必須繞著大草原（指的是首都西班牙港當地的開放空間）跑三圈。他必須在前去運動俱樂部減肥前先減肥。陶樂斯光顧那家商店時，身上穿著花俏的慢跑服、頭戴吸汗帶，肩上還披著毛巾。她告訴今天也只以水裏腹的拉爾，你還得繞「大草

原」（意指首都西班牙港當地的開放空間）跑三圈，因為去運動俱樂部減肥前得事先減肥。在這兒男人只要會控制飲食便值得稱許，而女人則萬萬不能讓身材走樣，所以她們得在正式塑身之前先行塑身一番才行（1984: 87）。

同樣的道理，購物者之所以成為購物途中的重要展示項目，最明顯的證據就是購物者出門購物前，會花時間打扮自己。零售商店和商場很快就被當成社交互動的公共空間，其中運作的邏輯以及其在經驗上造成的影響，都不是零售商自己努力的成果。展示商品只在替人們提供和其他人有關的社交資訊（特別是某個人們熟知的人）時，才會引發人們的興趣。

我承認上面這個例子，相較於班傑明的深度與廣度，顯得侷限而且「鄉土化」，但我相信購物的民族誌學者將會在班傑明的著作中找出有價值的新見解。班傑明雖然承諾要從日常生活用品中梳理出一套哲學，但他受前衛現代主義的影響太深，因而沒有真正梳理出平凡大眾的日常生活用品的經驗。可是從其民族誌的含意來看這點，就有可能將班傑明的研究進程向外推展，進而把購物與政治間的關連也一併囊括進來。我在沒有檢視這份在千里達進行的研究，究竟能在多大程度上肯定我對現代世界中的購物意涵所做的一般性假設之前，我將從購物經驗的直接性開始著手，並探索購物的愉悅與焦慮。

購物：愉悅與焦慮

　　購物經驗有各種值得參與其中的人們認真看待之處。除了上面所提到的社交機會之外，這個活動的重要性大多源自愉悅感和焦慮感，而這些正是我爲所謂的「購物的微觀政治學（micro-politics of shopping）打下基礎之時，得要事先檢視的東西。

　　對千里達而言，購物是一種複雜且多變的慾望。這種複雜性可以簡化爲兩種傾向，第一是從花費本身所得到的愉悅感。很多千里達人會藉由散盡千金來虛張聲勢，因爲這樣才能展現一個人對於同儕網路的認同感，也才能展現自己並非守財奴，而是好善樂施且願意盡力投入社交活動的人。這類開銷主要爲酒類商品、經常變化的流行服飾和閒逛（liming）（小說裡虛構的例子，請參見拉雷斯（Lovelace, 1981））。店主心裡早就認定這樣的人容易剝削，因爲虛張聲勢是競爭性的活動之一，這使他們願意把錢花在公認昂貴的商品之上，其中價格是最重要的因素。甚至有店主表示，不索取高價購物者反倒不願意購買，所以有時還要抬高價錢來迎合期望。這種花費形式裡最常見的例子就是爲了展示個人的慷慨，而花錢買威士忌或更貴的商品（例如，黑標約翰走路）。

　　這種花錢方式與性經驗有強烈的象徵性連結，後者能夠反映前者的主要特質。花費的本身就蘊含感官享受，它不僅令人興奮，更使人耗盡精力終至獲得釋放。因此有很多女性認爲，花錢就像性愛活動一樣，令她們擁有「舒緩緊張」（一首即興歌曲的名字）的強大力量。此外，這群人普遍認爲

櫥窗購物（window shopping）會帶來壓力。因此很多人抱怨「我不喜歡櫥窗購物。假如我看到某樣喜歡的東西，我一定會立刻買下它。假如我看見某樣喜歡的東西卻又不能買，那對我可是種折磨，我倒寧願從未見過它」。這和錢沒花盡會增加壓力，花光錢才得以釋放的描述不謀而合。男人比較不喜歡從事一般所說的購物活動，而比較喜歡酒類、服飾以及汽車裝潢（例如，側邊條或汽車輪框）這一類的商品，而這些確實可以提供於此相應的刺激感。

　　然而，當人們面對的愉悅是來自購物而非來自購買的時候，便會表現出截然不同的態度（其實是對立的態度）。這是一種逃離家庭限制、並對逐漸累積的佔有物（通常是便宜和小型的，並且逐漸填滿室內空間）進行投資的社交活動。這裡的典型特質並非來自「性」，而是來自財產的擁有與傳承，因此儲存是目的而非威脅。這使購物和節儉並行不悖，因為購物的目的在於累積投資的財產，而不在於花費。另有一種可以相提並論的購物方式則是找出最廉價產品。花錢樂趣與購物樂趣的差異有可能因人而異，也會因時間而不同，比方與慶典相關的「花費」，以及與聖誕節有關的累積性及投資性的「購物」。

　　對立於這兩種愉悅感的便是焦慮感，這往往與生活必需品的例行購物有關。雖然這類購物活動有可能看來比較功利主義，也比較機械化，但與其他社會行動一樣有複雜的儀式、技巧和倫理。舉個簡單的例子來說，比方家用清潔用品的決定，習慣上以輕巧、顏色、效能和價格作為評斷的基礎。這種作法使人們在瞭解趨勢、達成協議、擁有品味等方面，提供可觀的競爭潛力。而這種氣氛也反映在各種社會關係上

。例如在某些情況下，媳婦就可能仗著她對市場變動方面的知識比較熟悉，或藉著抱怨產品過時或不適當來報復她的婆婆。而在另一種情況下，則可能是兩個家庭主婦自由交換消費經驗，希望藉此保護雙方，使她們得以共同對抗男人世界無知而惡意的批評意見。女性之間的討論，常會把購物知識轉換成社交關係，但遇上其他家庭成員抱怨他們的期待遭到阻礙時，這種討論則有可能會流於情緒化。從中浮現出的是，藉由強調例行性來維持家人熟悉的產品，進而使家庭價值具體化的道德責任感。重要的是把改變視爲進步（或成就），而不視爲破壞或拖漏日常生活的原因。

　　爲了購買生活必需品而從事的購物，近來被公認爲一種隸屬「家庭道德經濟體系」的活動（Silverstone et al., 1992）。我針對英國廚房設備進行的田野調查證據（Miller, 1988）支持了其他與家事有關的研究，這些研究指出，造成沮喪的基本原因並不是購物和烹飪本身，而是節儉政策連帶引發的缺失。沮喪是由於這項關鍵性的責任趨於瑣碎所引發的結果，而這個責任隨之成爲家庭中的某種物質文化。將之與世界上其他某些在基本意識型態上貶低購物、認爲購物不以這種方式運作的區域進行相互對照，將是很有趣的事。爾舒拉・夏曼（Ursula Sharma）（1986: 63-74）對於印度北部城鎮辛姆拉（Simla）該地女性移民的分析就著重於此。對當地女性而言，致力拓展一個可以支持她丈夫工作地位的網路，並尋找適合小孩就讀的學校，似乎更受重視。事實上，當地人對她節儉購物省下的盧比，與對她丈夫獲得晉升而賺得的盧比同樣重視的事實相當引人注意，因爲探討家庭生活的文獻很少有這方面的記載。

　　千里達的情況似乎介於印度和英國之間。在千里達，女人很少會擔負節儉的責任。這點可以從某個結婚致詞場合所講的笑話裡顯露無疑，這個笑話是說，像是孩子的教育和生活起居之類的小事由妻子決定，而新郎則負責決定誰將贏得下一次選舉這類的大事。然而，我不認爲千里達會和英國有同樣的結局，因爲在千里達，性別概念和角色似乎更有自主性，而且在某種意義上，自我節儉違反了英國人界定的性別互補性。不過，這個笑話清楚披露了何謂「值得認真看待」的意識型態。

　　這些直接觀察到的購物經驗往往被貶低爲家庭中的家務關係。「政治」一詞在此可以套用於家庭權力結構關係之上，但我們傾向將之視爲真實世界公共領域「政治」的隱喻或類比。事實上，要把這些購物經驗的議題和正式的政治連貫起來仍有困難，因爲會遭遇一連串涉及購物和消費本質的陳腔濫調和假設。我們不斷在俗話和學術上被告知，購物牽涉到資本主義或後現代主義世界，因爲他們把購物假定成「個人化」、「競爭性」等等諸如此類的東西。在下一節，我會直接處理這些宣稱消費具有大規模社會效應的主張，因爲只要他們繼續存在，我們就難以爲任何特定情境下真實的購物意涵做出嚴肅的思考。因此下一節所談的是另一個層次的問題，而我相信有必要藉機清出一片空間，好讓更持久的消費政治學論述得以存續。

購物：相對主義和相應的政治效應

　　這類泛稱為消費社會的陳腔濫調之所以能出現，並不單單依靠班傑明的遺產。探討這個課題的文獻，總期盼能推導出一個能說明該活動的單一解釋。雖然這類文獻起初有比較嚴謹的形式，尤其是受到韋伯倫（Veblen，1970）影響的部分，像韋伯倫本身就強調仿效性消費與炫耀性消費，而坎培爾（Campbell，1987）則以個人幻想的浪漫主義遺產，以及滿足感的欠缺為焦點，另外布爾迪厄（Bourdieu，1984）則指出利用品味區別階級差異是源於慣習（habitus）的作法。我在千里達的確遇到了這類特質，而且我還碰到多種肯定或否定這類概括性說法的社交性及象徵性的商品使用方式。我在這裡只打算針對下列種種假設進行討論，例如：日漸盛行的全球性同質化；仿效；競爭；個人主義；非理性主義；表面性和美國化。

　　由於近幾十年來消費的歷史研究與民族誌研究越來越精確，也越來越重視多樣性，以致於早期有關全球同質化的假設再次面臨挑戰。一般來說，全球同質化是相對於過去社經結構的持續性而作的強調。人類學家馬歇爾・沙林斯（Marshall Sahlins，1988）曾討論過像是中國和夏威夷這類不同地區的資本主義世界觀的差異（1990: 99-158）。而歷史學家莉莎貝茲・柯恩（Lizbeth Cohen），（1990: 99-158）則指出，一九二〇年代芝加哥大眾消費的發展，深受各種階層和種族差異影響，而這種影響又成為未來發展的基礎脈絡。

千里達人也會使用特定且往往有前例可循的角度來定位新興零售設備與零售制度。舉例來說，他們把購物商場當成公共空間，這點和英國大同小異。另外，千里達人也利用商場從事無關購物的各種社交活動，其中最重要的就是結伴閒逛。而小型商店則成了閒聊地方事務的重要據點。我起初提到源自最近資本主義的規範且與此相似的消費態度，例如承擔新衣著的能耐等等，多半是早有安排的文化計畫被實現的結果，這與幾十年前農村生活把衣著當作風格使用有一定的關連。

另外，有種可能更重要卻沒有像這種結構連續性一樣受到強調的乃是所謂「後天」（a posteriori）的差異。研究千里達所得到的主要結論之一，便是大眾消費並不只會受到先驗結構的影響，本身也有潛力為文化多樣性與異質性提供新形式，從而消除全球同質化的假設，甚至也消除了未來遭到同質化的可能性。這方面的實例之一便是聖誕節與購物的密切關係，因為這顯然與所謂消費會引發更多仿效與競爭的另一種共通的假說有所抵觸。

不過模仿和競爭仍有存在的可能，尤其是與風格導向有關的外觀模式。倘若把一項針對一百六十個樣本所做的居家生活研究拿來相互對照，則會突顯出對立的現象：這裡推崇平民價值與平等價值，而非個人主義和競爭，因此是個極度受到規範，而且非競爭式的消費舞台。這種觀察結果在其他幾個針對居家生活的研究中也屢見不鮮，比方麥克寇雷肯（McCracken，1989）就把家庭性（homeyness）的物質文化分析成加拿大家居生活的價值（或者請參見Gullestad, 1984，這是挪威方面的例子）。這些規範性與非競爭性的消費主導有

關聖誕節購物的典型模式，從而變成理想化的同質性社群得以形成或想像的基本手段，使這裡不致於成為一個由破裂的碎片與混語化現象（creolization）所構成的社群。這裡呈現的現象有別於競爭式和個人主義式的消費必然會使社群分崩離析的假設。主導年度購物的聖誕節（與大部分的假設相反）所表達或體現的價值，基本上有可能是反物質性的（anti-materialistic）（這方面詳細的論述，請參見Miller, 1993）。

　　這些論及購物和現代大眾消費的各種陳清濫調之中，最特殊的一種便是對非理性主義及伴隨而生的奇幻慾望的假設。我從未否認購物是令人著迷的領域，但是該論述似乎意味著，這是同某些全然是機能主義的物質文化相對的東西。彷彿我們對物質文化的興趣，既要有實用主義的取向，又要與某些基本需求的概念（使用價值）有關，因此我們真正感興趣的不是資本主義的甜言蜜語。但是無論我們回顧美拉尼西亞人（Melanesian）對長馬鈴薯的培育，或十七世紀荷蘭人對鬱金香的關切，就會發現這種抽象的使用價值和基本需求的原則在文化上是少之又少的。除非有任何史無前例的純功能性抽象概念。

　　千里達的購物現象，可以在我們討論另一個同樣荒謬的假設時，提供可觀的討論材料，我說的這個假設認為購物世界比世界的外貌更趨於表象。這是一種採取怪異的方式把馬克斯主義和下層文化摻揉在一起的菁英式評論（比方，Hebdige, 1988: 45-76），他們將下層文化庸俗化為後現代主義論爭的對象，告知我們物品逐漸取代人而成為符號價值的載體（特別是布希亞（Baudrillard，1981）到詹明信（Jameson

，1991）的這條研究路線）。這裡涉及兩個相關的問題，第一個問題牽涉到符號體系的商品化，第二個問題則牽涉到日漸表象化的概念。由於千里達誕生於極度動盪的環境，因此不僅顯示出不少這類現代性的特質，同時也表明他們並不瞭解後果。其實就現代性而言，人與物作為象徵載體的區隔程度，可能還更強一點（假設毛斯（Mauss，1954）所言無誤，那麼在禮物社會裡兩者實際上完全相通）。所以也可以說近年來最主要的表達媒介已經成了商品而非人。

對千里達而言，這樣的轉變可以獲得很多好處。人們以往常會為了表現關鍵文化價值而將事情簡化。舉例來說，非洲後裔被說成不會為明天打算，且一定會作某些事的人，而南亞後裔則被說成只關心資本累積和血統，是沒有自由的人。然而，今日這種二元論逐漸演變成一種面對上述種種慶典及聖誕節相關之商品時的態度。因此在某種程度上，當地形成的商品符號體系削弱了以人為媒介的符號體系。結果動搖了他們的種族偏見。而我很懷疑那些後現代作者是否真的比較偏好毛斯所說的那種世界，因為對毛斯而言，財貨流通的過程中具有價值的主要是人（主要是女人和小孩）。

威爾克（Wilk，1991）以貝里斯（Belize）為例，指出符號價值商品化有進一步的好處，因為對開發中國家而言，商品逐漸被用來當作政治多元化的主要具現模式。舉例來說，在身份認同方面，無論人們將變得更為美國化或更為本國化的貝里斯人，都牽涉到把像是美國身份本土化或混語化的作法，而且透過可口可樂這類的符號性替代商品，或者透過某些重新開發出來代表各種替代性商品的「手工藝品」，來作這方面的設想及主張。正因為有消費，政治價值才有機會

被形塑成人民所追求的世界。他們透過這種具體化的過程，才得以考慮真正與政治認同有關的是誰。

在千里達也有可能發現這方面的證據，從而支持有關現代性的存在意義上之表面要素的想法，但是結局仍事先就被假設好了。大部分受人敬重的歐洲和北美哲學傳統，以及緊繫於此的口語意識型態（colloquial ideologies），都預設了一個「深層的」本體論。這意味著「存在」就是某種不變的深層內在，而且往往緊繫於根源。這就被用來對抗和對立於表面或表象的意義。現代主義對立於表象的論爭深受這個意識型態所影響，而後現代主義欠缺深度與連貫性的特質，更是現代生活指控的重點。但是沒有理由認為身份認同和本體論的重要議題，在概念上就不該是更短暫或更趨於表面的模式。因為至少對一群千里達人而言，關注風格顯然是件相當深刻的事，因為存在與表面間的關係在這裡顯得非常不同。的確，他們最常為其他千里達人指控之處，就是他們愛好儲藏與內化（interiorization），這被視為他們反社交特質的主要根源。近來亨利‧路易斯‧蓋特（Henry Louis Gates，1988）也對於那些曾批評「表象」含意的各種意見，提出一項最新的論點，還有其他一些人也針對千里達的環境提出過相關的評論（詳見Miller, 1994: 219-31）。

這些相對性的評論相當重要，因為倘若我們僅僅接受關於大眾消費這方面的既定說法，那麼其與政治的關係就沒有什麼好談的了。而如果只是把全球同質化之資本主義生活形態的被動性符號載體分解成最小單位，那我們的論述就只能是修辭上的努力，而永遠不會有重要性。這些特性中有很多都相當可能與消費有關（的確，我將在下面肯定拜物教在購

物上的重要性），但他們的特定影響是特定條件所引發的，
而且不能僅僅被假設為消費的同義詞。

政治上的影響

　　但願我已經騰出足夠的空間，讓我們可以評估購物和巨
觀經濟暨政治權力之間的關係。當然這是指我們還沒從該活
動的經驗面上，消解它們之間的「距離」之前。就政治上來
說，人們所從事的活動和本身具有重要性的活動，都有可能
成為合法化的判斷標準。儘管千里達人會把例行性購物的細
微差異當作一種社交關係的表達方式，但當地購物者其實希
望依據划算和節儉來將他們的購買行為合法化或理性化。英
國和千里達的零售商都強調商品折價求售的訴求，因為這讓
購物者回家後可以宣揚由於他們的活動和支出而帶來的好處
。這樣一來，便能把可得的金融資源和他們供應家用的能力
之間真實而緊密的關係結合起來。
　　我相信這種為了便宜、划算、效益以及多樣化所做的努
力，可以歸入購物者更廣泛的其他興趣之中，並轉而提供一
個可以把這類作為家務勞動的購物，還有另一類一方面是種
文化價值的表達，一方面則是政治經濟巨觀世界的表達的購
物給連貫起來。我現在想藉由檢視千里達政治經濟的另一端
，讓我們回頭討論這一層次的關係。千里達當代政治經濟上
的論爭，受制於今天不只控制了小型國家或邊緣性國家，而
且也逐漸干預大國的某些組織（即國際貨幣基金組織（IMF
）及世界銀行）。近年來，千里達也開始追隨其他國家的腳

步，制訂所謂的「結構性調整」時期。我不想假裝自己很有
經濟學素養，但看來似乎這些機構和布雷頓森林（Bretton
Woods）會議的整個結果，確實為經濟觀點發展成特定政治
實踐的壓力，提供了一個非常清楚的例子。

　　大致來說，我可以瞭解為何多數千里達人對這些團體所
代表的事物，以及對他們所產生的影響感到厭惡。千里達經
濟學家丹尼斯・潘廷（Dennis Pantin, 1989）曾將IMF和債權
人的利潤相提並論。實際上，當這些國家因為無力償還累積
的債務而求助於這些團體時，往往會招來原料與成品價差過
大的貿易不平等，或是招來第一世界國家一廂情願地提供給
第三世界國家的貸款。IMF和世界銀行的工作似乎只是為各
國進行信用評比，並使他們可以繼續為了延展債務而進行貸
款而已。但是為了確保信用評比，這些國家被迫進行結構調
整，並因此成了自由匯率及自由貿易這類特定的經濟意識型
態的縮影。結果是完全不顧美國和日本這類國家是否採取了
貿易保護制度或者對外匯比率進行控管，而只一昧地要求千
里達這類國家不得保護不成熟的製造業，或者不得控制他們
的匯率（McAfee, 1991: 67-82）。

　　這些機構為這些活動提供的合法化機制，是從全球經濟
觀點出發的，最後導致的結果是：商品永遠來自生產效率最
好的國家，而這些國家的商品也以最便宜又最具競爭力的價
格進入全球市場。這些人宣稱這樣對大家較好，如果所有國
家都透過自由競爭來一較高下，將會格外有效率。然而，這
些措施使千里達動盪不安。支持IMF意識型態的人堅持採用
這種國際收支平衡的模式，可是這往往會使社會福利產生重
大的缺口，而且在包括鄰近的委內瑞拉在內的某些國家裡，

引發了可以想見的社會動盪。面對自由貿易相關措施在未來幾年內可能帶來的這種衝擊，即使是千里達的大型企業也顯得不知所措。除了這些影響之外，IMF也是後殖民的有力象徵。這表示執政團隊事實上沒有辦法左右這方面的事務，因為該國政治經濟的規劃者所做的重要決策受制於外來經濟體之處會愈來愈多。然而，大部分千里達人清楚知道這種經濟邏輯其實是強有力的政治手腕。在全球經濟裡，IMF和世界銀行比起個人化的柴契爾主義和雷根經濟學來說，更有過之而無不及，他們無非是想用現代經濟學（或許不是資本主義本身，而是最異常的制度）的想像來重組世界。

　　但這些又與購物有何關連呢？其實千里也和其他國家一樣，會採用各種保護主義策略來達抵制IMF的干預，所以他們堅持由當地政府掌控當地的產品所帶來的好處會更多，儘管最終得到的產品比不上純粹開放市場所得到的產品那般物美價廉，但這種政策至少有助於降低依賴性，還可以增加地方上的工作機會，而且這類商品的生產具有地方性的象徵意義，可以與來自全球市場的同質化商品分庭抗禮。

　　我認為大多數千里達購物者都認同反IMF陣營的價值和觀點，但他們身為消費者所表現出的集體行動，恐怕是對這個陣營的破壞而非支持。千里達購物者的集體特徵在於人人都追求最划算的商品。他們為了使自己的購買行為合法化，便要聲稱自己為了尋找物美價廉的商品不惜花費大量的時間。判斷商品是否物美價廉的人通常就是他們自己。舉例來說，如果有一家加拿大公司生產的洗衣粉或早餐雜糧的品質（意指形象更好而非功能更強）優於當地公司，購物者通常會買加拿大的產品，而這都是拜經濟體的規模、高度資本投資

、廣告和不平等的貿易條件所賜。就這點來說，千里達已經
算得上是高度發展的市場了，例如一家花生進口商就告訴我
，他可以成功的擊敗對手是因爲他擁有比美國產的花生更光
滑的中國花生，這讓他佔有市場優勢。我認爲光滑的花生合
乎我們所謂「高度發展市場」的定義。

　　我們不應該過份誇大這類「反地方效應」（anti-local
effects）。因爲千里達本地產品在過去二十年間，已經在品
質上得到了充分的改善，而且有很多產品已經足以和外來商
品競爭。最令我感到驚訝的是，我發現一九三三年，千里達
的企業集團（聶爾和瑪莎公司（Neil and Massey））已經成
爲迦勒比海沿岸最具優勢的跨國公司，並與鵲巢公司（Nestle
）和立華兄弟公司（Lever Brothers）分庭抗禮。此外，在許
多地區裡，本地產品的訴求點在於它是有別於進口產品的本
土產品，或是無法以進口方式取得的產品，從而滿足地方上
的需求，舉例來說，像鴿豆或是栗子口味（sorrel-flavoured
）的飲料。

　　或許可以說大部分的千里達人在實際購物時，並沒有像
他們在討論抽象的國家利益以及「愛用國貨」政策的成效時
那樣敏感。這麼看來把購物當作追求節儉和划算所引發的集
體趨勢，和IMF這類團體爲了推銷最物美價廉的商品（他們
會如此聲稱）而在地方上追求經濟性、在全球尋求競爭性的
意識型態之間，多少存在某些聯繫。既然如此，購物和所謂
的極右派壓力之間便會形成某種關連。此外，外國商品的能
見度及相對價格等問題的政治重要性，也在選舉時表露無遺
。商品能見度的議題接著會衍生成未來貧富的標記，因此其
政治重要性是顯而易見的。

　　然而，在總結該案例之前，還有另一個有助於評價上述這種表面性連結的案例值得我們一看。在東歐共產國家尚未倒塌之前，曾有一些報導提到商店裡的規範，其中最一針見血的是由斯拉帆卡‧德瑞庫立克（Slavenka Drakulic，1992）所著的《我們如何在共產主義下求生甚至樂在其中》（*How We Survived Communism and Even Laughed*）一書。該書企圖傳達一九八〇年代一般婦女親身體驗的購物經驗。她所描寫的是一種物資短缺的文化，她指出國家控制的程度已經到了無視於女性需求的地步。一個無能生產衛生棉的政體所帶來的羞辱感，使人民政治上長期支持特定意識型態的決心也隨之動搖。當人們可以獲得何種商品得要看商店有賣什麼，而不是自己需要什麼的時候，家務的耗竭情況便會因為商品取得困難而更加惡化。可以從商店中取得的東西越少，商品的照片就會顯得更加誘人，而來自西方世界的雜誌似乎成了日常生活的諷刺。除此之外，另有紀錄指出某些人會利用黑市或以物易物的系統來克服這個體制的缺陷。其實相較之下，比起希望突破既定政治系統以求政治自由的慾望，這種需要商品的慾望只是其次。

　　就千里達的情況來看，購物助長了霸權性的跨國機構，而與國家主義的政治觀點抵觸，這恰好與東歐國家推動國家主義來對抗霸權性跨國機構的政治影響完全相反。但對於兩者而言，唯一不變的就是購物確實帶來了政治上的衝擊。我無意讚揚購物固有的特質。例如日本的合作社運動，就是刻意限制商品範疇，並為了道義考量而多付一些錢給某些商品的例子。然而，這種既不追求商品多樣性，也不追求最低價，甚至不顧或不關心商品來源的購物方式相當少見。如果這

點可以成立的話，那麼說起來購物大眾似乎並不排斥資本主義宣稱最大選擇最低支出的觀念。

邁向值得認眞看待的購物

行文至此，已經交代了購物與政治間的兩極化現象，以及微觀經驗和巨觀經驗間的兩極化現象，最後也交代了一般所謂的左右派政治間的隔閡現象。我認爲這三個層面間的關係其實相當密切，果真如此，當初將其重要性推向兩極化的作法便相當可疑。首先就從上述第三種二元對立關係開始說起，由千里達和東歐兩方面的證據來看，我們可以發現購物者作爲消費者的身分，常會使他們成爲被左派指責而被右派利用的對象。儘管德拉庫立克（Drakulic）指出，執著於生產平等性是造成消費者權益被忽視的直接原因。然而，仍有一些非屬共產主義國家集團的左派陣營具有禁慾主義的傾向，他們譴責任何想要獲得商品的慾望，除非該商品是生活必需品才得以倖免。相反的，右派則強調選擇才是消費者真正關心的事，因而推行帶有放任主義傾向的資本主義，因爲他們認爲這是最能有效滿足商品廉價與多樣化要求的作法。我發覺這種處境在最近十年已經有所轉變，不過這仍是我們必須面對的遺產。

我們要消解這種二元對立，就應該開始正視消費，同時結合左派常推動的社會福利政策。想要提升消費的重要性意味著先要做到幾件事，首先，要認清人們希望在多樣、便宜和品質等各方面獲得平等對待是理所當然的事。第二，我們

有理由把消費程序視爲某種關鍵性的政治裁決者，只是我們想超越的左右派二元對立關係的企圖，仍然因爲國有及私有體制孰優孰劣的爭議而困擾不已。不過話說回來，我們似乎也有很充分的理由要求這些論爭都以消費者最終得到的服務品質爲重而再次重新組織起來。第三，購物乃是人們與商業界乃至於國家這類大型機構相抗衡的關鍵性環節，透過消費而換取的佔有感，和消費時能否有機會得到實際授權並體認到道德責任有密切的關係，而且他們在這一刻彷彿已經不是傳統政治學的子民了（Miller, 1987）。總括來說，文化研究近年來對於那些把消費浪漫化爲「正向」的傾向，或是將「消費者選擇」浪漫化爲某種必然政治「正確」的傾向做出反應了（請參見 Morley, 1992: 20~32）。不過，如果我們只是希望主張：我們需要重新調整自身看待隱藏在消費者需求背後的規範時所持的政治意見的話，倒也不一定非得這麼作不可。

　　傳統上左右派政治的區隔，也意味著把家庭經驗的微觀世界，分割成相對於真正具有政治經濟重要性的巨觀世界的一種僞政治經驗（Morley, 1992: 270-89）。這個問題直接受到政治與購物的對立所牽動，這一方面是因爲我們認爲相較於政治而言，日常購物顯得無足輕重，一方面也是因爲我們沒能釐清私人領域與公共領域有何區別。毫無疑問的，未經「認真」思考就把女性視爲一種負責購物的性別，以及未經「認真」思考就拒絕瞭解購物在IMF和重要政治動向的爭議上所產生的直接後果，這兩者之間息息相關。

　　我們可以說，這便是引發今天世上種種不平等的關鍵原因。這就是第三世界原料價格低廉，以及第一世界商品價格

便宜之間的關連。這種情形之所以會繼續存在，一部份是因為第一世界民主政體的投票儘管囊括了所有的消費者，卻只包含了一小部分的生產者。最後得到的淨效果是比馬克斯所描述的規模還大的商品拜物教，因為這種介於第三世界工人與第一世界消費者之間的全球性不平等，仍會因為第一世界無產階級民眾的原始問題而受到牽動。

　　這個被我們描述成如此罪惡的東西，與我們追求便宜、多樣性和划算的商品之合理慾望息息相關。因此，只有當我們也對這個藏在第一世界背後的規範有所瞭解時，才能對此有所瞭解。這就是班傑明論及拜物教的美學式途徑幫不上忙的原因，也是近年來一直認為我們矮化了政治、認為中產階級的放任選擇無足輕重的消費研究幫不上忙的原因。購物可不是位於主流之外的東西，或是被政治經濟學所摒棄的東西，相反的，它是我們今天邁向政治經濟學必備的一把鑰匙！即使在第一世界的經濟體內部，這點也顯而易見，因為「向後整合」（backwards integration）乃是大勢所趨，所以製造業將逐漸受到零售業支配。此外，後福特主義生產模式的發展，已經使生產形式與組織產生大規模的轉變，目的則是為了對複雜微妙的地方文化需求保持一定的敏感度（Mort, 1989; Murray, 1989）。就像在其他許多領域中一樣，我們必須承認未來經濟和政治發展的全球化問題，不只會反映在世界股票市場的電腦螢幕上，也會實際反映在一般的家庭責任蘊含的情感意義之上。消費之所以重要，就是因為它能同時表達人們對價值的要求，和個體或家庭享有的權力，甚至是人們對國家與商業的否定。簡而言之，這裡正是授權政治和平等政治交會之處。

　　我並不打算只停留在修辭的階段，而不考慮實現的可能性。因此，我將簡要的審視三項以此類議題為訴求的運動。其中最明顯的就是與消費者合作社相關的迴響。這些合作社在日本這類地區的重要性是無庸置疑的，因為根據一項最近的資料顯示，當地有多達三分之一的消費者會透過合作社進行消費選擇（Clammer, 1992: 203）。合作社或許表現了消費政治化的理想形式，但是對本章所關切的議題而言仍屬有限。我對千里達、英國、瑞典和日本等地的消費合作社作了比較，結果顯示出各地合作社同政治的關係極為不同：這點也是查理斯・蓋德（Charles Gide）探討此議題的原創性著作中所堅持的一點（1921: 3）。不過我認為未來的發展極有可能來自一個蓋德沒有考慮到的範疇，亦即介於商品消費和國家所提供的服務之間的中介區域。這麼說或許有過度推論的危險，但從近幾十年來政治發展的趨勢來看，這些相對而言較為獨斷的國家控制機制，在許多方面已經不會像懷疑市場競爭那樣懷疑消費者的需求了。這或許就是某些旗幟鮮明的社會主義國家會減少國家干預的主要原因，因為這麼作為國家帶來的社會利益有時甚至比市場配銷上產生的利益更多。發展這種可以用來篩選消費者關切國家之處的集體性佔有形式，或許能以最有效的方式勾勒出政治權利的組成因素，甚至透過抗議國家條款會引發負面結果而取得改善。這種制度會使消費者更樂於見到國家凌駕市場，並充當起各種服務的主要提供者的現象。

　　我在合作社相關議題上所要提的最後一點是：他們雖然呈現出一種理想的形式，但是卻得建立在消費者身為政治激進主義者的基礎上才行。既然有人對這種方式是否有機會在

不同時空下持續存在抱持悲觀的態度，我們便有必要考慮用其他方式，來使購物成爲人們所重視的對象，而這種方式應該盡量不要仰賴購物的政治化，而應該側重於如何突破購物與政治間的兩極化關係。從這點來看，儘管我對蓋德的同感強過我對班傑明的同感，但若想要在更廣義的層面上將購物與政治連貫起來的話，仍有理由把蓋德的貢獻視爲班傑明這塊暗礁對面的漩渦。這是因爲問題解決之道其實在於如何將消費歸入政治的範疇，而不在於如何挑戰兩者間的基本矛盾。

　　然而，這種促使商品去拜物化（de-fetishizing）的觀點尚有第二個層次，這個層次不僅更能夠破除購物和政治的隔閡，而且目前已經在綠色運動中相當突出。儘管綠色運動曾經一度在政治上相當成功（這是後見之名），但是它今天使消費產生的轉變，要比政治上的轉變更多，不過這說不定就是該運動真正的長處，因爲它專注於多數人都覺得自己負有決策責任的一個舞台。我們最近已經可以看到來自第三世界的另類品牌在市場現身，比方有機商品、野生雞蛋、環保清潔濟以及對動物無害的化妝品，甚至是對人體無害的商品目錄等等。

　　不過這多半只是特例，甚至往往還與特定（中產）階級有關。事實上，沒有任何自動轉換器（automatic switch）可以把綠色消費轉換成紅色消費（red consumption），或把對海豚無害變成對工人無害，雖然日本的合作社運動正在朝這個方向努力。然而，這種轉換相當有好處。一旦地毯必須在標籤上聲明成品並非由印度童工所製作，或是企業必須聲明特定商品對環境的影響，那麼就有可能出現新購物模式。這

種資訊徹底轉變了人民的政治參與，使人們透過日常生活中的決策，得以在政治上彌補偶爾爲之且流於粉飾太平的選舉活動所帶來的後果。一旦道德性的商品多到一定數量時，人們每選擇其中一種商品，就相當於拒絕了另一種產品。不過話說回來，目前所提的這些就像合作社一樣，都還只能算是預兆而已。

再來談到目前與購物有關的第三種潛在轉變，這種轉變會要求政治圈內的運動配合這些消費運動。政治將會明智的作爲這類改變的先鋒，而不是抗拒來自流行文化的壓力，這種壓力不只是在購物上表露無遺，而且也可以從人們要求在公共電視領域佔有一席之地，以及觀眾參與的談話性節目數量的上揚趨勢中看出一點端倪。左派份子如果夠明智，便有可能向右派靠攏，並轉型成一個屬於消費者的政黨，進而把商品道德納入政見，一方面肯定消費者需求的重要性，一方面將之結合於傳統福利政策。對任何政治計畫而言，國家官僚都是不可或缺的一環，因爲這是唯一能幫消費者澄清各種環保聲明是否屬實的機構。最後的結果將會使經濟更加官僚而非更加放任。想要實現這種政治訴求，國家就得先支持消費者透過提供資訊以及提供保護服務的團體來維護自身權益的方式。目前的綠色消費便是利他主義與利己主義有效聯合的例子，例如他們不僅認爲殺蟲劑會對世界造成威脅，也認爲殺蟲劑會對我們身體造成威脅。

關注消費對當前強調公民權力的新政治趨勢相當有好處。就許多方面來說，這種關注在日後將被界定成一種相當抽象的現象，只不過界定它的是法定力量，而不是今天宣揚這些觀點的人。從另一方面來說，這也促使人們既要與政治

產生正面接觸且要在政治之外享受權利的二元論觀點得以維
繫。相較之下，消費不僅有比較強的無政府主義傾向，而且
會分散到多數人認爲他們作出的消費選擇是居家生活「政治
」中的一部份，從而覺得有種自由感和責任感的層級之上。
這樣一來，便能促使持續對一般購物者穩定物價的道德責任
造成主要阻礙的政治和購物間兩極化的意識型態得以突破。

　　總而言之，購物與政治間的兩極化深受當代意識型態的
影響。但這點既不受班傑明符號學式的警語所威脅，也不受
蓋德強調的作爲政治激進活動的購物所威脅。因此當務之急
便是借重那些有可能將該現象相對化，並將之從某些推測其
內在性質的陳腔濫調中分離出來的「日常購物的民族誌」（
the ethnography of mundane shopping）。我們針對購物重新進
行思考，有可能藉由突顯消費者所涉足的深淵和他們的政治
經濟效應間的關係，來挑戰公共領域與私人領域間的既定分
隔，並挑戰左右派政治對立的傳統觀點。本章主要認爲，購
物與政治間二元對立的意識型態，即是擋在其他有待我們超
越的二元對立前的障礙。我們所要作的便是重新將消費規範
和政治目標串聯起來，同時承認消費具有重要政治地位。所
以，我在本文開頭問到究竟能否認真看待購物，答案是唯有
降低認真看待政治的程度，才能提升認真看待購物的程度。
我們最起碼有理由認爲政治謙卑可能會給某些特定的政治目
的帶來意想不到的好處。

參考文獻

Baudrillard, Jean (1981) *For a Critique of the Political Economy of the Sign.*
St Louis, MO: Telos Press.

Belk, Russell, Wallendorf, Melanie, Sherry, Jr., John F. and Holbrook, Morris
B. (1992) 'Collecting in a Consumer Culture', in Russell Belk (ed.),
Highways and Buyways. Provo,UT: Association for Consumer Research,
pp. 178-215.

Benjamin, Walter (1973a) *Charles Baudelaire: A Lyric Poet in the Era of
High Capitalism* London: New Left Books.

Benjamin, Walter (1973b) *Illuminations.* London: Fontana.

Bourdieu, Pierre (1984) *Distinction: A Social Critique of the Judgement of
Taste.* London: Routledge and Kegan Paul.

Buck-Morss, Susan (1989) *The Dialectics of Seeing: Walter Benjamin and the
Arcades Project.* Cambridge, MA: MIT Press.

Campbell, Colin (1987) *The Romantic Ethic and the Spirit of Modern
Consumerism.* Oxford: Basil Blackwell.

Chancy, David (1991) 'Subtopia in Gateshead: The Metrocentre as a Cultural
Form', *Theory, Culture & Society,* 7(4): 49-68.

Clammer, John (1992) 'Aesthetics of the Self: Shopping and Social Being in
Contemporary Urban Japan', in Rob Shields (ed.), *Lifestyle Shopping.*
London: Routledge, pp. 195-215.

Cohen, Lizbeth (1990) *Making a New Deal.* Cambridge: Cambridge
University Press.

Drakulic, Slavenka (1992) *How We Survived Communism and Even Laughed.*
London: Hutchinson.

Gates, Henry (1988) *The Signifying Monkey*. Oxford: Oxford University Press.

Gide, C. (1921) *Consumers' Co-operative Societies*. New York: Haskell House.

Gullestad, Marianne (1984) *Kitchen-Table Society*. Oslo: Universitetsforlaget.

Hebdige, Dick (1988) 'Towards a Cartography of Taste 1935-1962', in his *Hiding in the Light: On Images and Things*. London: Routledge.

Hegel, Georg (1952) *Philosophy of Right*. Oxford: Clarendon Press.

Hopkins, Jeffrey (1990) 'West Edmonton Mall: Landscape of Myths and Elsewhereness', *The Canadian Geographer*, 34: 2-17.

Jameson, Frederic (1991) *Postmodernism or the Cultural Logic of Late Capitalism*. London: Verso.

Keens-Douglas, Paul (1984) *Lai Shop*. Port of Spain: College Press.

Lovelace, Earl (1981) *The Dragon Can't Dance*. London: Longman.

McAfee, Kathy (1991) *Storm Signals: Structural Adjustment and Development Alternatives in the Caribbean*. London: Zed.

McCracken, Grant (1989) ' "Homeyness": A Cultural Account of One Constellation of Consumer Goods and Meanings', in Elizabeth Hirschman (ed.), *Interpretive Consumer Research*. Provo, UT: Association for Consumer Research, pp. 168-83.

Mauss, Marcel (1954) *The Gift*. London: Cohen and West.

Miller, Daniel (1987) *Material Culture and Mass Consumption*. Oxford: Basil Blackwell. .

Miller, Daniel (1988) 'Appropriating the State on the Council Estate', *Man*, 23: 353-72.

Miller, Daniel (1993) 'Christmas against Materialism in Trinidad', in Daniel Miller (ed.), *Unwrapping Christmas*. Oxford: Oxford University Press, pp.

134-53.

Miller, Daniel (1994) *Modernity - An Ethnographic Approach.* Oxford: Berg.

Miller, Daniel (1997) *Capitalism -An Ethnographic Approach.* Oxford: Berg.

Morley, David (1992) *Television Audiences and Cultural Studies.* London: Routledge.

Mort, Frank (1989) 'The Politics of Consumption', in Stuart Hall and Martin Jacques (eds), *New Times.* London: Lawrence and Wishart. pp. 160-72.

Murray, R. (1989) 'Benetton Britain', in Stuart Hall and Martin Jacques (eds), *New Times.* London: Lawrence and Wishart. pp. 54-64.

Pantin, David (1989) *Into the Valley of Debt.* Trinidad: Gloria V. Ferguson. Ltd.

Sahlins, Marshall (1988) 'Cosmologies of Capitalism', *Proceedings of the British Academy,* LXXIV: 1-51.

Sennett, Richard (1977) *The Fall of Public Man: On the Social Psychology of Capitalism.* New York: Alfred A. Knopf.

Sharma, Ursula (1986) *Women's Work, Class and the Urban Household.* London: Tavistock.

Shields, Rob (1989) 'Social Spatialization and the Built Environment: The Case of the West Edmonton Mall', *Environment and Planning D: Society and Space,* 7(2): 147-64.

Shields, Rob (ed.) (1992) *Lifestyle Shopping: The Subject of Consumption.* London: Rout-ledge.

Silverstone, Roger, Hirsch, Eric and Morley, David (1992) 'Information and Communication Technologies and the Moral Economy of the Household', in Roger Silverstone and Eric Hirsch (eds), *Consuming Technologies.* London: Routledge. pp. 15-31.

Veblen, Thorstein (1970) *The Theory of the Leisure Class.* London: Unwin.

Wilk, Richard (1990) 'Consumer Goods as Dialogue about Development', *Culture and History,* 7: 79-100.

註釋

[1] 我曾在羅格斯大學（Rutgers University）的研討會中發表這篇論文，當時斯塔特‧霍爾（Stuart Hall）和麥克‧陶席格（Michael Taussig）強力批評了本文論及班傑明的這一節。這兩位學者都比我更瞭解這個議題，而我也相信我對班傑明的看法有流於表面之處，並且在一定程度上曲解了他的意思，但我唯一能抗辯的是：我關切的重心並不在於班傑明個人，而在於整個購物研究上有問題的取向。所以我不打算抽掉這一節，只是我建議讀者可以將之解讀為我個人對這位深刻的思想家所作的粗淺評論！

[2] 這一節是以千里達的田野調查為基礎所寫的。

第三章

現代性的否定：
女性、城市和百貨公司

宓佧・納珐

導言：缺席的系譜（genealogy of absence）

　　這份研究原想探討女性在「現代性」這個概念中居於何
種地位。我在本文中將緊扣兩個焦點，第一個是購物，第二
個則是作為「現代都市社會」重點標誌的百貨公司，這麼做
是為了反駁那些將十九世紀末及二十世紀初的現代性定義
為公共舞台之時，卻把女性排除在外的理論家。可是，當我
嘗試把一些從女性主義和消費文化的角度所提出的問題，和
現代性的概念整合起來的時候，卻發現這方面的理論或歷史
成果竟是如此稀少：而這也是個有待解釋的現象。因此，我
的研究就在這種情況下，逐漸變成一篇針對「缺席的系譜」
所進行的探索。於是，除了可以參照某些既存的論爭和史料
外，整個研究所要探索的對象就成了某些往往是潛意識的動
機，以及某些在智識性作品中發揮影響的優先性前提，還有
使前述這些作品否定了二十世紀生活的主流敘事（這也是我
將要主張的論點）的優先性前提。

現代性與女性

「現代性」這概念之所以會被提出，是為了理解十九世紀末和二十世紀初，受到西方世界主要城市影響，而在文化上及物質上快速變遷的現象（這點在別處已有詳盡的討論）（O'Shea, 1996）[1]。我在這方面特別關注幾個焦點，一是女性的經驗與再現，其二是在這個脈絡下所出現的新型態社會的互動形式與感知形式，再來則是現代城市生活能為新意識的發展提供的可能性。在這裡使用「現代性」一詞（為了達成這裡的研究目的，我特地從各種當代和最近的文獻中梳理出相涉的特徵，並據此提出過一些相應的綜合性說明[2]）是為了烘托出現代城市的日常生活中，所蘊含的複雜性、危險性、豐富性及刺激性。這裡關注的是大都會中各種尋常經驗的特質，也關心這個川流不息而且常會與陌生人相遇的環境，而符號與表徵（appearances）已經在這個環境中獲得了新的重要性，且逐漸代替了傳統上隸屬於社會及地理範疇的敘事內容。於是展示及視覺效果都成了備受矚目的新焦點。由於現代都會生活方式帶有短暫性與不確定性，因此也要求新的道德觀與新的流行風潮，而這便形成一種新的願景。同時也連帶產生了新的企業、新的語言以及新的文化形式。但是現代性不只涉及到更新（renewal），也強調瓦解（disintegration）與碎裂（fragmentation）。它不僅是十九世紀諸多慣例遭到顛覆的標誌，也是對其悲劇性格的烘托，更是對現代想像力的強調。不過，它倒是始終指向一種「前瞻性（*forward-lookingness*）」，同時也指向一種像馬歇爾・伯爾曼（Marshall

Berman，1984）所言：使人在現代生活的渾沌世界（或「漩渦」）中依舊安然自得的方式，還有能成為現代化主體也能成為現代化客體的方式。

　　「現代性」自然是人為建構的敘事方式，就如同其他敘事一般，它能為我們提供的是看待某事件或看待過去的一種觀點，而我們可以從中挑出研究中所要強調或忽視的特定現象。因此，我們會發現有些人在搬弄了許多知識概念與成果後，卻仍無法清楚交代女性經驗的現象，也就不足為奇了。在某些經典文獻裡，總是把都會景觀中的典型女性描述成青樓女子或女性藝人這類角色，這種說法無異是把女性劃分為三貞九烈的女人和性放縱的墮落女子之十九世紀二分法思考模式（Buci-Glucksmann, 1987; Wilson, 1991），問題是這種思考模式竟忽略其他所有的尋常女性。然而，近年來有些文獻居然變本加厲的漠視這點，因而也在最近二十幾年裡，引發驚人的批判風潮。舉例來說，佛列斯比（Frisby，1985）在對齊美爾、班傑明和克拉考爾（Kracauer）等被他視為「現代性」重點評論家的研究中，就幾乎沒有提到這些人對性別差異所抱持的觀點，甚至比這些作者們在二十世紀初著述之時所提到的更少（van Vucht Tijssen, 1991）。

　　學術上的女性主義研究首開此類敘事之先例，並竭力從學術與歷史上或其他可能的角度理解女性被邊緣化的現象。珍妮特‧沃爾芙（Janet Wolff）深具影響力的書：《看不見的街頭尋歡女：在現代性相關文獻中的女性》（The Invisible Flaneuse: Women in the Literature of Modernity）（1985），乃是這個議題上具有開創性的著作[3]，而我這裡提出的論點主要也是為了回應她的論點。沃爾芙主要想探討的是女性之所以

在現代性的關鍵文獻中缺席，是因爲那些文獻的主要焦點擺在公共領域、擁擠的城市街道、「街頭尋歡客」的經驗，還有政治及工作之上：據她表示，女性總被排除在這些範疇之外。女性從十九世紀開始逐漸被幽禁在家庭範疇之中，而這與新型態的社會學契合無間，因爲該學科只關注於如何把現代公共世界中不斷變遷的現象加以分類和解釋。其實把「現代化」理解成城市與公共生活間之獨特關連的文獻還有很多。因此，女人活動和勞動的領域，即使並不真的只限於家中，但大部份卻都是看不見的。「與現代性相關的文獻忽略了私人領域，而且已經到了對這個女人爲主的領域相關之議題三緘其口的地步了（Wolff, 1985: 44）。雖然沃爾芙也體認到（儘管幾乎是竊竊私語的方式）百貨公司的出現，爲女性提供了一個新的公共舞台[4]，但她認爲像波特萊爾和班傑明這些作者所界定出的現代性特質（短暫而匿名的相遇，以及漫無目的的遊蕩）在女性身上並不適用。總而言之，沃爾芙認爲女性不只是被現代性相關文獻排除在外，而且因爲她們被歸限於家庭和郊區等範疇，從而也被排除在現代性經驗之外。所以根本就沒有足以和「街頭尋歡客」相提並論的女性對等物存在。

　　雖然她這篇文章成功地爲這方面的論爭開了先河，但我並不認同其中某些關鍵性的假設。我認爲女性並未被排除在公共領域的現代性經驗之外：相反的，她們在其中扮演著至關重要的角色。的確，女性的經驗可以說是構成現代性的關鍵要素。所以，我們若想了解被文獻所排除的女性，就得另尋出路。

　　其實沃爾芙在別處提出的論據，都是她個人的時序劃分方式（periodization）所衍生的後果之一。她的著作把焦點鎖定在十九世紀下半葉，而這大約和波特萊爾的「早期現代性」屬於同一時期，而這也就是班傑明所謂的「現代性的前歷史時期」[5]。如果她採用不同的時序劃分方式，再納入現代主義全盛時期的表現，以及十九世紀末二十世紀初大眾文化、消費文化的擴張，還有社會政治方面的動盪，那她的研究就會發現女性不論在符號還是物質方面，都有越來愈多的機會參與公共活動。既然如此，她對於女性未能參與現代性經驗的論點便有待商榷了。

　　沃爾芙的論點還有另一項缺失，亦即她把「街頭尋歡客」形容成現代性的原型。她這種作法重複了許多文獻的同樣作風，都專挑「藝術家—觀察者」（實地勘查員（通常也就是作者本人））來充當現代都會經驗的代表。事實上波特萊爾筆下的「街頭尋歡客」（相當於一個描繪現代生活的畫家）乃是現代性的觀察者與紀錄者，但他本身並不是現代性的實例。此外，沃爾芙筆下的街頭尋歡客總是男性，因為從她的論點來看，只有男性有自由可以隨意地遊蕩，並「在視覺上佔有該座城市」[6]。我認為沃爾芙所提的「街頭尋歡客」概念（雖然強調短暫性和視覺性頗富成果），將平凡人平日的觀察排除在外了，特別是把平凡女性的觀察排除在外了。

　　大致上來說，沃爾芙的結論無非代表著女性主義史上豐富卻悲觀的一支傳統，專注於男尊女卑的現象，及其被主流史料邊緣化的情形[7]。雖然這些讀物在政治上與理論上有其重要性，但它們仍怯於挖掘其他的「真相」。然而，伯爾曼所強調的則是掌握世界、英雄氣概以及對日常生活的失望，雖

然他對我有興趣的議題也不太重視，但卻為我們提供了一種從不同角度詮釋女性與現代性之關係的可能性。如果珍妮特‧沃爾芙過去專注的是女性文化經驗的「拓展」，而非其「限制」的話，那她第二部分的論述便可以獲得更有力的立論基礎，而不會只是指出現代性相關文獻中看不見女性的蹤影而已。

　　但是沃爾芙的解構進程推展的還不夠遠。她只把女性在文獻中的缺席，解讀成「實際上」缺席的證據之一，而沒有把這整件事就當作一項證據。若想對女性參與現代性的情形作不同的解讀，就應該著重這些文獻被建構的方式。這樣一來，女性在智識上受到排擠一事就顯而易見了，同時這些作者對文化變遷所持的兩難態度（ambivalence）亦將顯露無遺：這是大多數現代性相關文本中顯露出的男性中心論（androcentrism）傾向。這樣一來，沃爾芙自己提出的「女性被忽視」的論點，也會因此立刻變得更具複雜度，而且也會變得更有說服力。

　　以上這些就是本章所將開展的議題。而焦點主要會擺在都會脈絡下的百貨公司與購物活動之上，將之視為女幸投身現代生活漩渦的實際方式。探究這方面的歷史不僅能拓展我們對現代性進程的理解，更重要地是，還能使我們更進一步理解它在我們面前呈現的方式。在這層意義上，這也就是我之前提到的「缺席的系譜」。問題是：我們如何說明過去何以沒能認清女性在現代都會消費文化成形的過程中參與的情形─如何說明二十世紀初具有關鍵重要性的面向之所以會被否定的原因？

　　我們可採用的作法之一（即使並不能解決這個問題），便是看看本世紀初那幾十年裡，為了回應消費主義和大眾文化，而提出的某些通俗性或批判性的論述，並想想是何種心理及歷史條件，導致作者的文本產生質變。

女性與城市

　　當務之急便是探索現代性城市的象徵性共鳴物（symbolic resonance），並記錄這對於我們關心的對象而言有何意義，亦即對於女性、百貨公司及大眾文化而言有何意義。城市比十九世紀其他社會力量更能喚起那些可被描述成現代經驗的自由和恐懼。城市在這個時期裡，不只是依照空間關係所劃分出的領域，也是參照文化意義劃分出的領域，而這也是城市被理解及被表達的方式。城市漸漸地形成一個神話體系，儘管透過矛盾的方式達成。這種想像性的地理版圖，在英國人眼中，側重都會環境的混亂面，例如雜亂與污染、道德及性的沈淪，傳統秩序的凋零等面向[8]。在這種敘事架構中，總習慣把城市的威脅性拿來和良善而和睦的田園生活相對照[9]。

　　這種兩極化的作法（用心理分析的術語來說，這是一種分裂（splitting）與投射（projection）的現象），可以說是一種企圖在瞬息萬變且難以理解的地理政治脈絡下，強加上道德和認知秩序。這也涉及到城市象徵性載體的性化（sexualization of the symbolic register of the city）。在十九世紀的都會神話體系之中的「女性地位」，尤其背負了這種強加

的秩序（Nava, 1984; Walkowitz, 1980, 1992; Wilson, 1991）。因而人們便發展出一種對立且互斥的分類方式，來維護這種秩序。人們常把聲名狼藉的女性，與城市公共生活中不道德的部分聯想在一起，或是與為人不恥的娼妓及任意妄為的街頭女混混聯想在一起（Davidoff et al., 1976; Huyssen, 1986; Sennett, 1986）[10]。相反的，人們常把值得尊敬且心地善良的女性與家庭聯想在一起，並認為理想的家庭應該位於城市之外，某個綠油油的郊區或村莊裡才對。這些論述之所以在「性」這方面費心地加以壓抑或煽動，是因為他們在觀念上與情緒上都根深蒂固地依循某種既定的區隔方式（猶如楚河漢界般），把不同社會階級或居住地不同的女性區隔開來，也把男性和女性注定的活動範圍區隔開了。

　　有人曾經指出，近幾十年來許多具影響力的女性主義歷史研究（包括沃爾芙），開始追蹤維多利亞時期的中產階級內部各種不同意識型態的發展，並著手揭發這些概念相應的文化陣營，如何導致人們在社會面及物質面上，把女性排除在都會公共生活圈之外。這無非是女性主義歷史研究上最主要的研究取向了[11]。不過，還是有其他不同的詮釋角度存在。亞曼達・維克里（Amada Vickery）在她對這種地位的討論中曾指出，「這些涉及維多利亞時期的論述，在大肆強調女性應當活動的範圍之時，反而更突顯出有許多女性活躍於家庭之外，因而不能證明她們真的受到多大的限制（1993b: 6）。伊莉莎白・威爾森（Elizabeth Wilson）（1992）也認為要把女性逐出公共空間並不容易。朱蒂絲・沃克維茲（Judith Walkowitz）（1992）和另一些人則專注在中產階級的女性慈善家身上，因為她們為數眾多，而且全都可以在城市街道上

自由活動。

　　這些彼此衝突的說法不僅是目前的學術論爭的見證，同時也提醒我們，女性的城市生活經驗遠比主流論述流於表面的分析結果，來得更具多樣性與歧異性。維克里的評論加諸（雖然並未在此脈絡下發展）一種違背原意的閱讀方式，這種方式暗指作者一旦不斷重複提及某種想法，那麼該想法很可能就是作者感到焦慮而試圖否認的證據，而不是他原想證明的那個「真相」的證據。此外，有證據指出，在該世紀最終的幾十年裡，對女性氣質（femininity）的看法日漸多元，女性所處環境的不確定因素也與日俱增，而看來固若金湯的現代性概念也開始動搖了。

　　這段期間最重要的改變，莫過於專為獨身女性所設置的公共空間如雨後春筍般四處林立，而且這些空間還算體面，或至少可以接受（Abelson, 1989; Greenhalgh, 1988; Walkowitz, 1992; Wilson, 1991）。這類空間包括有展覽會、藝廊、圖書館、餐廳、茶室、旅館及百貨公司（這在下一節裡有更詳細的說明）。佐京（Zukin，1988）稱之為「公共—私人臨界空間」（public-private liminal spaces），這在某種程度上與充當文化商品的建築物和事件的一般促銷活動息息相關，另一方面則與女性自己的要求息息相關。有越來越多的作者（但在女性主義論爭中仍屬少數）詳細描述過這些空間的發展，以及它們專門迎合女性來賓和顧客的方式。這種擴張現象中，有些重要的後果被忽略了，人們沒有注意到中產階級女性遊走於城市街道與公共空間時，自由度越來越高了。她們會利用一切形式的交通工具，方便她們在這些地方遊走：有些人有自己的轎車，有些則乘坐大眾運輸工具（火車

、巴士、或是地鐵），另有一些人會騎自己的腳踏車（在一九八〇年代，女性對於騎腳踏車兜風相當著迷），不過有些人還是只靠雙腳前進[12]。琳恩‧沃克（Lynne Walker）在這方面的研究指出，中產階級女性在途中免不了要擠身人群之中，也免不了要與陌生人（很可能是居心叵測的陌生人）摩肩擦踵。而這些衝擊正是許多女性日常生活中的一部份。甚至有幾位作者還曾拿日記和私人信件來顯示這是具有經常性與普遍性的旅程，只是某些肇因於家族反對或街頭騷擾事件的例子就不屬於我們討論的範圍了[13]。所以這裡呈現的中產階級女性生活景象，遠非那種分離式的生活所預期的景象，而是更接近城市生活中危險刺激的景象。

　　事實上，中產階級女性所要求的可不只是「體面」的公共空間而已。大多數女性也會探訪環境不太好的鄰近地區，這是十九世紀末為了去應付城市危機（因為社會混亂、疾病、窮困與住宅不良所引發的威脅）而發展出的慈善活動推廣模式之一。中產階級女性因為擁有某些知識，而大規模受邀參與針對藍領階級女性所進行的宣傳，內容包括道德規範、家庭經濟、衛生保健和幼兒看護。據估計一九八三年從事改善城市貧民生活的慈善工作者裡，約有兩萬名是有給工作的女性，而令人驚訝的是，另有五十萬名是女性義工（Hollis, 1979: 226）[14]。

　　所以中產階級女性根本沒有成天關在家裏。事實上，很多女性在追求「冒險、自我發現和有意義的工作」時（Walkowitz, 1992: 53），勇於前往的地點是連她們丈夫和兄弟也不熟悉的貧民區。這些都市探險者踏上這些旅程（搭乘大眾運輸工具或以雙腳行進在陌生的街上，並得在擁擠而不衛

生的住宅間與各種生活經驗截然不同的陌生人相遇）需要具備高度的膽識，並能在個人與社會層面得到豐富的發現。女性慈善家從事的工作相當於探勘城市裡新型態的社會關係，這與受人尊敬與表揚的歷史學家或詩人的工作相比亦不惶多讓。她們行動中所帶有的夢想性要素，或許會因為某些現實條件而稍有妥協，比方她們從晚期維多利亞家庭生活限制裡得到的自由，是由於這些限制被轉嫁到較低階的女性身上所換來的。但這種矛盾必須小於伯爾曼所描述的「浮士德偉大現代方案」中的矛盾（1983），才能無損她們的現代性意識和經驗。

　　具有這些能力的女性，有目的且自由地遊走在聲名狼籍的倫敦街頭，但她們卻不太會在公園和其他公共場所裡逗留，以藉機觀察稍縱即逝的都會生活（特別是女性的生活），那是波特萊爾的街頭尋歡客才會有的偷窺狂作風[15]。不過，這些女性還是會因為慈善工作而擁有觀看的權利。她們有權對窮人的家庭和生活甚至是婚姻關係進行觀察與分類。參與慈善事業的中產階級女性並不喜歡以偷窺的方式從事工作。她們可以憑藉著合法的感官權力獲得都市旁觀者（偷窺狂）的樂趣，這種樂趣與男性街頭尋歡客所得到的樂趣不分軒輕。此外，她們也參與了日益專業化的「社會」工作，而這也意味著她們涉足了民眾管理的規畫（涉足了觀察、修正和改善社會體質的計畫），這正是傅柯按不同方式定義和分期之「現代性」的核心特徵（Foucault, 1980）[16]。

　　慈善事業只是維多利亞時期，能把生活圈截然分離的理想加以破除的例子之一，而且在世紀交替的這幾年間，拒絕活在家庭領域的女性數目正在快速成長。有越來越多的現代

女性,投身於公共世界,從事工作、金融交易,教育、知識傳播和政治活動。爭取女性投票權的運動(或許更勝於其他活動),乃是二十世紀初期挑戰維多利亞傳統女性氣質的顛峰。在第一次世界大戰開戰前的幾年,來自社會各階層的數千名女性,把城市街頭搞得沸沸揚揚,她們以時而帶有驚人暴力色彩的公開抗議行動,抗議有損公民權的性別歧視(Robins, 1980; Strachey, 1978; Tickner, 1987)。據估約有五十萬人曾在一九〇八年聚集在海德(Hyde)公園支持(或觀察)這項抗爭行動。來自倫敦各個角落的女性激進遊行者,形成巨大的隊伍,她們身穿主張女性有權參政的白色、綠色和紫色的衣服,並帶著成千上萬色彩鮮明的旗幟,莉莎‧提克納(Lisa Tickner)(1987)為這震撼人心的景象作了紀錄,她認為這場抗爭行動在視覺意象和宣傳的運用上,算得上是個重要的轉捩點。此外,因為她們將政治的覺醒和改變的決心,與現代主義者的想像力整合起來,使這群為女性投票權請命的遊行群眾,成了伯爾曼「原始現代場景」(primal modern scene)(1983: 63)的絕佳釋例,他這個觀念原本是用來描述現代性的原型(archetypal)事件和決定性事件的用語,他認為在這類事件中,城市街道將變成一個專供群眾行動和社會轉變的舞台。不過,伯爾曼選來當作分類見證的歷史事件裡,並不包括投票權示威運動。所以這項為女性投票權請命的運動,不僅顯示出十九世紀所界定的女性氣質是多麼經不起考驗,也可以顯示出過去忽視女性經驗的現代性觀點是多麼的狹隘。

我們也可以從這個時期看出,維多利亞時期的兩性道德觀有多麼不平衡。曾有一些內容豐富的文獻,企圖在新女性

追求新機會和更多社會自由的大脈絡之下，挑戰性別習俗。
這項挑戰不只是針對配偶選擇而提出的，也涉及求愛模式和
行動獨立。女人和男人同樣有「自由戀愛」和性歡愉權利的
想法已逐漸浮現台面，只不過這主要還是都會裡的波希米亞
人和智識圈人士的話題，而且是在討論避孕和墮胎這類「性
」改革的必要性時，才連帶討論到的議題。雖然面對著被社
會排擠的危險，而且飽受社會風氣淨化運動的影響，但還是
讓舊的「性」秩序逐漸鬆動了（Brandon, 1990; Sackville West,
1983; Showalter, 1992; Trimberger, 1984; Weeks, 1981）。「現代
人際關係」和新生活方式的觀念，還是逐漸地流傳開了。女
性雜誌和後來的電影，則是許多平凡女性得知這些問題的主
要資訊來源。這些討論的機會，使女性讀者和觀眾得以親眼
目睹新女性氣質的表現，包括蕩婦和獨立自主的女性（Ewen
and Ewen, 1982）。這裡也正是公開討論女性行為的適當場合
。

　　這一節提到世紀交替的那幾年間，城市生活和女性境遇
上某些矛盾及不確定的因素，目的則是為了提供一個背景脈
絡，給下文要探討的二十世紀初女性消費者在文化上面臨的
局面。在這方面的描述中，已經浮出檯面的是女性生活經驗
與她們被關在家庭領域內的論述之間，所存在的不協調問題
。理解這些論述的方法之一，便是視之為一種否定的形式，
或視之為企圖阻礙現代的一種方式，或是抗拒（或者最少是
管制）女性入侵、特別是抗拒新女性入侵的一種方式（我們
稍後將會看到在類似的否定過程，發生在女性涉足購物和看
電影這類大眾文化時，所引起的公開批評）。在世紀交替之
際，的確可以看到人們正急於挑戰公共與私人領域中的修辭

慣例，也急於挑戰值得尊敬與聲名狼藉間的區隔方式，尤其是針對某些「性」及性別認同方面主要的象徵事件而言。現代性標誌著對邊界的滲透性，標誌著對類別與差異的模糊化，就此而論，要主張女性被排除在外是站不住腳的。而且，這裡所描述的女性，正是順利通過都會與政治風暴，並挑戰社會正統的女性，他們無不致力使自已在現代生活漩渦中安然自得，無不致力使自己像成為現代化的客體那樣，也同樣變成現代化的主體，然而這是個充滿矛盾、痛苦和崎嶇的過程。

現代性與百貨公司

隨著個人的移動，都會觀察行動，政治覺醒和社會自由（以及同它們之間的複雜關係）的發展，女性也開始大舉投入消費活動和大型的慶典活動。也正是拜此舞台之賜，才使得無數平凡女性的日常生活，深深受到現代性進程的影響。從十九世紀末以來，百貨公司就是消費文化圖像學分析的焦點；百貨公司不僅為視覺上無所不在的「察看領域（scopic regime）」作了見證，而且應該被當成：既能製造女性經驗，也能被女性經驗創造出來的現代性原型場所之一（福克（Falk），本書第八章； Jay, 1992）。愛彌爾‧佐拉（Emile Zola）在《仕女的天堂》（*The Ladies' Paradise*）這部小說中，對十九世紀末的巴黎作了詳細的考究，書中把這類百貨公司描述成「現代活動的功績」（triumph of modern activity）（Ross, 1992; Zola, 1992）[17]。

　　早在這個時期以前，上流社會的人們就認為，能夠前往時髦的市中心購物，是件令人愉悅的社交活動，並認為這是一種透過消費精緻商品和風格，來提升社會地位與身份的方式（Adburgham, 1979; Camp-bell, 1987; McKendrick et al., 1982; Veblen, 1979; Vickery, 1993a）。早在十八世紀晚期，牛津街就已經以「炫麗奪目的場面」而馳名，這裡有「光鮮亮麗的店面」，以及「誘人」而「華麗」的展示。羅伯特・索瑟（Robert Southey）在一八〇七年時，曾提到它們的豐富性和社會重要性：

　　　　百貨公司已成為流行時尚的展覽場所……當形形色色的人都聚集在市區時，人群中的女性最常做的事便是購物，但她們並非真想買什麼東西（引用自Adburgham 1979: 71, 93）。

　　時序跨入二十世紀之後，基於某些因素，使得追求流行的購物經驗，越發獲得人們的認同，也成功切入中產階級女性的圈子，這無非就是佐拉所說的「民主化的奢華」（democratize luxury）（1992）[18]。在十九世紀末到二十世紀初這段期間內，百貨公司和購物活動都不斷蓬勃發展，這種情形有一部份是肇因於經濟的成長，但大部分還是肇因於大眾運輸工具的發展，而後者不僅造福了製造商和消費者，同時也變更了城市的空間關係。另外，野心勃勃的個人企業家，也開發出大量非屬生活必需品的「消費性商品」和成衣，而這也對此造成一定程度的影響。然而，最重要的一項因素或許就是需求的成長。不斷擴張的抱負和與日俱增的都會移動

人口，與現代新型態零售業，特別是百貨公司的出現與鞏固，有密切的關係（Campbell, 1987; Davis, 1966）。

百貨公司不僅已在西方世界所有重要城市裡設立了據點，而且也已經在本章開頭所提到的現代性高峰期裡，達到了「極致」（zenith）（Adburgham, 1979）。佐拉的小說把百貨公司描寫成一部會吞噬周遭小型老式百貨公司的現代機械。根據他的說法，百貨公司象徵著「推動這時代前進的動力：資本主義的嶄新形式」（Ross, 1992）。百貨公司的前身是十九世紀中葉的拱廊商場，只是那種小型專賣店無法和大量生產的商品做競爭，班傑明在《拱廊商場企劃》一書中，把這形容成資本主義的雛形：這是「都會消費情景」（ur-landscape of consumption）中的一部份（BuckMorss, 1989: 83）。這種新型態的百貨公司，之所以能使傳統零售業轉而現代化，不只是因為它能供應各種大量生產、價格便宜的流行服飾或其他日用品，更是因為它能讓空間運用趨於合理化，並引進經濟的經營規模以及清楚的標價系統，而且可以提供安全舒適的環境展示商品，使消費者可觀看比較，卻又不必承擔購買義務（Chaney, 1983）。

這些商業上的發展（也是現代性概念中至關重要的成分）難免會牽涉到「表面印象與外觀重要性」的提升。這也牽涉到尤恩（Ewen，1988）所謂的「城市生活的戰袍」（armour for city life ），這正是我們所要檢視的特定歷史環節所具備的特徵，亦即社會階級與地理邊界日漸鬆動的現象。這種逐漸成長的社會流動性，正是齊美爾（Simmel，1971）探索現代潮流意義時所專注的焦點。這段時期也見證了較為開放的美國文化與日俱增的影響，而美國文化所以會引進英國，一

方面是因為船運的發達，另一方面則是因為新世界的富有和歐洲的盛名，打算在此展開互蒙其利的同盟關係所致。在這種社會變遷的時代裡，需要新的符號來充當身份地位的象徵。德萊瑟（Dreiser）筆下的女英雄凱莉（Carrie）（1900年發行的《凱莉姊妹》（Sister Carrie）這部小說是她的處女作，她也曾到百貨公司裡求職）便是這種用心取得和展示社會地位符碼的例子。里奧諾拉·大衛道夫（Leonore Davidoff，1973）則披露了這些渴求如何成為社會的一部份，使十九世紀英國人費心於衣著舉止。在這段期間，住家也因為可以充當視覺上的指標，而獲得一定的重要性，它不僅是地位的指標，也漸漸變成精英與「身份」的指標（Dreiser, 1981; Ewen, 1988; Featherstone, 1983; Forty, 1986）。

因為上百貨公司購物的正是女人，所以女人對於含意（商品可以傳遞擁有者的象徵意義）分類的發展有舉足輕重的影響。百貨公司剛起步時就特別為她們提供了招待空間，因而有大量當代報導指出她們造訪的頻率高達一週數次的程度（Abelson, 1989; Leach, 1984; Walkowitz, 1992）[19]。像百貨公司這樣的機構，使女性在二十世紀身為消費者的地位得以鞏固，並促使消費和消費者變成一種同生產一樣具有特定性別取向的專門活動[20]。在這段時期裡，我們可以看到女性已經成了品味的仲裁者，也成了新（現代）事物的詮釋者。女性往往是第一個觸及新潮流和新穎家用品的人，也是決定商品值不值得購買的人。女人因為有能力解讀社會階層關係中最繁複的符號（從雜誌和百貨公司學來的能力（Breward, 1994）），儼然成了替階級形象的變遷進行編碼和解碼的人。到了最近二、三十年間，電影已經成了學習這些能力的主要來源

管道（好萊塢確實已經成爲百貨公司設計主要的靈感來源（Eckert, 1990）），但是在第一次世界大戰以前，這些關於其他人怎麼生活或衣著怎麼打扮的資訊來源，主要還是百貨公司。

所以，百貨公司顯然不只是個商品買賣的場所而已。它不僅有助於人們獲取「文化資本」（cultural capital）（Bourdieu, 1986），它們也是公共場所和展覽場所大規模擴張的成果之一，這些成果包括大型國際博覽會、博物館、藝廊、休閒樂園，以及稍後才會出現的電影院等等，而且這些地方還會提供形形色色的設備、娛樂和視覺享受。人們當這些地方是觀光勝地（現代性的紀念碑），因爲這些地方提供的趣味和享受而趨之若鶩。

歷史學家把聲譽卓著的百貨公司[21]形容成夢想殿堂。而漸漸也有些百貨公司刻意建成奢華的風格，其中不僅有最現代的材質，也有傳統本地的材質，更有進口的材質，而且有許多百貨公司都蓋有氣勢雄偉的敞開式大樓梯、藝廊、裝飾華麗的鐵製品、鑲著玻璃的大面半球形屋頂，還有展示櫥窗以及鏡面般的大理石牆[22]，大廳地板上則鋪設有東方風味的地毯，並將傢俱加上絲綢與皮革。這些大型百貨百貨公司位於最熱鬧的地段，而店裡的電燈，不只能提供照明也能營造效果。他們在商品展示與色彩運用上，經常延用戲院和展覽會上的慣例，不斷製造各種新穎、鮮明且誘人的環境，或結合此處上演的事件（mises-en-scenes），甚或依序提供現代主義、傳統或異國情調的擺設（在二十世紀未期想必會擺上後現代主義的東西）。羅斯琳・威廉斯（Rosalind Williams, 1982）略帶藐視地將這種不斷推陳出新的作法，形容成一種「視

覺大雜燴」。然而，佐拉則對他（虛構）的百貨公司裡的陽傘展覽會津津樂道，他表示這是經過精心設計的情境：

> 具有大型開口，像防護罩般的「陽傘」（parasols）蓋住了整個大廳，從玻璃屋頂一直延伸到下方嶄新的橡木扶手上。他們用花圈纏繞半圓形拱門的上半部區域；並沿著修長的圓柱繞上花環；再沿著樓梯和藝廊的欄杆上纏上裝飾線；最後以對稱的方式把四面八方的牆點綴上紅色，綠色和黃色的色塊，整個看上去就像是為了某些大型慶典所點上的威尼斯大吊燈。在轉角處還有更複雜的裝飾紋路，大傘面上還有由三十九個法國錢幣組成的星狀飾品，光線所及之處，呈現出淺藍、奶油白和淡玫瑰色，彷彿與甜美的夜光一同燃燒似的。抬頭望去，還有無數的日式陽傘（Japanese parasols），傘面上有金色的鶴飛舞在紫色的天空中，並向前發出耀眼的火光 *(Zola, 1992: 215)*。

這些美輪美奐的舞台佈景也是現場餘興節目的背景。在餐廳和茶館裡，會安排現場演奏的管弦樂隊，甚至連食品部門都偶爾會有這樣的安排。服裝秀和慶典活動也是這裡定期會舉辦的節目。他們會安排各式「壯觀的東方狂想曲」，包括由活人扮演的土耳其後宮的景畫（tableaux）、開羅市集景畫、或是住著表演者、舞者、樂師的印度神殿的景畫等等，當然還有其他來自東方的商品也都是展覽的常客。有趣的是，在這個時期裡，這些帶有異國情調、僅具商業用途的東方形象與敘事，卻是人們瞭解其他帝國風格、其他文化與其他

圖3.1 薩佛瑞吉百貨公司為了慶祝開幕五週年，於一九一四年以《現代商業精神》為主題製作的「世界主義（cosmopolitanism）」海報之一。

美學形式的主要知識來源。自由（Liberty）百貨公司堪稱這項傳統發展先驅，它從一八七五年起就專門安排印度、波斯和阿拉伯的商品和主題。圖3.1是薩佛瑞吉（Selfridges）百貨公司對其「世界主義」（cosmopolitanism）感到洋洋得意的一個例子[23]。百貨公司另一項常設性的餘興節目，乃是先進科技的展示。羅斯琳・威廉斯則描述了法國新式攝影技術運用在球形全景電影（cineoramas）、環場全景電影（mareoramas）和情境造景（dioramas）等方面的情形，不僅能創造出異國遊歷的幻覺，還能像創造出搭乘輕氣球飄過海面的幻覺，甚至還能創造出登陸月球表面的幻覺。

　　除了這些視覺經驗之外，百貨公司還提供了許多可以使購物更方便、舒適和愉快的設備。包括兒童看護區、廁所和化妝室、理髮廳、女性俱樂部、男性俱樂部、寫字房、餐廳或小茶館、有蔓棚的屋頂花園、動物園、溜冰場、圖書室、相片館、銀行、售票處、旅行社、提供糧食的雜貨店以及郵遞服務。這裡有相當高的服務水準，再加上熱心的看門者以及恭敬又機靈的店員，足以讓消費者有賓至如歸的感覺。艾莉森・亞德伯格漢（Alison Adburgham）引用一篇雷蒂・瓊恩（Lady Jeune）寫於一八九六年的文章，她為當代的發展，特別是逛街購物的女性消費者與日俱增的重要性，作了以下的評論：

　　　　有兩種非常重要的變化誘使今日的人們願意把錢掏出來。第一項改變是把所有商品擺在同一個屋簷下販賣，包括衣服、女用帽子、雜貨、傢俱等商品，事實上包含了一切生活必需品。幾乎倫敦所有重點百貨公司都變

成了大型賣場。前來倫敦購物的人潮絡繹不絕，而這些人比較喜歡前往可以讓她們集中火力，又不用疲於奔命的地方採購商品。第二項改變則是女性雇員的數量大增。女人比男人機靈多了，而且也更容易了解其他女性的需要。她們可以揣摩無法搭配顏色的苦惱，可以瞭解替選配件的挑選，也懂得流行的潮流，更深諳女人荷包的限度（Adburgham, 1979:159）。

所以百貨公司不僅是款待女性購物者的場所，也是女性工作機會的來源之一。

這些企業普遍具有大型實體規模。位於紐約的梅西（Macy）餐廳在一九〇三年時就可容納兩千五百人。在騎士橋（Knightsbridge）的哈洛斯（Harrods）百貨公司最引以自豪之處，就是這裡不僅是「世界上最幽雅、最緻寬的商業中心」，更是「社會名流公認的社交據點」和「紳士淑女們聚會的絕佳場合」，這裡擁有六千名員工，而且在廣達三十六公畝的購物空間裡，設有八十個不同的部門（Adburgham, 1989; Callery, 1991）。由美國企業家高登·薩佛瑞吉（Gordon Selfridge）在一九〇九年成立的薩佛瑞吉百貨公司，則是英國第一個特建百貨公司（purpose-built store），規模甚至比哈洛斯還大。它與哈洛斯百貨不同之處在於它的目標族群偏向中下階級，並首創「特價區」（Honeycombe, 1984）。它也一樣設計成社交聚會的場所，一樣鼓勵來賓造訪，而不必承擔購買義務。它們的文宣標語表示要邀請大家「來薩佛瑞吉百貨公司玩一整天」，而人們真的都應邀而來了。「這裡會比他們自己家裡明亮得多。因爲這裡不只是一間百貨公司：它也

是社區中心」，薩佛瑞吉先生說到做到，百貨公司八點以前不打烊，而展示櫥窗則到午夜都不熄燈。於是這家店成了倫敦的重要觀光景點之一，就像西敏寺一樣，每個國內外觀光客都希望能親眼目睹這兒的風采。由於在第一次世界大戰的前夕，公共休閒形式相當有限（電影院和收音機要更晚才會出現），而且這時的百貨公司都營業到傍晚，所以它們確實像創辦人設想的一樣，成了休閒與聚會中心（請參見圖3.2）[24]。有些社會觀察家和消費者對於各種社會階級在此龍蛇雜處的現象表示憂慮，而另一個叫他們感到憂心的是，不知道該如何安置這些到此逛街購物，個個衣著體面而流行的年輕女性[25]。擔心男女不正當接觸的聲音也傳了出來。貝斯渥特的懷特利百貨公司（Whiteley's of Bayswater）「在這方面遠近馳名」，不過這在商業用語上代表的意義仍有待確定。薩佛瑞吉百貨公司的開幕文宣則清楚表明，提供男士們「享受」和「玩樂」的機會也是這間店精心規劃的攬客誘因之一（請參見圖3.3）。所以，一般來說，雖然社會階級不明確和性關係的開放，會帶來某些風險，但這也是在因應整個社會的訴求，更是這些百貨公司得以成功的必要條件，所以恐怕也只能以「現代」的角度來評斷它了。

　　在這段時期造訪這些百貨公司相當於一趟郊遊，也像在五光十色的都會景點中，來一趟令人興奮的探險。百貨公司是個既具有匿名性又還算可以接受的公共空間，而且它讓女性得以迎向新的機會和享樂：因為這裡有獨立、夢幻且不受監督的邂逅，甚或是犯罪，這裡也有理性、專業和財務控制。購物之旅，從家庭或家族義務的角度來說，是可以接受的行為，就像稍早提過的慈善事業一樣，女性藉此可以比較自

124 　　　　　　血拼經驗

圖3.2（「薩佛瑞吉」的『賓至如歸』）是一系列全版廣告裡的其中
　　一張，這些廣告在一九〇九年三月刊登在倫敦日報，為百
　　貨公司開幕作宣傳。（文案內容請參見註釋二十四）。

圖3.3 薩佛瑞吉的推廣活動中推出的另一幅誘人廣告。

由地遊走在城市裡，也可以和陌生人一起搭乘大眾運輸工具。檢視百貨公司櫥窗所展示的商品是該活動不可或缺的一部份，因此街道和重要購物中心裡的通道，全被都會人潮中的女性或一般中產階級女性所佔據，她們有的四處奔走事業有的則陶醉在夢想之中，有時獨自一人，有時則會和家人或朋友一道。百貨公司，連同不斷增加的女性員工、流行雜誌和當時的流行小報，都為現代女性的身份認同貢獻了一份心力（Breward, 1994; Melman, 1988; Stein, 1985）。它使女性更容易取得消費知識，也使女性的消息更為靈通，因而能夠獨立決定購物相關事宜。它也提供了一種語言，讓女性可以想像不同而且更好的未來，而這能讓平日的希望及傷害都得到安慰，也能提升家人生活品質。此外，它還為購物者提供了一個可以漫無目的閒逛的壯觀場景；使購物者可以作為「街頭尋歡客」、可以觀察四周的人、可以欣賞和審視新的流行風潮。這種情境可以使女性渴望觀賞與被歡賞的慾望，得到合法化的機會：在這裡她們既是凝視的主體也是被凝視的客體，還可以同時享有偷窺狂及自我陶醉者的樂趣與權力。

　　雖然這裡側重的是女性造訪百貨公司時，令人興奮和得到認可的部分，但這並不表示購物就沒有令人不悅的一面；例如匿名性和慾望就有可能牽涉到寂寞與不滿的負面情緒。不過，可以肯定的是，百貨公司和購物都是女性能在現代生活的可能性，及其所能提供的好處之中，發現新的領悟的主要背景。威廉‧林區（William Leach）在他針對美國百貨公司所進行的研究中，得出一項結論：

　　在早年……消費資本主義的快樂日子裡，百貨公司
在其中扮演舉足輕重的角色，有很多女性認為她們已經
找到了更刺激的……生活。她們身為消費者的經驗挑戰
並顛覆了傳統女性氣質所含有的特質：依賴、順從……
家庭本位以及貞潔。大眾消費文化為女性帶來了新的性
別定義，她們得以在其中開拓出類似男性的個體表達空
間（Leach, 1984: 342）[26]。

　　林區的文章也詳細說明了百貨公司和早期女性主義團體
的關係。英國的情況與美國大同小異，百貨公司的全盛時期
和女性參政權抗爭的熱潮約莫在同一時期出現。百貨公司的
經營者很清楚這個運動的重要性，所以刻意製造、展示和提
供大量相關商品（從茶具到外衣）：均使用紫色、白色或綠
色等象徵女權運動的顏色（Lancaster, 1995; Leach, 1984;
Tickner, 1987）。他們感受到自己對銷售業的革新也是女性解
放的現代化過程中的一個部份，因此覺得女性趨於獨立和百
貨公司的成功之間沒有利益衝突。哈利‧葛蘭維爾‧巴克（
Harley Granville Barker）的劇作馬德拉斯之屋（Madras House
）在一九一一年首演，劇中角色包括一位美國百貨業巨子尤
斯塔斯‧貝林‧史岱特（Eustace Perrin State），他曾公開擁
護這場他眼中「偉大的現代女性運動」。史岱特宣稱「沒有
自覺參與這場運動的男人就會被歷史遺棄」。他對於包含「
女性問題」在內的相關議題做過深入研究後，便斷定投票權
的政治主張只是整個女性運動中的一小部份而已。他主張「

女性運動是女性的自我表達」。但他對女性運動的興趣並未脫離百貨公司經營者的興趣，因為正如他所指出的，「女性在經濟上的獨立，是整個文明化進程（繼政治上的自由之後）的下一步」（Granville Barker, 1977: 83-8）[27]。還有許多「真實存在」或虛構出來的百貨公司案例，在在回應了女性主義所要求的支持（或至少是承認）。其中最突出的例子要屬美國的華納馬克公司（Wanamaker's）了，該公司曾為了方便女性員工參加女性投票權遊行，而在工作時間給予休假（Leach, 1984）。在我們提及的這段期間裡，有些英國百貨公司的餐廳，成了鼓吹女性參政支持者聚會研商的地點。新堡的芬維克百貨公司（Fenwick's in Newcastle）在這方面更是遠近馳名[28]。薩佛瑞吉先生是另一位支持女性解放的百貨公司經營者，他曾說過：「我贊成她們靠自己走向外在世界。她們前來百貨公司，並實現某些夢想」（Honeycombe, 1984: 24）。

消費當然不只是解放、實現夢想或是政治這一回事。工作（work）也是其中至關重要的部分。有效率的零售業絕對是現代資本主義不可或缺的組成要素。缺乏有效的行銷（其中也包括購物），商品生產便無利可圖。然而，雖然消費在西方經濟生活中位居核心地位，也擁有我在本章所提到的文化社會共鳴，但作為一種勞動（而不是生產）的消費活動，不管在理論上或政治上，顯然都遭到忽視。購物長久來一直被經濟學家、社會學家和文化理論家給遺漏了，或只是當作枝微末節的鎖事看待。葛蘭‧麥克寇雷肯（Grant McCracken）便指出：「消費史還沒有歷史、沒有學會、更沒有學術傳統」（1990: 28）。購物在現代性相關理論文獻中也是無足輕

重的。爲什麼會這樣呢[29]？

購物、電影及共同的焦慮

　　爲了理解這個歷史上的疏忽，我們必須從更廣泛的脈絡來審視這件事，並檢視這段時期裡，人們看待購物和相關大眾文化活動的方式。另外，我們也發現這是因爲某些和購物的性別取向特質脫不了關係的共同焦慮，連同來自各個源頭（通俗面或智識面上）的東西組合起來所形成的龐雜結構。這正是具有開創性的理論進路得以發展的背景脈絡，也是我們近年來已經較能理解的這些程序，所得以成形的方式。

　　首先必須注意的是，女性以消費者的身份擴大參與公共領域社會經濟活動的同時，正是投票權抗爭局勢高升之際，而此時原本屬於男性工作的生產者角色，也逐漸出現新的訓練形式及新的理性化形式，這在美國特別明顯，歐洲也不例外。而此時也正是「福特主義」出現的時期，隨之出現了生產線、大量生產模式以及佛列德立克・泰勒（Frederick taylor）的「科學化管理」（scientific management）理論：他認爲只要把工作場所中的人類行爲加以標準化，再加上系統化的觀測方法，便能使生產力得以提升。奉行泰勒主義，會使工作內容變成毫無彈性的例行公事，而不再需要特別的技巧，也不需要多加思考，而且應用範圍不限於工廠。它逐漸被應用到辦公室作業、零售業及服務業之上，所以理性化也影響到了中產階級。這種新的系統化工作程序常遭到人們排拒，但是連帶提升的生產力與增加的盈餘，倒也提高了員工的薪

資，讓他們可以用較低的價格在市場上買到各種新商品（
Ewen, 1976, 1988; Gramsci, 1973; Schwarz, 1991; Wollen,
1993）。只是這種消費能力的提升，其實就是工作場所變得
更加千篇一律，更加令人透不過氣的一種補償效果（Bauman,
1983）。可是這種補償效果卻因爲男性工作經驗和女性工作
經驗間的矛盾給瓦解了，因爲就在這時候，許多男性經驗到
的是工作場所的限制，而女性卻得到出外工作的經驗。再者
，女性所從事的工作是像消費者這樣的工作，這與男性的工
作大異其趣，因爲她們的技術及專業能力仍派得上用場，而
且能在現代零售生產流程之外，保留一些非泰勒化而且可以
自我調節的部分。況且，這個鬆散而不講紀律的活動，雖然
也是經濟生產上不可或缺的一環，卻往往發生在我稍早描述
過的那種奢華且能引發象徵共鳴的環境之中。

　　這些在不受監控的情況下前往百貨公司的旅程，提供了
想像的自由與樂趣，可是由於購物活動定義含糊，既不全是
工作也不全是休閒，再加上本身涉及了財務控制與社會權力
，因而也帶給購物者一定程度的焦慮，而且這不只發生在一
般大眾身上，也發生在那些使現代性及大眾文化的構想得以
成形的知識份子身上。我這裡所指出的某些表面性的焦慮，
很容易可以拿當代歷史學家所找出的百貨公司相關記載來
做確認。可是其他更深入部分就比較難以掌握了，所以還需
要運用不同的分析工具，才能作進一步的理解。這裡的論點
全都以某種方式牽涉到消費的女性化（feminization of
consumption），也就牽涉另外兩件事實，第一，女人才是主
要購物族群，第二，消費的現代形式是在往日社會慣例和界
線日漸動搖的時期裡獲得確立的。

　　人們可以藉由某些作者的作品勾勒出一幅更清晰、更細緻的景像，並藉此說明這看似四處瀰漫的不安局面，或可勾勒出讓注意力遠離這個特定商業面向的方式。縱然新型態的消費形式以我們前面討論過的方式擴大了購物者的自由與責任，但男性卻仍因為受到泰勒化例行工作的箝制而產生嫉妒心。如果要從非歷史性的角度來解釋這種嫉妒心，可以考慮用心理分析的角度來處理。這正是羅莎琳‧明斯基（Rosalind Minsky）的作法，她探討了這種因為欲望的幻想性沈溺所喚起的嫉妒，在形成時所涉及到的潛意識動態過程，並主張這種威脅的感覺，是因為在潛意識裡把女性購物者詮釋成前伊底帕斯陽具型母親（pre-Oedipal phallic mother）所造成的結果（Minsky, 1994）。這種說明著眼於依賴和貪婪的恐懼，可以某些方式解釋包括學者在內的許多男性一直以來具有的兩難心理，從而解釋購物所牽涉到的歷程。另外，丹尼爾‧荷洛維茲（Daniel Horowitz）則提出以歷史為基礎的觀點（但並未關注性別問題），他研究了美國十九世紀晚期至一九二〇年代之間，因消費而呈現的焦慮，在性質上有何轉變。在早期，主要擔心的是無端浪費的危險，特別是工人和移民更是如此。接下來所擔心的危險則是大眾文化的空虛。他認為在這兩個時期裡，人們擔心的是追求商品和享樂時尚失了自制力；然而，以同樣的道德角度來看，人們恐怕會因為瞭解到自我否定難以相容於經濟成長的必要性，因而坐立難安（Horowitz, 1985）。

　　伊蓮‧亞培森（Elaine Abelson，1989）証實了這種因消費而導致的道德及財務失控所引發的焦慮，她指出同一時期裡，有越來越多體面的中產階級女性，會在百貨公司裡行竊

。這造成不少損失：在一九○五年時，據估計光是紐約單日
損失就高達幾千美元。然而，他們往往不會被舉發，因爲其
中有許多女性也是重要的消費者，而她們的先生或父親很可
能負擔得起這些遭竊商品。這種情況下，訴諸法律行動難免
會產生不良的後果。百貨公司必須小心保持吸引目光的形象
，以便「煽動欲望」，然而也不能允許失控的非法消費發生
。所以，難怪男性會因爲擔心女人屈服於偷竊的誘惑，或擔
心她們在合法的購物旅程中輕率地購買從而感到焦慮。這是
偷竊癖（kleptomania）出現和形成的背景，這種病症一開始
就牽涉到中產階級女性，而且總與百貨公司有所關連（
Abelson, 1989; M. Miller, 1981; Zola, 1992）。有趣的是，這時
期有一部電影就命名爲「偷竊狂（The Kleptomaniac）」（導演
是愛德華波特（Edwin S. Porter），1905），演的正是這個議題
。這部電影裡有一名富家女從百貨公司偷了裝飾品，可是沒
有被舉發；而另一貧窮的女性偷了一塊麵包，卻遭到了舉發
（Ewen and Ewen, 1982: 89）。百貨公司的商業實踐含有與生
俱來的矛盾，一方面贊同慾望的產生，另一方面卻不願起訴
體面的消費者所犯的偷竊行爲，這似乎是否定性的消費所造
成的例子之一。這也就是荷洛維茲所強調的那種存在於自我
否定及花錢消費之間的矛盾。

　　然而，另一個同樣無所不在且與消費有關的焦慮，則可
以從斯圖爾特・尤恩的作品中找到蛛絲馬跡，他強調本世紀
初的幾十年間，父親和丈夫的威權性之所以會降低，一方面
是因爲女性逐漸進入勞動市場，一方面則是因爲她們在家中
的管理地位有了提升。尤恩（1976; Ewen and Ewen, 1982）
把這種家長權力的削弱，理解成一種可以欣然接受的事。不

過，克里斯多夫‧拉薛（Christopher Lasch，1979）及「法蘭
克福學派」的成員則對此現象的解讀就沒有這麼正面了，我
會在下一節回頭討論這個部分。

其實有關男性在開銷及金錢上的控制權遭到削弱的表述
，已經被合併到性化（sexualized）傾向較爲明顯的敘事之中
。在這時期裡，「性恐懼」（sexual fearfulness）與「性對抗」
（rivalry）是大多數涉及女性和購物的報導中所會出現的要
素。百貨公司遭到「放縱慾望」的指控。誘惑及「受騙」成
爲矚目的焦點。人們因爲「充滿感官享受」的商品展示會導
致「沈迷」而感到焦慮。佐拉談到女性消費者「滿心渴望的
凝視」以及被「色瞇瞇」且「勾引人」的百貨公司世界所吞
噬的危險。米勒（1981：204）在他對巴黎波瑪舍（Le Bon
Marche）百貨公司的報導中指出，據說女性觸摸絲製品所獲
得的「情慾感受」比從愛人那得到的更多。幾十年之後，美
國的女性購物者代表的是善變、情緒化、渴望誘惑和浪漫的
人（Marchand, 1986）。有趣的是，這些有關「性」的隱喻同
時包含了被動及主動的成分。一方面，它們似乎是擔心無辜
的女性會遭到勾引而誤入歧途。另一方面，百貨公司卻又釋
出毫無節制的性誘因：一種不祥的罪過。佐拉用這種方式將
他筆下精打細算的女性購買者，描述成帶有侵略性且有性飢
渴傾向的烏合之眾：

> 女性們目空一切。她們暴風似地襲捲了所有地方，
> 在所到之處落腳，並把那兒當成攻佔下來的領地，而她
> 們就是那群侵略者……（Zola, 1992: 236）。
> 她們緩緩地前進……在人群中抬頭挺胸，並感到興

奮莫名；她們心滿意足的享受這即將喚起更多好奇心的
過場之路。這是一大群萬頭鑽動的女性，有的是身穿綾
羅綢緞的貴婦、有的則是衣著乏善可陳的中產階級女性
，有的甚至是毫無裝束可言的女孩，每個人都顯得興高
采烈。一旁險遭滅頂的男士則只能以焦慮的眼神望著這
群圍繞在他身邊的女性……（Zola, 1992: 214）。

　　毛皮製品散落滿地，而成衣像就傷兵的大衣般成堆
疊放，到處都有攤開弄皺的蕾絲和內衣，不禁讓人想到
因為慾望突然失控而寬衣解帶的女兵（Zola cited by
Ross, 1992: xvii）。

這些描述不只讓我們擔心都會環境在此期間可能有損於
原有的貞潔（這在本章談到城市的另一節裡也略有提及）[30]，
也讓人想到群眾（或說是烏合之眾）恐怕會遭受女性化的洗
禮。安德烈・胡森（Andreas Huyssen）以底下的方式表達了
這個觀點：

　　男性對於侵噬性的女性氣質感到的恐懼……被投射
到大都會的群眾身上，這群人的確對布爾喬亞的理性秩
序形成威脅……在這自由主義凋零的時代，對大眾的恐
懼幾乎免不了總是對女性的恐懼、或是對失控的恐懼、
或是對潛意識的恐懼、又或是對性的恐懼、甚或是因為
自身在群眾之中恐將喪失身份認同亦或尚失牢靠的自
我邊界，從而引發的恐懼（1986: 52-3）。

因此，凌駕女性購物者的權威之所以會尚失，似乎與某

些下意識的恐懼脫不了關係：例如對她們毫不受限的性慾感到恐懼，或對可能爆發出來的社會力量感到恐懼。而事實上，這其中有部分連繫顯然確有其事。維多利亞時代的晚期，一般女性追求「華麗服飾」的慾望，不只被視為性放縱的指標，也被視為她們提昇身份地位的一種企圖（Valverde, 1989）。百貨公司消解區分階級的有形符號，不斷煽動佔有商品的慾望，並挑起內心對現實感到不滿的情緒，也鼓吹追求更好生活的願望，此舉的確會對社會秩序造成威脅，但同時也是現代化的力量。伯爾曼（1983）也指出布爾喬亞便是藉著此力量瓦解了早期的社會體制。由此可見，社會藩籬會日趨瓦解，乃是因為現代資本主義的配銷方法和女性消費者之間，發生某種矛盾性的聯合所造成的結果。

　　這裡對消費和女性購物者的焦慮所作的扼要說明，是從為數不多的文獻中推論而來的。誠如稍早所言，知識份子向來認為商業活動不值得研究，所以無法同其他大眾文化相應的議題一樣，得到廣泛地討論，從而產生出理論性的評論。所幸電影有最豐富的評論與論爭記載，也只有從這項資源中，才有可能推敲出購物相關焦慮的進一步証據，或是推敲出否定其理論重要性的證據。在我們所談論的這個時期裡，購物往往會牽涉到看電影。在本世紀最初的幾十年間，電影院（和百貨公司一樣）歷經了大規模的擴張。一九〇九年，紐約的電影院和五分錢電影院（nickleodeons）就超過三百四十家，據估每星期的觀眾數目超出兩百萬人。而巴黎在一九〇七年時只有兩家電影院，但到一九一三年時已增至一百六十家。另外，德國的電影院數目也從一九〇〇年的兩家，攀升到一九一四年的兩千四百四十六家。當年英國的電影院數目

計有四千家，而每星期約有七、八百萬的觀眾會造訪電影院
（Ewen and Ewen, 1982; Kuhn, 1988; Mast, 1982; O'Shea,
1996; Ward, 1991）。湧入電影院（或可稱爲『夢想的殿堂』，
這些新興社交公共空間很快就有了這個頭銜，而且呼應了當
時用來稱呼百貨公司的用語）的觀眾，主要是女性、年輕人
和小孩。根據席鵬‧朗特里（Seebohm Rowntree）估計，一
九三〇年代的觀眾之中，有百分之八十七點五的人屬於這種
類型（Richards, 1984）[31]。白天的觀眾幾乎清一色是女性和
年輕人，而女性又往往會把看電影和購物之旅一併融入市區
一日遊的行程之中。

　　依據這個時期研究電影觀眾的文獻指出，人們當時普遍
關注影片內容、所接觸到的社會與物質環境，以及在道德和
物質上所造成的後果（特別是就藍領階級和年輕人而言）（
Kuhn, 1988; Mast, 1982; Ward, 1991）。專門探討看電影對女性
有何特殊影響的文獻並不多，但或許如蜜尼亞‧韓森（Miriam
Hansen）所言，這與德國在此關頭抗拒電影文化有關，而這
是因爲他們認爲女性觀眾比例偏高會威脅到公共空間的組織
而導致的結果（Hansen, 1983: 73-5）。再說，女性不僅不帶男
伴就去看電影，而且在那裡很難用社會性術語區分她們：家
庭主婦、購物者和娼婦在這都只是鄰座的觀眾，不論是從物
質上還是隱喻上來說，體面與否的邊界都趨於模糊了。

　　這肯定是當代大多數將看電影視爲探討焦點的社會評論
裡，把「被動性」（passivity）和「過渡興奮」（excessive
excitation）當作主要關切議題的案例之一，而且其中提到的
這些個人屬性，也包含某些在討論女性造訪百貨公司的相關
議題時，會重複提到的那一套性別化（gendered）和性慾化

（sexualized）的觀念。購物和看電影之間有些連結已經相當明確；不過其他部分則需要進一步編碼，才能在我們從更廣義的角度上針對大眾文化的重要反應進行深入檢視的過程中獲得揭示。這些已知的明確連結，就是我們得以投入另一項論述中的基礎，也是我們得以假定二十世紀前半葉，某些在電影和大眾文化上極具影響力的評論者展現的情感結構，已經爲我們披露出購物與現代性間的關連如何爲當時的人所理解從而延續成今日理解的方式。我們可以從幾個關鍵性的思想家身上看出這種文化陣營的鏈結方式。

知識份子、消費與大眾文化

在所有關心新電影形式的文化評論家當中，我們第一個要談的人就是路易斯・郝格瑪（Louis Haugmard）。一九一三年時，他在《電影美學》（*Aesthetics of Cinema*）（引用自 Rosalind Williams, [1982]）一書中，把電影這複雜的東西視爲媒體，並詳細譴責電影的社會分歧性、逃避主義及其矇騙無知大眾的能耐。他是那些認爲電影在情緒面上流於過渡刺激，在智識層面上流於粉飾太平的評論家之一，所以他一而再的提到電影觀眾的「興奮」與「被動」。而他之所以如此言之鑿鑿，是因爲他把購物和電影做了明確的聯繫：

> 電影觀眾的消極退縮，類似購物者在百貨公司裡的行爲，因爲他們都屈服在某種以奇特方式結合了智識上與身體上的被動、以及情緒上亢奮的假象之下 *（cited in*

Williams, 1982: 80)。

　　西格佛瑞德・克拉考爾（Siegfried Kracauer）是十年後再次重申郝格瑪論點的另一位文化批評家，他在《喜愛購物的小女孩去看電影了》（The Little Shopgirls go to the Cinema）一書中，同樣表達了他對情緒化、被動性和順從性的憂慮，並且從實質上和象徵意義上，把購物與看電影這兩件事，同他的書名連成一氣（Hake, 1987; Hansen, 1983; Kracauer, 1987; Petro, 1987）。

　　克拉考爾大致可以歸爲法蘭克福學派的一員，該學派在一九三〇年代的文化及社會議題上，曾留下大量具有開創性的評論。然而，在接下來的五十年裡，隨著文化研究成爲一個學門，而且當時許多著名的著作或散稿，也逐漸被翻譯或（再）出版之後，各種與法蘭克福學派相關的分析進路和他們關切之議題，才得以發揮影響，並得以在今日被發揚光大。我在本節中將循本文的主要議題，挑出一些對消費感到憂慮的重要文化思想家的作品來討論，並試著將作品中在這方面所隱含的某些關連及疏漏給勾勒出來。這裡將無可避免要採用演繹的方法，因爲消費和購物的問題在大部分同大眾文化有關的論爭中並未獲得充分的討論。所以我們爲了要釐清這些作品的真正想法，無論這是有意識或無意識的想法，就必須要用違背作者表面意圖的方式去閱讀這些文本，同時要在各個論點與環節中找出新的見解，並用新的眼光看待文本，俾使各種觀念得以成形的歷史性與心理性的脈絡，能和這些觀念本身得到同樣詳細的檢視。

　　提奧多・阿多諾（Theodor Adorno）和馬克斯・霍克海

默（Max Horkheimer）（1973）對文化工業（culture industry）的評論，是相當有用的出發點。這麼說的原因部分在於這是一篇「經典程度近乎圖騰般的社會政治學評論」。阿多諾和霍克海默接觸過美國和德國的文化現象後，便爲他們眼中所謂大多數大眾文化的庸俗性（雜亂無章且流於輕浮）深感困擾和氣憤，他們也譴責「被動性」，更譴責消費者欠缺辨識能力。可以把這篇文本（有時候僅僅是十分繁複的形式）的意思解讀成刻意貶損一般觀眾的方法之一，就是看看作者有關家庭方面的作品，而這些多半是他們早年還在德國時的作品（Held, 1980; Horkheimer, 1972a; Jay, 1984; Poster, 1978）。這些作品裡竟流露出對昔日理想家庭的鄉愁，還流露出現代父親之於妻兒的權威日漸凋零的失落感。大眾文化威脅到父親的權力，取而代之成了妻兒們現在所服從的社會化施爲者（socializing agent）。家庭中的權力平衡產生了變化[32]。說來諷刺，解讀這些觀點的方式之一，竟是將他們看做男性在目睹女性慾望走出家庭而轉向電影院和百貨公司的誘人環境時，表現出被動性的證據。這些背景下的女性觀眾愈來愈主動，也越來越會探索問題。而許多男人（包括一般大眾和知識份子在內）有種被排除在消費所提供的樂趣與知識之外的威脅感。然後，對這些被取代的男人而言，大眾文化就像一個被鄙視卻又誘人的敵手。這些文化評論家對於消費者的被動性大加韃閥，也可以被解讀成一種否定性，一種對於大眾文化造成的失落與取代感到深刻焦慮的否認。

安德烈‧胡森（1986）有一篇名爲〈大眾文化就像女人：現代主義的他者〉（Mass Culture as Woman: Modernism's Other）的著作，其中指出大眾文化如何被女性化，卻又同時

對女性氣質持輕蔑的態度[33]。此外，大眾文化也擁有（女性化）群眾的屬性，因為它常常被描寫成吞噬性、不理性及多愁善感的東西。因此，這不只對立於男子氣概，也對立於文化現代主義，因為現代主義強調堅固、嚴格而理性，而且往往是自外於通俗大眾。以我現在的論點來說，有趣的是，胡森曾指出阿多諾、霍克海默和克拉考爾，紛紛在不同時候，明確的性化（sexualizes）並促成大眾文化。比方阿多諾和霍克海默主張大眾文化「不能與閹割的威脅撇清關係」（Huyssen, 1986: 48）[34]。阿多諾當然也是以捍衛現代主義和精緻文化美學，使之不受大眾文化污染而聞名的人。胡森關於大眾文化被女性化的論點以及我關於大眾文化與消費乃是男性敵手的論點，雖有明顯的出入，但並非不可相容。他們的確以相當矛盾的方式在方法論上證實並補足了彼此。他們都專注於象徵載體（作為隱喻），以及形成那些智識立場時無意識佔據的重要位置，而且都堅持必須根植於特定歷史脈絡和敘事之上。

　　班傑明是大眾文化相關論爭中，另一位深具影響力的人。他未能完全完成的遺作《拱廊商場計畫》，後來由蘇珊・貝克—摩斯（Susan Buck-Morss，1989）重新加以整理修飾[35]，同時也發展出一些額外的見解，她是少數幾位願意針對購物拱廊商場與現代性之間的關係，以及其與商品資本主義之間的關係，所具有的重要性加以理論化的學者，此外，她也將班傑明至今仍在當代論爭裡持續發揮影響力的其他文化暨電影相關的作品作了連貫。在此處的論述脈絡下，必須將班傑明和其他法蘭克福學派成員加以區分。他對大眾文化的評論，至少在某些地方，顯得更為精鍊也更為複雜，而且他

也認同大眾文化形式在美學與政治上的潛力[36]。他不僅不會
對大眾文化與現代性（涉及現代性與傳統的斷裂）的出現感
到悲觀，他對於「父親之於孩子的傳統影響力」逐漸減弱的
情形，也抱持欣然接受的態度。貝克—摩斯因而指出：

　　　　在客觀世界徹底改頭換面的時代裡，家長再也不能
　　對孩子耳提面命了……與傳統間的斷裂是勢在必行的
　　。班傑明絲毫不為此感到悲痛，反而將之視為現代性獨
　　特的改革潛力……與傳統的斷裂……讓象徵權力（
　　symbolic powers）得以從傳統限制中釋放出來，成就
　　社會的轉型……班傑明主張：「我們必須從我們上一輩
　　的世界中覺醒」(1989: 279)。

　　然而，在《拱廊商場計畫》中可以看得出來，他在面對
大都會世界裡種種迷惑和矇騙群眾的消費活動，以及各種場
面（瞬息萬變的都會面貌）所帶來的誘惑時，內心也是深感
矛盾。商業的世界無非是個虛幻（*illusion*）的世界。物品本
身的價值受到表象及其展示之掩蓋。班傑明一方面為之著迷
，一方面又有罪惡感；一方面嚮往城市生活，一方面又對城
市生活的奢華與墮落感到反感。誠如伊莉莎白·威爾森（1992
）所言，他的觀點兼含有烏托邦與反烏托邦（dystopian）的
想法。他對女性的觀感也同樣有這種明顯的兩難心態[37]。在
班傑明大部分的作品裡，牽涉到城市圖像分析時，總是以娼
妓作為城市女性的代表，而他也將娼妓視為商品化的具體表
現。他在《拱廊商場計畫》一書中主張，女人用流行時尚來

「掩飾自然衰老的現實」，也認為流行時尚「促使一個好好的人因為拜物而分裂」。我們可以從這裡看出班傑明如何看待女性、商品和消費的關係。女性和商品都是虛幻的表象。不過，在他的《拱廊商場計畫》一書的註釋中，更明白表露出他內心的矛盾感，他也指出流行時尚既是對傳統不敬的表現……也是社會變遷的標誌（引自Buck-Morss, 1989: 101）[38]。

　　他在這本主要的著作裡理解消費的方式是獨特而又兼具矛盾性及片段性的嘗試。我認為他看待商業的態度之所以顯得如此矛盾掙扎，部分可以回溯到班傑明持續關切的世代差異問題，和他經常提到他父親和自己的衝突，他父親是位金融家，專門投資包括百貨公司與溜冰場在內的新興都會計畫。在其自傳式著作《柏林記事》（A Berlin Chronicle）裡，還記載了班傑明生前的商業經驗與性愛經驗。

　　　　多年來對我影響最大的事……是一九一〇年左右……我父親一時興起想要帶我……到冰宮去玩，那不僅是柏林首見的人工溜冰場，也是熱鬧的俱樂部……我的注意力……被吧台的奇特景象所吸引。那兒有身著白色緊身水手服的娼妓，而她們在未來幾年裡一直是我性幻想的對象……

　　　　早年我所知道的「市區」（town）就只是一個採購場所（theatre of purchase）。我父親的錢為我們在百貨公司櫃台、店員、鏡子以及把暖手袋（muff）放在櫃台上同時打量著價格的母親之間清出一條路。我們站在那兒像「穿了新衣」般難為情，我們的手則像價格標籤

般縮在袖口，只有在糕餅部才能放鬆精神，也才能逃出令母親蒙羞的虛假崇拜……滿坑滿谷的商品，這就是「市區」*(Benjamin, 1986a:39~0)*。

漢娜·鄂蘭（Hannah Arendt）在他為班傑明的文選《啓迪》（*Illuminations*）所寫的前言中，討論了猶太問題對於班傑明這一代猶太知識份子來說難以排解的原因是：「因為所有傳統、文化對他們而言，都變得像『歸屬』問題一樣糾葛難解」(1973:36)。這種對傳統的排斥心態，使班傑明敵視他父母所代表的事物，也敵視商業活動，並因此走向敵視「商品拜物教」（commodity fetishism）的路[39]。不過德梅茲（Demetz）對這點的看法稍有不同：

　　許多十九世紀晚期歐洲猶太家庭裡，均有一些傑出的孩子會對他們父親的商業興趣心生敵意，這些父親被比作成功的布爾喬亞階級，而他們自己則會構築與之對抗的精神堡壘，他們大刀闊斧的開創了科學、哲學和文學的前景。一位好鬥的威尼斯諷刺作家卡爾·克洛斯（Karl Kraus）曾在劇作《奇妙的輕歌劇》（班傑明也頗為讚賞）中，提出饒富深意的見解，他暗指這是一部正在各處猶太家庭裡演出的猶太家庭劇，家中嚴格的父親關心的是……生意，而有靈性的兒子關心的是……無利可圖的純精神世界 *(1986: ix)* [40]。

德梅茲斷言這些孩子包括了佛洛依德、胡塞爾、卡夫卡，當然還有班傑明，對他們而言，「事物背後的基本原理以某種方式重申其自身的清白」（Demetz, 1986: ix）。班傑明對

上一輩的敵意（特別是對他父親（其自傳性作品，還有鄂特和德梅茲爲他寫的傳記裡都有提到））使我們得以理解他何以拒絕哀悼長輩權威的凋零（有別於阿多諾與霍克海默），也有助於解釋他的「前瞻性」，和他對現代性的潛力所抱持的樂觀態度。這樣一來，我們還可以連貫起兩件事，一件是他面對商業活動時心裡的兩難心態（他對於「採買之地」、「滿坑滿谷的商品」和「製造虛假的偶像崇拜」等事感到又愛又恨），另一件事則是一九三〇年代中歐盛行的反猶太風氣，這點在葛瑞格・馮・呂洛里（Gregor von Rezzori）所著的《反猶太份子回憶錄》（*Memoirs of an Anti-Semite*）曾做過描述，他指出「商業本身就是汗顏之舉……任何事只要牽扯到商店買賣都達不到社會可接受的標準。這就是猶太人的殊榮」（1983: 86）。反猶太份子羞辱的鏢靶是商業活動，班傑明對此想必深感矛盾，他在專心寫作《拱廊商場計畫》的那段期間，正式執政的納粹開始在柏林針對猶太人經營的百貨公司實施抵制計畫，當時是一九三三年四月，新選出的希特勒政府正在展開第一波攻勢（Frei, 1987; Fromm, 1943）。

　　這些背景因素有助於理解班傑明未能完成且深感兩難的消費分析，也有助於理解他對未來的看法：以伯爾曼的話來說，這也就是他對現代主義的看法。雖然上述種種並未解釋他爲何從沒認真著眼於消費產生性別取向的方式，或一般現代女性會和他精心描寫的現代性與百貨公司之間具有何種關係。他之所以會對現代資本主義和大眾文化中至關重要的這些面向中發生的女性化現象視而不見，而沒能探討其中重要意涵的原因，也必須要在這時期更寬廣的社會及心理變遷的背景脈絡中加以理解才是（理解其他同時期或更早期的

知識分子身上所發生的類似疏漏時亦需如此）。

　　家庭中男性與女性間權力平衡的動搖，和女人與日俱增的獨立性，都已經在上文作了交代。第一次世界大戰帶來的傷害及泯滅人性的大屠殺都對這個時期產生了影響。對女性氣質昔日限制與慣例的挑戰，在兩次大戰期間如火如荼的展開了，而且與人口統計學上的危機，還有因為戰爭帶來的兩性人數落差所造成的焦慮相吻合。在民眾的想像中，這些「過剩」的女性也就是「新」女性（年輕女郎、快樂主義者、女性主義者、工作者、投票者）；可以解讀為男子氣概面臨危機的證據，或是男性恐懼自己失勢、陷入困境或者被消費的證據（Kohn, 1992; Melman, 1988）。克洛斯·迪維萊（1987）曾對這種害怕消失和吞噬的文化恐懼做過分析，他指出這種恐懼在當時德國自由兵團士兵的書信與虛構作品中表露無遺，而這些士兵後來都成了納粹的先鋒部隊。他指出這裡的恐懼有些也是左派男性共有的恐懼。因此，（在當時德國的社會主義女性主義仍蓬勃發展，而且專注於新女性「性」偏好的威瑪性改革運動也擁有十五萬名成員的背景之下（Grossmann, 1984; Thonnessen, 1973）），難怪我們會發現這時期文化評論作品，在面對女性議題時內心有所掙扎，而在面對消費和大眾文化遭到女性化的現象時竟會視而不見。

結論

　　女性主義思想的創見之一，就是提醒我們要對符號世界裡出乎意料和遭受掩蓋的部分有所警覺。它鼓勵我們向文本

、作者和社會程序提出各種類型的問題。我在本文中的計畫乃是挖掘出那些促使各種探討女性、現代性和消費等方面具有影響力的觀念得以發展的不同背景脈絡，另外理論研究的焦點將不只是原本受到強調之處，也會包含有裂隙和有轉折之處。從本研究中浮現出一段因爲兩難及否定而千瘡百孔的歷史。現代性作爲一種敘事和經驗，最後證明女性以有形與無形的方式存在其中，而且顯然遠比經典文獻中所認可的程度還來得更加深刻。然而，像「消費」這種女性的參與，不論在文化還是經濟上都具有決定性影響的領域，卻鮮少爲學術界所注意[41]。我在這裡想要主張：這種鬆散的邊緣化現象，必須在一定程度上被理解成一種將消費活動和十九世紀女性氣質產生動搖，以及新女性出現結合在一起所造成的後果。這些文化模式的變遷挑起群眾不安的恐懼，而百貨公司則勾起人們尚失控制權的印象，這兩者在二十世紀初期陷入複雜的糾結之中，因爲當時看待大眾文化的角度在智識上有兩難之處，而且有鄙視商業活動的傾向。這便導致人們否定了購物也否認了購物者，甚至否定了女人在現代性發展過程中，於理論層面所扮演的核心角色[42]。

參考文獻

Abelson, Elaine (1989) When Ladies Go A-Thieving: Middle-Class Shoplifters in the Victorian Department Store. Oxford: Oxford University Press.

Adburgham, Alison (1979) *Shopping in Style: London from the Restoration to Edwardian Elegance.* London: Thames and Hudson.

Adburgham, Alison (1989) *Shops and Shopping 1800-1914: Where, and in What Manner, the Well-dressed Englishwoman Bought her Clothes.* London: Barrie and Jenkins.

Addams, Jane (1910) *The Spirit of Youth and the City Streets.* New York: Macmillan. Adorno, Theodor and Horkheimer, Max (1973) *Dialectic of Enlightenment.* London: Allen Lane.

Anderson, Perry (1984) 'Modernity and Revolution', *New Left Review,* 144: 96-113.

Arendt, Hannah (1973) 'Introduction: Walter Benjamin 1892-1940', in Walter Benjamin, *Illuminations.* London: Fontana. pp. 7-58.

Banks, Olive (1981) *Faces of Feminism.* Oxford: Martin Robertson. Baudelaire, Charles (1964) *The Painter of Modern Life and Other Essays.* Oxford: Phaldon Press.

Bauman, Zygmunt (1983) 'Industrialism, Consumerism and Power', Theory, *Culture & Society,* 1(3): 32-3.

Benjamin, Walter (1968) 'Paris - Capital of the Nineteenth Century', *New Left Review,* 48.

Benjamin, Walter (1973) *Illuminations.* London: Fontana.

Benjamin, Walter (1986a) *Reflections.* New York: Schocken Books.

Benjamin, Walter (1986b) Moscow *Diary,* ed. Gary Smith. Cambridge, MA: Harvard University Press.

Berman, Marshall (1983) *All That Is Solid Melts into Air: The Experience of Modernity.* London: Verso.

Berman, Marshall (1984) 'The Signs in the Street: A Response to Perry Anderson', *New Left Review*, 145: 114-23.

Bourdieu, Pierre (1986) *Distinction: A Social Critique of the Judgement of Taste*. London: Routledge and Kegan Paul.

Bowlby, Rachel (1985) *Just Looking: Consumer Culture in Dreiser, Gissing and Zola*. London: Methuen.

Bradbury, Malcolm and McFarlane, James (eds) (1987) *Modernism 1890-1930*. Harmondsworth: Penguin.

Brandon, Ruth (1990) *The New Woman and the Old Men: Love, Sex and the Woman Question*. London: Flamingo.

Breward, Christopher (1994)　'Femininity and Consumption: The Problem of the Late Nineteenth Century Fashion Journal', *Journal of Design History*, 7(2).

Brewster, Ben (1968) 'Walter Benjamin and the Arcades Project', *New Left Review*, 48.

Buci-Glucksmann, Christine (1987) 'Catastrophic Utopia: The Feminine as Allegory of the Modern', in C. Gallagher and T. Laqueur (eds), *The Making of the Modern Body*.

Berkeley and Los Angeles: University of California Press, pp. 220-40.

Buck-Morss, Susan (1983) 'Benjamin's *Passagen-Werk:* Redeeming Mass Culture for the Revolution', *New German Critique*, 29: 211-40.

Buck-Morss, Susan (1989) *The Dialectics of Seeing: Walter Benjamin and the Arcades Project*. Cambridge, MA: MIT Press.

Callery, Sean (1991) *Harrods Knightsbridge: The Story of Society's Favorite Store*. London: Ebury Press.

Campbell, Colin (1987) *The Romantic Ethic and the Spirit of Modern Consumerism*. Oxford: Basil Blackwell.

Carter, Erica (1984) 'Alice in Consumer Wonderland', in A. McRobbie and M. Nava (eds), *Gender and Generation*. London: Macmillan.

Carter, Erica (1995) *How German is She? National Reconstruction and the Consuming Woman in the FRG and West Berlin 1945-1960*. Ann Arbor, MI: University of Michigan Press.

Chancy, David (1983) 'The Department Store as Cultural Form', *Theory, Culture & Society*, 1(3).

Covina, Maurice (1978) *Fine Silks and Oak Counters: Debenhams 1778-1978*. London: Hutchinson Benham.

Davidoff, Leonore (1973) *The Best Circles: 'Society', Etiquette and the Season*. London: Croom Helm.

Davidoff, Leonore and Hall, Catherine (1987) *Family Fortunes: Men and Women of the English Middle Class 1780-1850*. London: Hutchinson.

Davidoff, Leonore, L'Esperance, Jean and Newby, Howard (1976) 'Landscape with Figures: Home and Community in English Society', in J. Mitchell and A. Oakley (eds), *The Rights and Wrongs of Women*. Harmondsworth: Penguin, pp. 139-75.

Davis, Dorothy (1966) *A History of Shopping*. London: Routledge and Kegan Paul. Demetz, Peter (1986) 'Introduction' to Walter Benjamin, *Reflections*. New York: Schocken Books.

Donzelot, Jacques (1979) *The Policing of Families*. London: Hutchinson.

Dreiser, Theodore (1981) *Sister Carrie*. Harmondsworth: Penguin.

Eckert, Charles (1990) 'The Carole Lombard in Macy's Window', in J. Gaines

150　　　　　　血拼經驗

and C. Herzog (eds), *Fabrications: Costume and the Female Body.*
London: Routledge. pp. 100-21.

Ewen, Stuart (1976) *Captains of Consciousness: Advertising and the Social
Roots of Consumer Society.* New York: McGraw-Hill.
Ewen, Stuart (1988) *All Consuming Images.* New York: Basic Books.
Ewen, Stuart and Ewen, Elizabeth (1982) *Channels of Desire: Mass Images
and the Shaping of American Consciousness.* New York: McGraw-Hill.
Featherstone, Mike (1983) 'Consumer Culture', *Theory, Culture & Society,*
1(3): 4-9.
Forty, Adrian (1986) *Objects of Desire.* London: Thames and Hudson.
Foucault, Michel (1980) *Power/Knowledge.* Brighton: Harvester.
Frei, Norbert (1987) *National Socialist Rule in Germany: The Führer State
1933-1945.* Oxford: Basil Blackwell.
Frisby, David (1985) *Fragments of Modernity: Georg Simmel, Siegfried
Kracauer and Walter Benjamin.* London: Heinemann.
Fromm, Bella (1943) *Blood and Banquets: A Berlin Social Diary.* London:
Geoffrey Bles.
Gaines, Jane (1990) 'Fabricating the Female Body', in J. Gaines and C.
Herzog (eds) *Fabrications: Costume and the Female Body.* London:
Routledge. pp. 1-27.
Gramsci, Antonio (1973) 'Americanism and Fordism', in his *Prison
Notebooks.* London: Lawrence and Wishart.
Granville Barker, Harley (1977) *The Madras House.* London: Eyre Methuen.
Greenhalgh, Paul (1988) *Ephemeral Vistas: The Expositions Universelles,
Great Exhibitions and World's Fairs, 1951-1939.* Manchester: Manchester

University Press.

Grossmann, Atina (1984) The New Woman and the Rationalisation of
　　Sexuality in Weimar

Germany', in Ann Barr Snitow, Christine Stonsell and Sharon Thompson
　　(eds), *Desire: The Politics of Sexuality.* London: Virago, pp. 190-210.

Hake, Sabine (1987) 'Girls in Crisis', *New German Critique,* 40: 147-66.

Hansen, Miriam (1983) 'Early Silent Cinema: Whose Public Sphere?', *New
　　German Critique,* 29: 147-84.

Held, David (1980) *Introduction to Critical Theory.* London: Hutchinson.

Hollis, Patricia (1979) *Women in Public: The Women's Movement 1850-1900.*
　　London: George Allen and Unwin.

Honeycombe, Gordon (1984) *Selfridges.* London: Park Lane Press.

Horkheimer, Max (1972a) 'Authority and the Family', in his *Critical Theory:
　　Selected Essays.* New York: Heider and Heider, pp. 47-128.

Horkheimer, Max (1972b) 'Art and Mass Culture', in his *Critical Theory:
　　Selected Essays.* New York: Heider and Heider.

Horowitz, Daniel (1985) *The Morality of Spending: Attitudes towards
　　Consumer Society in America, 1875-1940.* Baltimore: Johns Hopkins
　　University Press.

Huyssen, Andreas (1986) 'Mass Culture as Woman: Modernism's Other', in
　　his *After the Great Divide: Modernism, Mass Culture and Postmodernism.*
　　Basingstoke: Macmillan. pp. 44-64.

Jay, Martin (1984) *Adorno.* London: Fontana.

Jay, Martin (1992) 'Scopic Regimes of Modernity', in Scott Lash and
　　Jonathan Friedman (eds), *Modernity and Identity.* Oxford: Basil Blackwell.
　　pp. 178-92.

152 　　　血拼經驗

Kohn, Marek (1992) *Dope Girls: The Birth of the British Drug Underground.*
London: Lawrence and Wishart.

Kracauer, Siegfried (1987) The Cult of Distraction: On Berlin's Picture
Palaces', *New German Critique,* 40: 91-6.

Kuhn, Annette (1988) *Cinema, Censorship and Sexuality 1909-1925.* London:
Routledge.

Lancaster, William (1995) *The Department Store: A Social History.* London:
Pinter.

Lasch, Christopher (1979) *The Culture of Narcissism.* New York: Norton.

Lash, Scott and Friedman, Jonathan (eds) (1992) *Modernity and Identity.*
Oxford: Basil Blackwell.

Leach, William (1984) 'Transformations in a Culture of Consumption:
Women and Department Stores, 1890-1925', *Journal of American History,*
7(2): 319-42.

McCracken, Grant (1990) *Culture and Consumption.* Indianapolis and
Bloomington: Indiana University Press.

McKendrick, Neil, Brewer, John and Plumb, J. H. (1982) *The Birth of a
Consumer Society: The Commercialization of Eighteenth-Century England.*
London: Europa.

McRobbie, Angela (1992) The *Passagen-Werk* and the Place of Walter
Benjamin in Cultural Studies', *Cultural Studies,* 6(2): 47-57.

Marchand, Roland (1986) *Advertising the American Dream: Making Way for
Modernity 1920-1940.* Berkeley and Los Angeles: University of California
Press.

Marriott, John (1996) 'Sensation of the Abyss: The Urban Poor and

Modernity', in Mica Nava and Alan O'Shea (eds), *Modern Times: Reflections on a Century of English Modernity.* London: Routledge. pp. 77-93.

Mast, Gerald (1982) *The Movies in our Midst: Documents in the Cultural History of Film in America.* Chicago: University of Chicago Press.

Melman, Billie (1988) Women *and the Popular Imagination in the Twenties.* London: Macmillan.

Miller, Michael B. (1981) *The Bon Marche: Bourgeois Culture and the Department Store, 1869-1920.* London: Allen and Unwin.

Minsky, Rosalind (1994) 'Women as Shoppers'. Unpublished paper.

Modleski, Tania (1986a) 'Femininity as Mas(s)querade: A Feminist Approach to Mass Culture', in C. McCabe (ed.), *High Theory/Low Culture.* Manchester: Manchester University Press (reprinted in Tania Modleski, *Feminism Without Women.* London: Routledge, 1991).

Modleski, Tania (ed) (1986b) *Studies in Entertainment: Critical Approaches to Mass Culture.* Indianapolis and Bloomington: Indiana University Press.

Morris, Meaghan (1988) Things to do with Shopping Centres', in Susan Sheridan (ed.), *Grafts: Feminist Cultural Criticism.* London: Verso, pp. 193-225.

Mort, Frank (1988) 'Boys Own? Masculinity, Style and Popular Culture', in R. Chapman and J. Rutherford (eds), *Male Order: Unwrapping Masculinity.* London: Lawrence and Wishart.

Moss, Michael and Turton, Alison (1989) *A Legend of Retailing: House of Fraser.* London: Weidenfeld and Nicolson.

Nava, Mica (1984) The Urban, the Domestic and Education for Girls', in G. Grace (ed.), *Education and the City.* London: Routledge and Kegan Paul (reprinted in Nava 1992). pp. 159-91.

Nava, Mica (1992) *Changing Cultures: Feminism, Youth and Consumerism.* London: Sage.

Nava, Mica (1995) 'Modernity Tamed? Women Shoppers and the Rationalisation of Consumption in the Interwar Period', *Australian Journal of Communication,* 22(2): 1-19.

Nava, Mica and O'Shea, Alan (eds) (1996) *Modern Times: Reflections on a Century of English Modernity.* London: Routledge.

Nixon, Sean (1992) 'Have You Got the Look? Masculinities and Shopping Spectacle', in Rob Shields (ed.), *Lifestyle Shopping: The Subject of Consumption.* London: Routledge.

O'Shea, Alan (1996) 'English Subjects of Modernity', in Mica Nava and Alan O'Shea (eds), *Modern Times: Reflections on a Century of English Modernity.* London: Routledge. pp. 7-21.

Petro, Patrice (1987) 'Modernity and Mass Culture in Weimar', *New German Critique,* 40: 115-46.

Pollock, Griselda (1988) *Vision and Difference.* London: Routledge.

Poster, Mark (1978) *Critical Theory of the Family.* London: Pluto Press.

Pumphrey, Martin (1987) 'The Flapper, the Housewife and the Making of Modernity', *Cultural Studies* 1(2).

Richards, Jeffrey (1984) *The Age of the Dream Palace: Cinema and Society in Britain 1930-1939.* London: Routledge.

Richards, Thomas (1991) *The Commodity Culture of Victorian England: Advertising and Spectacle 1851-1914.* London: Verso.

Robins, Elizabeth (1980) *The Convert.* London: Women's Press.

Rose, Nikolas (1979) The Psychological Complex: Mental Measurement and

Social Administration', *Ideology and Consciousness,* 5: 5-68.

Ross, Kirstin (1992) 'Introduction' to Emile Zola, *The Ladies' Paradise.* Berkeley and Los Angeles: University of California Press.

Ryan, Jenny (1992) 'Women, Modernity and the City', Working Papers in Popular Cultural Studies no. 1, Manchester Institute for Popular Culture.

Sackville West, Vita (1983) *The Edwardians.* London: Virago.

Schudson, Michael (1984) *Advertising: The Uneasy Persuasion.* New York: Basic Books.

Schwarz, Bill (1991) 'Rationalism, Irrationalism and Taylorism', *Science and Culture* 8: 144-52.

Sennett, Richard (1986) *The Fall of Public Man: On the Social Psychology of Capitalism.* London: Faber and Faber.

Shields, Rob (ed.) (1992) *Lifestyle Shopping: The Subject of Consumption.* London: Rout-ledge.

Showalter, Elaine (1992) *Sexual Anarchy: Gender and Culture at the Fin de Siecle.* London: Virago.

Simmel, Georg (1971) The Metropolis and Mental Life', in his *On Individuality and Social Forms.* Chicago: University of Chicago Press, pp. 409-24.

Smith, Gary (1986) 'Afterword' to Walter Benjamin, *Moscow Diary.* Cambridge, MA: Harvard University Press.

Stedman Jones, Gareth (1976) *Outcast London.* Harmondsworth: Penguin.

Stein, Sally (1985) The Graphic Ordering of Desire: Modernisation of a Middle-Class Women's Magazine 1914-1939', *Heresies,* 18.

Strachey, Ray (1978) *The Cause.* London: Virago.

Theweleit, Klaus (1987) *Male Fantasies.* Cambridge: Polity Press.

Thonnessen, Werner (1973) *The Emancipation of Women: Germany 1863-1933.* London: Pluto Press.

Tickner, Lisa (1987) *The Spectacle of Women: Imagery of the Suffrage Campaign 1907-1914.* London: Chatto and Windus.

Trimberger, Ellen (1984) 'Feminism, Men and Modern Love: Greenwich Village 1900-1935', in Ann Barr Snitow, Christine Stonsell and Sharon Thompson (eds), *Desire: The Politics of Sexuality.* London: Virago, pp. 169-89.

Valverde, Mariana (1989) The Love of Finery: Fashion and the Fallen Woman in 19th Century Social Discourse', *Victorian Studies,* 32: 169-88.

van Vucht Tijssen, Lieteke (1991) 'Women and Objective Culture: Georg Simmel and Marianne Weber', *Theory, Culture & Society,* 8(3): 203-18.

Veblen, Thorstein (1979) *Theory of the Leisure Class.* Harmondsworth: Penguin.

Vickery, Amanda (1993a) 'Women and the World of Goods: A Lancashire Consumer and her Possessions, 1751-81', in John Brewer and Ray Porter (eds), *Consumption and the World of Goods.* London: Routledge. pp. 274-301.

Vickery, Amanda (1993b) 'Shaking the Separate Spheres', *Times Literary Supplement,* 12 March.

von Rezzori, Gregor (1983) *Memoirs of an Anti-Semite: A Novel in Five Stories.* London: Pan Books.

Walker, Lynne (1991) 'Women and Victorian Public Space'. Paper given at The Cracks in the Pavement' Conference, Design Museum, London.

Walkowitz, Judith (1980) *Prostitution and Victorian Society.* Cambridge:

Cambridge University Press.

Walkowitz, Judith (1992) *City of Dreadful Delight.* London: Virago.

Ward, Ken (1991) *Mass Communication and the Modern World.* London: Macmillan.

Weeks, Jeffrey (1981) *Sex, Politics and Society.* London: Longman.

Williams, Raymond (1975) *Country and City.* Harmondsworth: Penguin.

Williams, Raymond (1989) *The Politics of Modernism.* London: Verso.

Williams, Rosalind (1982) *Dream Worlds: Mass Consumption in Late Nineteenth-Century France.* Berkeley and Los Angeles: University of California Press.

Wilson, Elizabeth (1978) *Women and the Welfare State.* London: Tavistock.

Wilson, Elizabeth (1991) *Sphinx in the City.* London: Virago.

Wilson, Elizabeth (1992) The Invisible Flaneur', *New Left Review,* 191: 90-110.

Wolff, Janet (1985) The Invisible Flaneuse: Women in the Literature of Modernity', *Theory, Culture & Society,* 2(3): 37-6.

Wolff, Janet (1990) *Feminine Sentences: Essays on Women and Culture.* Cambridge: Polity Press.

Wolff, Janet (1993) 'Memoirs and Micrologies: Walter Benjamin, Feminism and Cultural Analysis', *New Formations,* 20: 111-23.

Wollen, Peter (1993) 'Modern Times: Cinema/Americanism/The Robot', in his *Raiding the Icebox: Reflections on Twentieth Century Culture.* London: Verso, pp. 35-51.

Zola, Emile (1992) *The Ladies' Paradise.* Berkeley and Los Angeles: University of California Press.

Zukin, Sharon (1988) The Postmodern Debate over Urban Form', *Theory, Culture & Society*, 5(2-3): 431-46.

註釋

1　本章內容原本是爲另一本名爲《現代光景：英國現代性之世紀反思》（Modern Times: Reflections on a Century of English Modernity）的書而寫的（Nava and O'Shea, 1996），該書由東倫敦大學文化研究學系所出版；誠如書名所示，現代性乃是該書的主軸。亞倫・奧希（Alan O'Shea's）在爲該書所寫的導論「英國的現代性議題」（English Subjects of Modernity）一文中，指出了現代性概念在理論上的效用。我要對該書其他作者曾在我構思該文時，給予我的幫助和建議表示感謝。

2　我爲了提出這個論點，曾參考以下的作者與文本：Anderson（1984）; Baudelaire（1964）; Benjamin（1973, 1986a）; Berman（1983, 1984）; Bradbury and McFarlane（1987）; Buck-Morss（1989）; Frisby（1985）; Lash and Friedman（1992）; Nixon（1992）; Sennett（1986）; Simmel（1971）; Williams（1989）; Wilson（1991, 1992）; Wolff（1985, 1990）.

3　這篇文章首次發表於一九八五年，在一九九〇年還有一個略經修改的版本。珍妮特近來（Janet Wolff, 1993）仍繼續重申她最初的論點。

4　該文（Wolff, 1990）再版時對此論點作了更多評論，請參見沃爾芙爲該書所寫的另一篇文章「女性主義與現代主義」（Feminism and Modernism）。

5　但事實上她爲了支持她的論述，對其他以十九世紀末到二十世紀初爲主要關注焦點的理論家也有所涉獵（比方，韋伯倫（Thorstein Veblen）和喬治・齊美爾）。

6　這是伊莉莎白‧威爾森（Elizabeth Wilson's 1992: 98）的用語。威爾森比沃爾芙更加質疑這點。因為對她而言，街頭尋歡客乃是無關緊要的邊緣性角色，不過是都會迷宮裡遊手好閒的人、或是偷窺狂而已。

7　她仰賴范伯倫來發展她對消費的評論，正說明了這種作法。至於評論韋伯倫的其他文章，請參照麥克寇雷肯（McCracken）（1990）和維克里（Vickery）（1993a）。

8　請參見Davidoff et al.（1976）; Marriott（1996）; Nava（1984）; Rose（1979）; Stedman Jones（1976）; Walkowitz（1992）; Williams（1975）; Wilson（1991）。二十世紀的英國的觀點，可能還更為悲觀一些：舉例來說，請參見一九八四年《新左派評論》（New Left Review）裡，伯爾曼和安德森的論戰；以及花園城市的意識形態和清除貧民區運動（Wilson, 1991）。

9　雖然歐洲人和美國人對城市的記載，常流露出兩難的態度，並對於傳統價值的瓦解和生活模式多所關注，但他們並沒有想像中那麼擔心，他們對現代大都會千變萬化的豐富性與複雜性其實抱持樂見其成的態度（甚至是歡欣鼓舞的態度）。誠如伊莉莎白‧威爾森（1991）所言，巴黎人會全家一同在寬敞的林蔭大道下享受露天咖啡，而美國城市則逐步實現現代建築和社會理想。舉例來說，請參見西爾多‧德萊瑟一九九〇年首度發表的小說《凱莉姊妹》（1981）。

10　胡森也引述了格斯塔夫‧雷朋（Gustave Le Bon）的話：「群眾就是任何帶有女性氣質的人群（Crowds are everywhere characterized by feminine characteristics）」。

11　珍妮特‧沃爾芙正是把現代性和女性主義串聯起來的之人，而且這點不斷在她的文章中提及。舉例來說，請參見《各種領域的文化：十九世紀公眾生活及私人生活之文化所扮演的角色》（The Culture of Separate Spheres: The Role of Culture in Nineteenth-Century Public and Private Life

）（1990）。至少在理想上，其他女性主義歷史學家也在探索男女各種領域的現象，比方，可以參見里奧諾拉‧大衛杜夫和凱薩琳‧霍爾（Catherine Hall，1987）牽涉廣泛且重要的文章，她們強調十九世紀上半葉的公眾生活與私人生活在物質上的相互依賴特性。女性主義歷史學家珍妮‧萊恩（Jenny Ryan）（1992）則是這方面另一個重要的例子，她強調各種不同領域的限制，和女性被排除在公共領域之外的現象。

12　沃克（1991）展示了一張一九八〇年代兩位帶著公事包的女人坐地下鐵旅行的照片。亞德伯格漢（1989）則提及騎腳踏車兜風的風潮。

13　舉例來說，有關美國方面，請參見亞培森（1989）和林區（1984），有關英國方面，尤其是倫敦方面，則請參見亞德伯格漢（1989）和沃克維茲（1992）。沃克維茲（1992: 50-2）的著作則有男性害蟲與性騷擾方面的討論。

14　亦可見於Addams （1910）；Banks （1981）；Nava （1984）；Wilson （1978）；Walkowitz （1992）

15　請參見威爾森（1992）對沃爾芙（1985）和布雷克（Pollock）（1988）的論述所做的討論。

16　亦可見於Donzelot（1979），他著眼於傅柯（Foucault），並探討了包括贈與慈善禮物到提供忠告等各種慈善事業的轉型。

17　佐拉的註釋引用自了羅斯（Ross）（1992）的著作。佐拉的小說最初發行於一九八三年。

18　薛德森（Schudson）（1984）認為這應該被理解成抱負與嫉妒走向民主化的現象。有關消費文化延伸到中產階級的討論，亦可見於Abelson（1989）和Chaney（1983）。

19　首先提供女用公共化妝室的場所之一便是百貨公司，而這顯然是吸引女性消費者的一項額外誘因。

20　一般估計今天有百分之八十的購物決策是女性決定的，而且至少從二十世紀以來便是如此（請參見Marchand，

1986; Pumphrey, 1987）。女性無疑參與了家中的室內裝潢，而且從十九世紀以來便負責家庭購物活動的規劃與決策（Forty, 1986）。男性在百貨公司裡從未感到自在，就連裡面的銷售員也一樣，而且男性在百貨公司裡的重要性從十九世紀末以來就每況愈下（Adburgham, 1979; Lancaster, 1995）。而亞培森（1989）更指出這個時期造訪百貨公司的人有百分之九十都是女性。

21　這當然也會因時因地而異。並不是所有的百貨公司都像這裡描述的這麼迷人。有些百貨公司是現代化了，但也有些百廢待舉。地區性和郊區的百貨公司各有不同的顧客族群。不過所有百貨公司還是會朝向吸引女人且讓她們感到賓至如歸的方向作設計。我在這裡提出的說明參考了下列的研究：Abelson （1989）；Adburgham （1979, 1989）；Bowlby （1985）；Callery （1991）；Covina （1978）；Davis （1966）；Honeycombe （1984）；Lancaster （1995）；Leach （1984）；M. Miller （1981）；Moss and Turton （1989）；Williams （1982）；Zola （1992）。

22　根據一九一〇年哈洛斯的宣傳品來看，哈洛斯的女性俱樂部牆面有紅色Brecchi、Pavannazi、Levantine大理石和瑪瑙。

23　薩佛瑞吉百貨公司為了慶祝開幕五週年，舉辦「商場羅曼史」活動，並製做一系列以「現代商業精神」為主軸的海報，本圖便是其中的一張（現由該店資料館所保存）。這張海報的文字內容也相當有趣，拿我在本文稍後所提的論點來對照的話更顯有趣。這段文字出自德國產業家賀爾・魯道夫・賀特羅格（Herr Rudolph Hertzog）之手，內容論及商業場所對海內外人士生活具有何種重要性，並企圖分析把地主或他們的兒子看做「商業王子」的缺失。請參見底下針對賀特羅格的評論所做的進一步討論。

24　圖3.2（「薩佛瑞吉」的『賓至如歸』）是一系列全版廣告裡的其中一張，這些廣告在一九〇九年刊登在倫敦日報

，爲百貨公司開幕作宣傳。全文如下：

　　我們的大門永遠爲了歡迎不知名的您而開。我們全心全力竭盡所能但求各位感到賓至如歸。接待室是專爲您和朋友的會面而準備的。大廳的登記簿將可紀錄來賓的光臨時間，也可瞭解店裡是否有同在倫敦的舊識。店裡並備有圖書室方便書信謄寫，也有郵務服務可以爲您代勞。另備有保證鴉雀無聲的寧靜休息室。

　　店內備有多處配備完善的休息室。如果我們的來賓是位紳士，也有享用煙草的吸煙房。這些方便設施免費提供，來賓可以隨意享用，無需因此而承擔購買的義務。

　　置物間與衣帽間通行無阻。外幣兌換處能受理信用狀。服務台會爲來賓準確的回答任何合理的問題。這裡可以預約戲院的票，火車票和船票也可以在此購得。餐廳和茶館提供中價位的精緻茶點和正餐：而且每一家百貨公司都會逐層展示種類豐富的各式優良商品，而且總是提供最低價。

25　百貨公司也爲女人提供了重要的工作和收入的機會。請參見Lancaster （1995）；Leach （1984）；Zola （1992）。

26　這當然是有爭議性的說法。文化分析，特別是左派文化分析，根深蒂固地視商品文化爲無可救藥的罪惡。理察（Richards，1991）即是其中一例，他對於廣告業和大眾文化的成長提出過令人折服的評論。亦請參見《重探消費主義：購滿與權力》（Consumerism Reconsidered: Buying and Power）（Nava, 1992）。

27　感謝彼德‧霍恩（Peter Horne）提醒我有這部劇作。

28　蘭凱斯特（Lancaster，1995）引用大衛‧尼維里的碩士論文《泰恩塞德的女性投票權》（Women's Suffrage on Tyneside）（若桑比亞大學），此爲本文中新堡的芬維克百貨

公司的資料來源。

29　亦請參見納茲（1992：第八章與第十章）。消費現在終於成為一項快速成長的理論研究領域。這領域之中貢獻卓越卻在其他地方很少引用的文章還有：Carter（1984, 1995）；Morris（1988）；Mort（1988）；Shields（1992）。

30　威爾森（1991）探索了城市與誘惑的連繫，但沒有談到「性」這方面的威脅。

31　席鵬‧朗特里的調查報告指出，電影觀眾有百分之五十是年輕人和孩童，剩下的成人裡，有百分之七十五是女性（Richards, 1984）。在早期無法取得這種精確的資訊。

32　拉薛（1979: 74）也同樣指出了這一點，而且同樣也為這種轉變表示哀悼。

33　胡森的文章最初被刊載於孟德拉斯基的著作之中（Modleski, 1986b）。如果要找更多探討大眾文化被女性化的相關文章，可以參見孟德拉斯基（1986 a）。

34　孟德拉斯基的觀點類似於尚‧布希亞（Jean Baudrillard）在此議題上所表現的內心掙扎。她說：對他而言「大眾的運作方式就像『巨大的黑洞』，表面上這套用了物理學上的直喻，但其實說不定也有套用某些（女性）解剖學上的東西」。

35　亦可見於Benjamin（1968, 1973, 1986a）；Brewster（1968）；Buck-Morss（1983）；McRobbie（1992）；Wilson（1992）；Miller, 本書第二章。

36　舉例來說，請見班傑明的《機器複製時代的藝術作品》（The Work of Art in the Age of Mechanical Reproduction）（1973）。

37　蘇珊‧貝克一摩斯即使在討論《拱廊商場計畫》時也沒有多提這方面的東西（1983, 1989）。但可以參見其他文獻，像是班傑明那本自傳式的《柏林紀事》（1986）。也可以參考他的《莫斯科日記》（Moscow Diary）（1986b），他在該書中不斷提及他對於莫斯科之旅所遇見的亞斯嘉‧拉西

絲（Asja Lacis）有種兩難的態度。據葛雷・史密斯表示，牽涉到這類關係的話題「就像一條穿越班傑明日記的情慾紅線，是種難以擺脫卻又想否認的部分之一」（1986:141）。

38　請參見Berman（1984）和Gaines（1990），他們對班傑明的不安心態有進一步討論。

39　亦可見於貝克・摩斯（1989）；德梅茲（1986），他以傳記體為班傑明文選所寫的導論；還有班傑明本人在自傳式的著作「柏林紀事」。

40　為了讓我本身也擺在這個敘事關係之中，值得補充我的家族經驗，我父親馬歇爾・魏森伯格（Marcel Weisselberg）及其兄弟姊妹，生於於卡爾・克洛斯所描述的二十世紀初的維也納，他們也都投身於猶太家庭中的兩代之爭，當時爭的也是商業與智識政治生活間的相對價值。

41　本書當然就是這方面在今天已經開始改變的例子之一。

42　其實這一章所提出的論述與歷史敘事，有另一篇談到兩次大戰之間有關消費與現代性的文章作了後續發展，只是該文較早發表（Nava, 1995）。

第四章

超級市場的前景

瑞秋・鮑比

「大熊（Big Bear）出沒紐澤西」

在一九三二年十二月八日，有兩位企業家和一位霍伯肯（Hoboken）來的批發商，共同促成了一件眾所矚目的事件，該事件發生的地點在紐澤西州伊莉莎白市，某個早已人去樓空的杜倫（Durant）汽車工廠舊址。直到五年之後，人們還把此事當成重大媒體事件（media event）或新聞報導般津津樂道。

> 一夕之間，全國上下……就把這裝潢草率、並用粗糙松木設備及碩大的商品展示架所共同構成的拙劣結構，形容成吸引人的焦點，甚至還令大批民眾提著購物籃蜂擁而至，並樂於自己動手。
> 打從這則傳奇性的報導傳遍全國開始，大家普遍以為「大熊」只是為了出清存貨而臨時安排的噱頭而已（*Zimmerman, 1937: v-vi*）。

「如果這麼想你就錯了」！撰寫這篇報導的作者李摩門（M.M. Zimmerman）是一位對自己描寫購物史前景的能力甚感自豪的人。他早年曾在《印刷油墨》（Printer's Ink）這份廣告刊物上報導過連鎖商店的發展，而戰後也曾前往歐洲及世界各地，推廣美國的自助式銷售法（self-service selling）。對李摩門來說，這種人潮從幾哩外湧入鄉間的情形，絕不會是農場衰敗所導致的一次性（one-off）蕭條產物，也不是噱頭；這無疑是零售業進步史上，另一段輝煌時期的序幕。「超級市場」（supermarket）已經在此落腳，並開始向外擴張。

其實李摩門也只是專注在當時足以相提並論的許多開端事件中的一個而已。同「大熊」類似的經營方式，也在許多州和許多地區裡出現了，比方長島（Long Island）就在一九三〇開了第一家金卡倫（King Cullen）超級市場，而洛杉磯地區早在一九二七年就有這類商店。到了一九三七年時，李摩門已經可以用勝利文告的典型筆調寫到：

這和當初預言「大熊」將會夭折的說法完全背離，它不僅活了下來，而且其他大熊或小熊的足跡已遍及國內各大都會區，而且他們都有極富奇幻色彩的名字，例如：大老虎（Giant Tiger）、大頭目（Big Chief）、金卡許（King Kosh）和巨鯨（the Whale）等等。今天，在三十二州營運中的大熊和小熊，數量已突破兩千。

超級市場如雨後春筍般林立，其增加速度足以媲美消費人潮湧現的速度。但它們是特殊物種：一種好玩的東西，它

碩大、有趣且帶有卡通趣味。她們像「奇幻故事（fantastic stories）」般帶有「奇幻色彩的店名」（fantastic names），不禁令人想起兒童樂園，而且其中還有會在親切的舞台上演出的和善巨人。

　　雖然李摩門表面上談的是這種馬戲團式新興商店的延續與擴張，但他真正想強調的乃是這種店的權宜性格。他描述這裡有「草率」的裝潢、「粗糙的」松木材質；硬體設施全是廉價建材，讓人感覺它的外觀像是臨時搭建的市集（Zimmerman, 1937: 8）。這種方式在一定程度上還算具有開創精神：亦即回歸到素樸商業的前文明時期所具有的簡單性。然而，若從零售業飽受衝擊的脈絡來看，這麼做無非是想減少不必要的市場成本。在李摩門看來，零售業發展的「終極目標」是逐步減少營運的步驟和成本，以創造更順暢的經濟通路，直到能夠「將商品直接送到消費者手中」為止（1937: v）。

　　有兩種新方法可以直接削減鋪貨成本。第一種方法是讓消費者自己走向賣場，而不是讓商品長途跋涉到消費者的身邊。這樣一來，商店便會離消費者住處有一段距離。不過福特T型車已經讓汽車擁有率變得相當普及；因此他們可以自行駕車前往，並利用對街的專用停車場停放愛車。此外，在超級市場把鋪貨工作轉嫁到消費者身上時，所用到最引人側目的方式，莫過於入口處堆積如山「數以百計的購物籃」了（Zimmerman, 1937: 8）。這形成一種消費者「樂於自己動手」的奇特場面。

> 它向消費大眾訴求的是自己挑、自己選、買單提貨、打包離場，還可節省價差 *(Zimmerman, 1937: 6)*。

這些斗大的文字似乎介於邀請和強迫服從之間：它在告訴你這有一項你無法抗拒的服務。但這種情形很快就隨著自助式超級市場的普及而消聲匿跡了。

「大熊」的眞面ㄇ

「大熊的真面目」是「大熊」經營者在一份自家發行的傳單上所用的標題，這份傳單是爲了對抗那些想要阻止他們在地方報紙刊登廣告的傳統食品零售商而製作的。而這標題正好可以作爲我們日後選取超級市場資料時的線索。因爲在超級市場的世界裡，所謂的真面目總是比較接近大熊的真面目（bear facts），而不是原本的真面目（bare facts）。

首先，這是因爲人們對超級市場的印象，不論是負面或正面、批評或推崇，總會被光鮮亮麗的形象所填塞或包裝。它們完全不像購物中心或購物商場那般，具備中立與坦白的特性。相反的，它們其實一直都處在一種充滿野性的世界，魔幻或工業化的世界裡：亦即置身於可能和善也可能充滿敵意的叢林、馬戲團、遊樂場甚或權力網路之中。因此，這些曾予人可愛聯想的三十年代超級市場形象，看在戰後某些批評者的眼裡，無異是某種圈套和操縱的網路。其中最偏激的觀點甚至認爲，超級市場將可代表現代社會裡無所不在的權力和控制。過去，曾有位名叫克雷里歐（J.M.G. Le Cl'ezio）

的法國人，在七十年代初期寫了一部名爲《巨人》（*Les G'eants*，The Giants，1973）的小說，文中就把這些大型超級市場視爲當代文明社會的縮影，並把友善的「大熊」和此類物種描寫成擁有系統性無上權力的大財團。而這部小說的原名就是眾所周知的電擊危險符號：「⚡」。

其次，超級市場一直是大量生產的品牌商品最主要的通路，這些商品都有可茲區別的包裝，並有廣告促銷。這兩點的參與，替原本的商品披上文字、視覺甚或二者兼具的外衣，並以一種截然不同的模式出售，以致於「原本產品」（bare）和「大熊產品」（bear）變成同一件產品的零件和外殼，或說是同一件產品的包裝紙和內容物。尤其在包裝或廣告特別宣稱它據實以告，絕不添油加醋的時候，更是顯得如此。這種看似坦白的資訊本身就帶有勸服性。同樣的道理，超級市場從一開始就表現的像是一間實在、而富有機能的商店，而且有一般的基本商品，與一般的基本價格。

超級市場的歷史

李摩門這篇歌功頌德的報導指出，其實永久改善銷售方法的作法，在行銷與零售制度上並非新鮮事。不過他對製造商、企業家利益，以及消費者利益之間的關係則未有著墨；最多是單純地假設它們會自動配合而已。於是李摩門便據此推定出一套完美無瑕的演進程序，亦即從百貨公司、郵購、連鎖商店，一直到零售業一九三○年代初的發展。

　　對超級市場購物持批判態度的人，則從相反的假設出發，他們認爲這樣的關係難以持續，或者反過來假設：資本家的利益越多，消費者的利益就越少。至於獲利的過程，則可以從無情且漸增的剝削報導中略知一二，像消費制度就接管了包含其雇員在內的所有無助受害者的心靈和財產。這兩種報導的出發點截然不同，分別位居超級市場兩個極端位置：一個是位在消費者結帳的冰冷櫃台旁，此時身邊還站著身陷苦海的廉價勞工，另一個則位於店內專門款待顧客的光鮮亮麗之處。

　　如果我們暫時不要在這兩種觀點中選邊站，而只關注超級市場的歷史實情的話，那我們該以何處爲出發點，要找什麼文獻資料呢？看來似乎也只有原始的名目和圖表，最適合替換這些千頭萬緒的評鑑與報導。所以我們首先可以看看無數消費者過去數十年來累積的購物清單。不過，這其中也只顯示出他們實際購買了什麼，卻無法徹底揭露購買者與購買之物間的關連，也無法揭露那些未在購物前列出清單的消費者與其所購之物間的關連。部分謹慎的消費者會保留收據，但收據在幾年後就被條碼取代了，可惜的是條碼無法提供任何購物資訊，充其量只含有價格和各種高低不同總額的資訊。不過話說回來，除了一些可遇不可求的特例之外，所有這些仔細規劃和斟酌的結果，最終還不都會隨著包裝、廚餘和腐爛的食物，一起被棄置在某個正在分解中的西方消費文化的垃圾場之中。

　　不過，我們還可以去找商店的盤點記錄和銷售紀錄，來彌補消費者這方面的資料缺口。這些記錄算得上店家成本及利潤方面完整而正確的資料。然而不可諱言，個別產品的銷

售量和銷售率,則很可能因為貨物種類太多而較不準確,但是八十年代開始有條碼之後就不同了,此後在盤點記錄和交易額紀錄方面,很快就作到了幾十年前難以想像的精準性和全面性。

但這種完善的條碼知識究竟能為我們提供哪方面的商店資訊,或是哪方面的消費者資訊呢?我們知道有一種研究超級市場的方法,就是想盡辦法囊括所有產品、人員及金錢的詳細往來情形:比方進了什麼貨、賣給了誰,或是誰來買東西以及賣出了什麼貨。這種市場研究技巧會根據永無止盡的變數來分類消費者。它們認為每樣產品都是獨一無二且可被電腦分類的產品,所以每個消費者也能夠連帶成為電腦分類中獨一無二的目標,可以根據生活型態進行前所未見的精確劃分,只是這裡的生活型態會被理解成可茲計算的購買傾向。在一九三五年有一項具有前瞻性的報導便指出:「消費者將會被當成一堆銷售可能性的集合」(Dipman, 1935: 7)。

除了有關某人或某物的事實和數據之外,想必商店裡裡外外仍有許多可能發生過,卻無法統計的歷史事件:例如各種例行工作、閒逛、巧遇、慾望或決擇等等隨著消費者走過結帳櫃台而留下的遺跡。人們在來回途中的無數對話,也可能已經在被拋到郊區無數汽車車窗之外而煙消雲散了;這還不包括許多發生在家中、工作場所、報紙或電視上,有關這家或那家新開的店,以及這種或那種購物方式的品質或瑕疵的眾多議論。甚至小說、電影、信件或電話,或是會談到超級市場的某種媒介中的敘述,均有可能把超級市場想像成自由或沈悶的地方,甚或只是一個平日讓人感到厭倦、歡樂或

困擾的地方。

　　其實，作家並不是唯一會用超級市場來描繪購物史的人。由於這也是每個人生活中的一部份，因此人們對此也各有不同的意見，且各有相應的歷史存在：這有可能是與晚近且地方的發展有關，或是與遙遠且早期的發展有關的是非長短；或者是關於不同行銷策略的含意；甚或是與本身或他人購物行為上的怪癖和偏執行為有關的部分。

　　在這混雜脈絡下，我們接下來要談的內容，當然不能囊括這千頭萬緒的整體全貌（這是無法想像的奇景），只能說這是從超級市場歷史中擷取出的一系列節錄資料而已。而這些歷史到處都與人們想像中的未來有著不可分割的關係。由此可見，超級市場不僅在我們的文化中佔有一席之地，也是值得我們深思的一個場所。

超級市場與百貨公司

　　十九世紀為我們帶來了百貨公司，而二十世紀則帶來超級市場。只要比較一下這兩種產物的主要特質（包含它們的形象及其從未坦白的真面目），便能烘托出某些超級市場的特質。

　　首先，這兩者都是大型零售機構，也都在同一個屋簷下同時販售各式各樣的商品，也都運用成本效益、薄利多銷的行銷原則。兩者都鼓勵消費者進店觀看，有時還允許他們把玩商品，甚至不須他們承擔購買義務。而且，兩者在各自所屬的年代裡，均不只被視為行銷發展的里程碑，甚至被視為

廣義社會生活發展上的里程碑：這一方面是指城市和休閒的發展、一方面則是指郊區和汽車的發展。

其次，這兩者都被說成魔力和魅力的表徵，也都擁有各種雙面性的形象，要不就被視為令人愉悅的東西，要不就被視為陰險的東西，或被當成和善之物，或被當成了邪惡巫師的傑作。它們發展到後來，都具有五花八門的燈光和千奇百怪的物品展示方式。而且它們都被看作一種依靠女性消費者心理失常而產生的產物：因為十九世紀女性同胞曾擠在服飾櫃前看得出神，而五十年代的家庭主婦則被商店背景音樂，以及依據心理學而選用的洗衣粉包裝色彩給催眠了（請參見 Packard, 1960: Chap. 10; Zola, 1992）。

它們兩者之間的差異點，對於各自的神話體系而言，也同樣具有舉足輕重的影響。首先是它們所販賣的物品便有所不同：百貨公司雖然以衣服和家具為主要商品，但也會提供其他商品。但超級市場則以百貨公司不見得會賣的「食品」為主。在十九世紀，百貨公司是替中產階級帶來時尚豪華享受的象徵，而超級市場則是替大眾帶來便宜的食品。一個是特定階層追求富裕象徵（或是某種性別追求美麗形象）的奢侈品，而另一個則是所有人都要用的生活必需品。

百貨公司給人服務周到的形象：人人都可登堂入室並享有女王般的待遇。服務人員會隨侍在側；你可以享用免費的點心、閱覽室和所有其他的服務設施，用意是讓你願意在這待上一整天，享受一種稱為購物的新興休閒活動。而超級市場具有功能性的形象。因為你必須採自助方式選購商品，同時也因為這裡沒有任何額外或花俏的精心擺設，所以可以將成本減到最少。購物在此成了一件想辦法花費最少時間和最

少金錢的任務：這同時兼顧了消費者和企業雙方的成本效益
。

　　有人說百貨公司是歐洲人的東西，超級市場則是美國人
的東西。我認爲前一種連結是錯誤的，因爲美國的百貨業和
巴黎、倫敦或柏林的百貨業，約莫是在同一時期興起的。但
第二種說法則多少反映了實情。因爲對立的功能拉大了百貨
公司和超級市場的區別。百貨公司被視爲一個女性的、枝微
末節的、或帶有法國味和時尚味的地方；這種巴黎形式在班
傑明回顧二十世紀的頭一部份文章裡，成了代表十九世紀現
代性的象徵。然而，超級市場從一開始就是個「草率」（李
摩門之言）而基本的，經常也是庸俗而欠缺品味的地方，上
述種種使得它被視爲輸出歐洲的美國產物。所以，一旦加上
其他與超級市場營業發展息息相關的二十世紀消費文化特徵
：比方，大量行銷、廣告技巧和品牌商品，那超級市場無疑
是美國人的東西。

　　百貨公司是「現代商業的大教堂」（Zola）；對於中產
階級而言，它象徵「豪華民主化」的「宮殿」（Georges d'Avenel
）。作爲一座宮殿，這裡有一種富裕的休閒形象，而且任何
想要入內參觀或享有貴族般華麗生活的人都能隨意取用。同
時，作爲一座大教堂，它取代了宗教；有自己的神聖建築、
儀式和各季節慶（爲不同的主題和產品而設計的檔期或特殊
活動）。

　　超級市場就沒有這許多花招（雖然英國有種星期天營業
的超級市場曾引起騷動，但這或許是因爲當地家庭有每週舉
辦購物之旅的慣例）。在「大熊」馬戲團裡不太重視商品的
展示，反而重視表演和噱頭，但這後來被視爲不入流的手段

。在六十年代時，消費者主義團體抗議大型食品公司剝削的
聲浪不斷高漲，使超級市場因而戲劇化的承擔了負面形象，
「叢林」、「陷阱」都是當時最流行的評語（Cross, 1970;
Leinwand, 1970）。百貨公司邀請你進來，而超級市場則緊抓
著你不放。叢林和陷阱的形象不只意味著原始的侵略行為（
弱肉強食），也意指這是個一旦進入就無法脫身的森林和迷
津。

　　其實超級市場很可能只是個倉庫而已，其重要性在於把
配銷成本降至最低；或許充當工廠與家庭間的中繼站而已。
走過「大熊」以及類似的商店的草創期之後，超級市場才由
暫時性的開端，逐漸具備更有效率的形象：便利、衛生又可
靠。而此時的超級市場也不像早期的食品店那般，同百貨公
司有著莫大的差距。

自助式和現代化的食品店

　　從大型商店的歷史來看，百貨公司算是超級市場的亞種
和前身。而從食品零售業的歷史來看，超級市場原則上是地
方性的雜貨店。從十九世紀晚期開始，各式各樣的連鎖商店
和以往的雜貨店、一般商店和各種肉類、農產品、茶和咖啡
專賣店正式展開競爭。其中有些直接擴張成更大型的自助式
商店，而成了所謂的超級市場。在美國有一家A&P茶葉公司（
the Great Atlantic & Pacific Tea Company）就是連鎖超市的典
型例子，另一個例子則是位於美國中西部的克洛格（Kroger's
）超級市場，這家超級市場是一八九〇年從巴爾尼‧克洛格

（Barney Kroger's）辛辛那提茶葉與咖啡專賣店擴大而成的，後來在二十世紀初期發展成連鎖商店。不論他們販賣何種產品，這種連鎖商店正在發展他們的遠親「超級市場」日後將會採用的大規模經濟模式：亦即大量購買、垂直整合和薄利多銷。連鎖商店也在歐洲發展了起來，不同的是歐洲人是利用合作社爲主要的基礎來發展新型態的商店。

　　自助模式的發明，可以回溯到克勞倫斯・桑德斯（Clarence Saunders）一九一六年在田納西州的曼菲斯所開的第一間Piggly Wiggly。店內設計了沿走道兩旁設置的高架陳列櫃，出入口處的旋轉柵欄，以及結帳櫃檯，而這些在未來也會出現在超級市場之中。事實上，Piggly Wiggly乃是超級市場的原形，它預見了未來消費者直接取用商品的一般模式。

　　在一九三〇年代時，卡爾・迪普曼（Carl W. Dipman）曾提出一系列發展食品零售業的說明與設計，並發表於美國商業性雜誌《先進雜貨商》（The Progressive Grocer）。這裡並沒有「大熊」及其諸多同伴那般令人眼睛爲之一亮或具戲劇性且奇特的尺寸，這些未來食品店的特色起了轉變，朝向不同的方向發展。不過它們的共同點便是自助化。但它們的自助化不只與節省營運成本密切相關，也與一個史無前例的新點子密切相關：他將食品商店設計成有潛力吸引消費者前往享受的地方。

　　此時倉庫就變成一種負面的形象，不過這並非肇因於新商店的崛起，而是因爲舊商店對「現代」銷售原則毫無所悉所致。這些原則以搶眼的美感呈現。迪普曼在一九三一年寫道：

「今日的雜貨店必須同時能取悅消費者（呈現美麗的東西），並盡可能將工作和勞力減到最少……視覺和觸覺上的運用以及營運的效率，都是新型態零售推銷術的重要因子」（*1931: iv*）。

「視覺和觸覺的運用」使購物變成一件精心準備的體驗和享受。消費者既是觀看者，也是感受者。她對這裡的第一個自然反應，可以分成各種方面的可能反應；又特別是對於顏色、質感和形狀的不同感受。

從某一方面來說，效率和取悅人的品質是彼此分離的兩件事，但從另一方面來說，這裡的現代美感何嘗不是盡可能運用科學化的方法，將工作和勞力成本減到最少而達至的，所以兩者也算彼此結合。「工作和勞力」的減少，同時作用在消費者和員工身上：購物是一種經驗，而不只是一種工作。但這也就意味著店員的活動會干擾商店的展示，因而應該被隱藏到美麗的場景後方才是。而自助模式則有可能進一步意味著將這些部分刪去：「雖然重新安排有利於自助模式的平面規劃，是降低銷售成本時常會採用的手段，但有時也可以靠著裁撤一兩個人來達到同樣的目的」（Dipman and O'Brien, 1940: 8）。

事實上，除了店員、櫃檯和貨架之外，任何無關銷售的東西都是有礙消費者直接接觸商品的障礙物：

「一個恰當的商店擺設……不會存在任何不必要的阻礙。這樣才可使女人和商品作正面的接觸」。

　　「應該盡可能在每個客人可能會留步之處及視線
所及之處，包括貨架頂端到地面上的每一吋平面上，都
擺上展示的商品。」 *(Dipman, 1935:11)*

　　這段文字一針見血地將自助式商店結合控制與放縱為
一體的促銷手法展露無疑。一方面，這是用數學上可量測的
方法，接管了女人的視線（當時大多消費者是女性）：無所
不在的商品迎面襲來，使你無處可逃。另一方面，這裡「沒
有任何不必要的障礙物」會妨礙消費者和商品間的巧遇。她
在商店裡可以隨意走動，將所要的商品放置在購物推車裡：
這些開放架位鼓勵她觀看商品和接觸商品，還能在不負擔購
買義務的情形下，拿取任何東西。在「入口和結帳櫃台間的
過渡空間」裡，她可以享有任何東西。這就是自助模式迷人
的一面，在結帳之前，所有東西都可能為你所有。

　　就此而論，自助式商店的原理和百貨公司的原理其實很
類似，它們都竭盡所能地替女人仔細建構出夢幻般的經驗。
然而（說來很諷刺，依照自助式商店未來朝向大型化發展的
趨勢來看），它們的差異點居然會是尺度上的不同，不過這
是因為迪普曼在一九三○年代的食品店的確親切小巧。但到
戰後就不一樣了，此時大型公司搖身一變成了「巨人」，這
是截然不同於「大熊」或其他兒童玩伴的角色。五十年代開
設的超級市場常大力宣揚其「巨型」尺寸，強調超大（*giant*
）和特大（*jumbo*）包裝的商品。但在六十年代中期，反超級
市場的消費者激進運動展開後，「巨人」就像克立歐（Le Clezio
）小說中所寫的一樣，儼然成為一種凌駕於茫然無助的消費
者之上的一股惡勢力。

不止包裝產生新的影響，有人認為商品展示也取代了推銷員的工作，以視覺取代了聽覺（推銷員的推銷辭令）。到了一九三五年，

　　「現代食品商店儼然成為科學化的門市部……在這場改革中，已經有許多新的推銷手段派上了用場。在沒有更好的名稱前，這裡就先稱之為「沈默推銷術」。雖然個人推銷術仍然存在，甚至將一直持續下去，但還是有必要添上這種有時被稱為商品展示的沈默推銷術（*Dipman, 1935: 7*）。

　　這裡假定商品展示是一種外於商品本身的附加性項目，或是一種不可或缺的銷售力量。因此這將加快商品的流通速度、提高交易額、最後則會降低成本，目的與「科學化的門市部」保持一致。

　　但如往昔一般，這裡仍有一個對立的假設：超級市場似乎不該是展示空間，因為這是種奢華的作法，目的是要提高價格，並動搖那些原本想省錢或只想添購生活必需品，而並不想受到美麗迷惑的購買者。縱覽超級市場的歷史，商品展示的議題始終圍繞著消費者的偏好該如何評定的爭議上打轉。而超級市場通常會拋棄昔日流行的奢華服務和販售奢侈品時鋪張的展示方式，轉而以成本最低的面貌現身。

　　到了戰後，英國也引進自助式銷售模式，德斯科（Tesco）連鎖商店就打出「商品堆得越高，價格降得越低」的口號。這句口號的重點並不是說真的訴求把東西堆得很高，因為這只是那時由美國人所提倡，而倍受推崇的「大量展示」原

理（比方在走道盡頭放一座商品堆出的大金字塔）。 到了九十年代初期，德斯科的口號再度被廉價連鎖商店Kwik Save重新拿來使用，值得一提的是，該連鎖商店在經濟不景氣時，佔據了兩個市中心的位置，因此得以與這些大型、市區外的「超級商店」分庭抗禮。這種在宣傳海報上運用舊標語的作法，結合了玩笑式的鄉愁（意指緬懷超級市場依舊還是超級市場的舊日美好時光），以及它對德斯科的尖銳嘲弄：你再也無法像以前一樣，維持消費者心中的廉價王形象，此刻的你和其他任何一家大型連鎖商店並無二致。

像家一般的商店

所有那些來自多少會講究效率和減少浪費的產地，而且經過長途跋涉的商品，最終抵達的目的地和棲息地就是「家」。超級市場若只具備功能性的話，或只是個銷售據點的話，那它和家之間，就不存在任何平靜的、祥和的或是商業之外的聯繫。

然而，有些人認為現代的自助式商店，應該被想像成人們的第二個家。卡爾‧迪普曼提倡商品展示應該要訴諸女性的「喜好和幻想」，並訴諸她們與生俱來的美感，同時，他更倡言應該把家庭的舒適感也融入商店科學化的訴求之中。到了一九三一年，現代商店便以家庭般的尺度現身；這裡除了有商品之外，甚至還添加了具備家庭舒適感的美學訴求。

夾有鏡子的小型人造窗是一種相當成功的牆飾。這
使商店看來有點像農舍小廚房的感覺（這氣氛強烈迎合
女性喜愛美麗事物的天性），而這是她們願意進入和逗
留之處……、第三種可以增加吸引力的方法是在牆架上
放置一些賞心悅目的圖片。舉凡有草坪的鄉村景色，或
書本、或孩子們玩耍的圖片都是十分恰當的選擇。所以
舉凡與雜貨業直接有關的農村景色圖片都可以使用（
Dipman, 1931:143-6）。

雖然「活潑的農舍廚房」和現代商店相距甚遠；但這
些賞心悅目的圖片仍不失為教人感到欣慰的田園景致，也免
得人們懷疑「零售業」有傳統農莊之外的根源存在。因此食
品商店就（也和百貨公司一樣）變成一個令人流連忘返的地
方了。

不過，這種令人流連忘返的景象，卻因為迪普曼異想天
開的建議而被打住了：

女性讚賞的休息室

許多商店會提供一個小空間充當消費者的休息室
。那應該是個親切的場所：有幾張桌子、舒適而鮮艷的
椅子，甚至可能的話，還會有電話、盆栽、燈具、墊子
、鉛筆和一兩本雜誌。要是店裡有一台收音機或有隻金
絲雀的話，那也很不錯。因為人們喜歡觀看他人工作和
玩樂的樣子，因此休息室應該位在消費者可以看到店裡
活動情況的地方（Dipman, 1931:148-9）。

　　由此可見，就拿前超級市場時期，人們對於超級市場黃金年代的想像來說，我們可以發現一個專爲安慰女性而特別安置的田園造景、可愛的細節還有金絲雀及電話所共同形成的超現實並置景象。而且，這個與世隔絕的地點也是與生俱來的偷窺慾（「人們喜歡觀察別人」）得以宣洩的管道，讓消費者有機會在這看看商品之外的東西。

　　不過，從商店監督規劃的觀點來看，可以在商店內觀察人群動向的角落有可能損及消費者的權益。近一二十年來討論到超級市場是否要設置休息室（留下一些單獨角落）的議題時，一般擔心這種作法會方便小偷利用私密空間作案。到了一九六〇年代，超級市場再次把這個想法視爲新點子；儘管偷竊問題一直是反對的原因，具有一九三〇年代特色的「休息室」又重新和現代高科技家用設備結合起來了：

　　　　有些超級市場的休息設備，會擺放在一間冷氣房裡；這有雜誌、報紙和幾台電視 *(Brand, 1965: 7)*。

　　（唉！可憐的金絲雀！）

像商店一般的家

　　克莉絲汀・佛列德利克（Christine Frederick）在《家務勞動工程》（Household Engineering）（1920）一書中，建議人們保留罐裝食品的儲貨記錄，而且他認爲這些記錄應包含大小、價格和數量：「然後每吃完一罐豆子或桃子，就應該

要從清單上劃掉，這樣一來，便能一眼看出手邊食物的存量，而不需要真的翻箱倒櫃地計算」（Frederick, 1920: 304; quoted in Strasser, 1982: 249）。這個動作的目的就是要製作購物清單；家庭主婦就是她自己這家「店」的經理，執行固定的盤點控制，並基於行政目的將這些記錄存放在「辦公室的一角」。

從這點來看，家庭和商店經營之間重疊之處，乃是依循科學管理或「工程」原則之處。另外有些作者則著重於新型態自助系統，讓消費者透過何種方式執行以往由商店執行的功能。而據他們指出，主要是讓購買的人以相反的順序從事自己的庫存、配銷工作，駕駛自己的交通工具，長途跋涉到商店取回大量貨品，儲存在家中，直至有需要時再行取用。

不過，往後不論在廣告或其他地方，都比較少強調家庭在功能上與商店相似的形象了，反倒是比較會強調家庭是個展示商品的儲藏空間。因為打開家裡的冰箱一看，總是排滿誘人的各色商品；而食品儲藏櫃則擺滿了五花八門的罐頭食品；還有冷凍庫可以讓你挑選速食。這裡就像超級市場一樣，你可以從家庭商店裡拿取任何你所需要的東西。消費者擁有同樣廣泛的選擇，只是這一次全都免費：

> 消費者現在擔負了零售業長久以來的問題，她要使商品的取用率攀高而不下滑。她現在只要走去把冰箱門打開，想要的東西就在那兒；不過還是得先在裡頭放些東西就是了（Cox, 1957: 54-5）！

購物

　　「購物」（going shopping）和「採購」（doing the shopping）有別。「購物」是一種曖昧性的活動，是一種揮霍（*extravagance*）的行為：說的白話些也就是「閒逛」。這行為本身漫無限制，沒有任何精確的計畫或目的地：你可以花上一天的時間，或不要這麼久也行，你也可以只看不買。購物的人樂在其中，有越矩和過度的可能性：你可能會花費太多時間和金錢。

　　從另一方面來說，「採購」則表示這是某種義務或例行公事。這種採買意味著有某些事先規劃和限制的東西：確切的商品，不偏也不倚。「購物」指向時尚、服飾和休閒。而「採購」乃是食品的採買，大部分被視為一種家務勞動。食物是生活必需品，而追求時尚則是有趣且具有自發性的工作。每週的超級市場之旅是種折磨，或說是種無可避免、了無新意的無聊工作。

　　有時候採購的功能性正是超級市場本身所強調的訴求，比方一九七五年在匹茲堡的政策研討會上，就有評論指出：

　　　　既然購物不再是主要的消遣活動，而是得盡快完成的任務或家務，那就必然會出現不同以往的採買習慣。人們渴望快速、方便、隨性，同時可以駕車前往採購，而超級市場能符合上述特點的地方，不僅在於它有非市中心的地點、新的商店建築，還有提供了適當的非街邊

式停車設施，更在於它利用一些手段，使消費者能在進入商店後迅速執行採買工作，方法上包括了開放展示、功能性裝備、品牌促銷，以及各種程度的自助化及簡單化的銷售方式（McNair, 1957: 6）。

這裡把消費習慣的轉變，想像成從「消遣」往「家務」的方向演變，或從「購物」往「採購」的方向演變，而超級市場則要滿足既有的社會需求，亦即「一種不同以往的購買習慣」，因此各個商店將依循這個改變來服務人們。

但其實更常見到的現象，是規劃者企圖把食物採購從工作轉爲消遣：如果可以說服消費者在此逗留、遊蕩和享受，那麼他們在此處的花費就會比她們把自己當成任務操作員時來得高，而不會對她們所花的時間、精力和金錢錙銖必較。因此相較於店面交易服務的費時與乏味，自助模式也促銷它的樂趣，並逐漸削弱它本身千篇一律的形象。

一九六〇年代，有關如何提升銷售額的討論焦點，就是這種從單調乏味的例行採購工作跳脫出來的潛力：

　　　　主要的目標就是使消費者服務上的每個環節，足以令每週採購之旅不再盡是「無聊和家務」的味道，甚至能為消費者增添有趣的插曲（Brand, 1965: 6）。

然而，到此爲止，該問題總是以「非此即彼式決策（either/or decision）」的措辭所提出來的：在任何時候，你所做的事要不是工作就是休閒，絕不會是兩者的結合或是含糊的混合，也絕不會是這兩者外的任何東西。不過對超級市場

的設計者而言，平行隔間使吸引人的商品展示和舒適的「服務」（承襲休息室使消費者感到享受的小小奢侈感）區隔開來，這樣會使超級市場更像一處讓消費者盡快完成必要工作的地方，同時也盡可能消除那種執行例行公事的痛苦感受。

購物清單

在擬定購物清單時，消費者要做規劃並設下限制：使她的採購之旅有效率且有所節制。這份清單很可能會依照超級市場動線來規劃，目的是希望這次遠征能夠駕輕就熟而不受阻礙。然而，對超級市場而言，備妥有限清單的家庭主婦會對商機造成不利的影響；所以他們在展示和供貨方面的對策，就是打亂她們事先規劃的路線，讓她們無異於毫無規劃的消費者：她們會不經意的買下東西—「衝動性購買」。這得靠改變路線兩旁出現的商品來達成，俾使購物清單無法發揮作用。店家會將部份商品移往別處，並利用展售會和特賣會慫恿消費者往建議的路線前進：只有商品會主動出擊，才算是理想的超級市場，使那裡的商品不經意「落入」推車之中（在一九五〇年代，甚至認為商品是自己「跳進」推車裡的）。

從功能面來說，自助模式使消費者能精確控制她們購買的商品種類：沒有任何人或任何東西可以介入她和商品之間，她可以按照計畫往返。不過研究人員指出，超級市場的數量並不會隨著購物清單的用量增加而增加，反而會隨購物清單的用量減少而增加。這些消費者不用購物清單的原理，便

是她們會在各通道間瀏覽每樣特價商品：因此不會遺漏任何
商品，如此一來，主動性就從消費者身上移往商品之上了。
少了購物清單，走道兩旁的商品對消費者來說沒有預設的區
別性，每個都可能滿足需求。

　　　人們不再像以往那般依賴購物清單。他們現在把超
　級市場當成巨型的購物清單來用 (Alexander, 1958: 29
　)。

便利性

　　超級市場及其所賣的產品，都將這項二十世紀典型的價
值（指便利性）當成促銷內容的一部份。晚近有許多「便利
商店」收取額外的價差或較高的價錢，來補償它們提供近距
離及長時間營業服務的成本（這在英國更是明顯，不光是距
離因素，超級市場並不會二十四小時開放：不過也有例外，
像有些城外的超級市場就曾在一九九七年初開始試辦二十四
小時營業制度）。這種想法沿著戰前超級市場的原形發展：
自助模式加上把所有商品擺在在同一個屋簷下，使人們不需
前往無數食品店分別購買。便利性與超級市場所強調的功能
環環相扣：這就是你所需要的，沒有任何奢華和額外的東西
；完全符合你的（既定）目的。
　　便利性也含有替家庭主婦節省時間的意味，時間可被設
想成金錢，兩者都是有限的，也都可以分割成彼此分離而可
計算的單位。便利食品讓家庭主婦得以縮短烹飪時間：膳食

不僅唾手可得，而且還是現成的。就理想來說，商店、家庭和消費之間，不該有任何時間上或空間上的距離，同時應該不費吹灰之力就達到這種結合；但反過來說，尋找和準備食物所花費的時間和力氣，卻彷彿被過度設想成需要盡可能消除的時間浪費或家務。

　　便利性減輕了人們因繁忙和匆促而產生的時間恐慌感，這種恐荒感總歸是一種失落感，而且總令人覺得有越來越快的感覺；所以即使是對珍妮佛・克洛斯（Jennifer Cross，1970: 29）這位批評而非倡導超級市場的人來說，亦認為純粹是「現代生活裡逐漸加快的生活步調」才使「便利產品的市場被創造出來」；而不是便利性產品使現代生活變為繁忙的。順此發展下去，最終的極致想必是完全不需費時準備的「速食」。

商品種類

　　購物清單可幫助消費者在超級市場無限可能的商品中作出決定。拿美國來說，商店的平均存貨種類在戰後大約維持在三千種左右，到了一九六〇年代晚期則增加到八千種，並在之後的幾年裡，以史無前例的速度持續攀升。但是只有其中一小部份的產品會在消費者心中留下印象，更別說是放進購物車。而且，在這些產品為了爭取消費者青睞和購買而彼此對戰之前，新的商品還得先贏得「架位爭奪戰」才能擁有基本的能見度。

　　產品種類的增長沒有限制。所以它們為了在貨架上爭得
一席之地，必須要與眾不同（所謂不同，也可在狹義地指其
外貌）。而商品種類的差異性造就了它們持續修改和補充的
可能，因此有能力因應文化價值的波動和競爭，其實從另一
個角度來看，這些文化價值又何嘗不是這些商品所親手形塑
出來的呢，比方像是現在聽來有點過時的「現代」感，或像
是「親生態性（eco-friendly）」特質，還有「降低」某些東
西的含量（膽固醇、油脂和焦油等等），以及諸如此類層出
不窮的「新」名詞。

　　一九六○年代中期，曾有一項和美國產品革新有關的研
究，企圖將創新區分成三種類別，以便將真的有所創新的產
品和並非真的有所創新的產品區隔開來：第一種是「創新」
（innovative）（徹底的新產品），第二種是「革新」（distinctly
new）（有部分創新，因此生產該產品的製造商還是必須預
作研究並做市場測試），第三種則是「新穎」（me-too）（
只是改了新的形狀、大小、風格，還有確實是該公司生產的
而已）。

　　根據這套標準，以下這些都算是真正創新的產品：：

　　　　脫水馬鈴薯、多用途即溶麵粉、冷凍果汁和濃縮果
　　汁、流質減肥食品、脫脂即溶奶粉、調理米食、半乾燥
　　狗食、奶精粉、三種口味的乾燥早餐用穀類（甜味、原
　　味和乾燥水果）、人造奶油、即溶咖啡、蔬菜調理包和
　　微波晚餐。再過些時日還可加入下面兩種：乾燥雞尾酒
　　粉和太空牛排（*Cross, 1970: 30; citing Buzzell and
　　Nourse, 1967*）。

　　事隔三十年，我們再來看這份與眾不同的購物清單，感覺卻像在看一九六〇年代的奇幻漫畫：具有即時、高科技的味道和太空時代的感覺。把時間點移到健康意識和環境意識高漲的一九九〇年代，我們發現自己與前者的距離，已經大到足以讓我們籠罩在懷舊的鄉愁和疑惑之中：我們不禁要問以前真的是這樣嗎？其實，這些食品大多還可以在貨架上找得到，只是很可能早被降了級，或順勢成為「普通」商品，而它們曾有的「創新」時光，也早就成為久被遺忘的絢爛過往了。

　　隨著它們的貨齡越來越高，也意味它們待在商櫃上的時間越來越久了，它們長久來不斷看著新一代商品取代他們過去的位置，使它們不禁深深緬懷起過去曾在走道盡頭展示的輝煌歷史，於是這些1960年代面世的商品只好安慰自己，能到世上走上一遭已是萬幸，而能擁有任何形式的貨架生涯，都是值得驕傲的事。然而今非昔比，現在只有少數有潛力的產品能通過「節育」（birth control）（他們是這麼說的）：意指製造商會謹慎行事而不製造過多的新產品；而且在新產品概念發展出來之後，都必須在一系列開發及市場測試程序中，通過許多測試和篩選。因此實際上只有二十分之一的產品原形會被保留下來而有機會面世：亦即走出實驗室，開始為「架位爭奪戰」而奮鬥（Cross, 1970: 29）。

流動模式

設計超級市場的人得試著調整兩種穿梭於商店內部的「流動模式」：一是消費者的流動模式，其二則是商品的流動模式。而且，只要其中有一個被加速，另一個就會減速：所以商品流動的越快，就代表獲利越多。反之，消費者流動的越慢，商品就有更多時間可以進入購物車。但無論如何，還是得讓消費者保持移動才行（不坐下也不停駐），所以途中的次要焦點就不該損及他們對超級市場的一般印象，比方井然有序的路線、熟悉的設置和（寬到足夠避免推車相撞的）開放式通道等等。

戰後的建築師和規劃者會將商店設想成城市街道，並藉此幫助他們思索出最佳的平面規劃（請參見，比方Ketchum, 1948）。以食品市場來說，消費者的流動模式從不曾違反重力：走道仍在地面上，不會像其他類型的商店那樣，有其他上下樓層可進行垂直性的銷售。主要的展示方式是不具交叉路口的格狀平面安排：在中央部分有一排排平行的通道，外圍則是三邊較寬的走道，而第四邊還有一排像高速公路收費站的收銀台。

一直都有各種研究在追蹤購物推車移動的方向和軌跡，他們企圖把商店中典型的移動路徑圖及時間表整理出來。於是我們在一九五〇年代時就已經發現，消費者會在店裡先花上二十五到二十七分鐘繞外圍走道逛一圈。但在還沒確定要把何種因素列入假設性的消費者流動模式之前，所有在走道間的來回走動、所做的每個姿勢、暫停或加速，都會被仔

細的注意和評估。

　　其實商品的流動模式也同樣難以表列，只能從存貨盤點和結帳的統計資料中得到大概的印象。各種商品就像不同消費者一樣，實地發生的情況，通常會比所得到的平均印象來得更複雜一些。商品很快就會提早從安全紙箱中被挖出來，然後就被殘忍的放在開放架位的後排，而這和紙箱中一般黑暗。除非這時有一隻手正想尋找製造日期最近的產品，否則它們就會在這過著妾身未明的日子，直到成爲第一線商品時，才突然現身於眾人的眼前，最後（經歷了幾秒鐘、幾小時或幾個月的屈辱後）才得以被輕柔的手指營救到一旁的購物車中。

　　在這期間別無選擇只能等待，或被公開展示或安靜地待在一旁，並祈禱起碼不要誤入歧途，以免出現被人拿起來看完又放回去的窘境。商品一旦到了購物車，就會碰到不熟悉的新鄰居。但在此之前，該商品的眼界相當有限，除了本身之外，就只能和通道正對面的商品大眼瞪小眼，而這時只能依據彼此的心情及相對的消失率，來決定自己是否令人羨慕或是否具有魅力。不過一旦到了購物推車裡，所接觸和觀看到的就是超乎想像新世界了，而且這裡的觸感、形狀、大小也都不同，然後不久你就會被送往終點站，而在這裡會有好一陣子全沒動靜，此時要是從購物推車的欄杆向外看去，還可以看到其他同樣有著欄杆的購物推車，甚至能認出一兩個之前同箱或同架的同伴。然後突然有雙手把你抓出來，放到一個會移動的地板上，隨即會有某種光向你閃一下。之後你便進入一個黑暗的空間，這時你又再度隨推車前進，只是這次移動步伐比之前要快。最後，經歷過一陣顛簸，便聽到啪

地一聲（snap），只見外邊一片漆黑，底下同時傳出轟隆隆的聲音，這時會有種被移動的感覺，想必是要前往最終的目的地了吧。

未來的超級市場

　　一九六二年，英國商業雜誌《零售商》（The Grocer）發行了一份百期專刊，刊載了一篇名為〈未來雜貨店？〉（the grocery shop of future?）的文章，談到想像中的未來雜貨店會具有的某些特點。文章插圖是一張黑白圖片，描繪著一位母親帶著女兒和小狗，從田園式的郊區搭乘她們的直昇機前往超級市場，而父親和兒子則站在遠處向他們揮手道別。哈佛・福克斯（Howard Fox）在這篇文章中描述了一九七〇年代商店的可能樣貌，他認為商店將從矩形變成圓形的設計，也許還有一系列小型的個人店鋪圍繞在週邊。而消費者則站在移動式的走道上，拿取他們想要的商品。這裡還有一些超越一九七〇年代的景象，比方購物者已經完全留在原地，而商品則繞著她轉，供她挑選：「最後，整間商店的通道可能被安置在會客廳裡，那會有像旋轉島嶼般的購物區域。家庭主婦在此能坐著和朋友閒聊，並順手拿起經過身邊的商品」（Fox, 1962:181）。

　　該文援引美國方面的資料，這裡很典型的把超級市場未來的購物景象想像成美國的模式。而從許多方面來說，這篇文章把我們帶回到早期超級市場本身、前身以及最初的未來規劃的歷史中去了。有了這些延圓形外圍安置的小商店之後

，往日市區主街和城鎮主街又都在眼前重現了，只是這次全都位在同一間的商店之中罷了。由此可見，「購物」成了「一種享樂而非家務」（Fox, 1962: 180）。說不定在會客廳中還會擺上一隻金絲雀。

以一九九〇年代的英國觀點來看，這些一九六〇年代的幻想，反映了當時想像中的未來，但由於時空變遷而顯得奇怪，而我們對於他們當時對我們現況的部分預測，或多或少感到熟悉。比方，我們現在的確有私人交通工具可以到達城外某個地點；而那有販售熟食、鮮魚和麵包的櫃臺沿著周圍擺設，這表示服務與自助並存，也就是把全世界最棒的東西都放在同一個屋簷下了；而且還是個可以坐下閒聊的地方。雖然超級市場不一定真的變更了原本的矩形結構，而變成有移動式通道的圓形結構，但在某些方面，它們似乎也超越了福克斯的預測。它們彷彿在這裡把零售業演化的巨輪轉了一圈，把各種形式的店面一次攤在消費者的面前，並把零售業歷史上所有時期都囊括在同一個屋簷底下。

這使人們想起已經被超級市場取代的城鎮主要大街和市場的美好回憶，超級市場設有個人服務的櫃臺，比方麵包店、魚店、肉販甚或是郵局。接著他們連高價位市場也不放過，隨著可販售的高價精緻商品日漸增多，他們也同樣大肆宣揚自己仍會反應成本，進而大量買入自有品牌商品，並在最低定價的基本範圍內低價售出。然而，它們現在不僅以便宜為賣點，也比照大型百貨公司兜售起流行來了。百貨公司會從殖民地收集各種充滿異國情調的商品，而超級市場則流行販賣具有「民族風味」的菜餚。曾經以販賣食品為主的超級市場，目前已經將非食物商品的種類擴張到無論形式或內

容上均足以與百貨公司相提並論的地步，並因而成了一間超級商店。而咖啡座的引進更使這趟旅程的腳步放慢了，因此再也不能將食品採購定義為有待盡快完成的確切任務。現在你可以同時在同一地點採購（doing the shopping）和購物（going shopping），你在獲得生活必需品時也樂在其中。

或者也可以說，這實際上是隨時隨地都可享有的東西。因為一九九〇年代的超級市場，已經在構成我們平日生活的真實行為、和媒體報導間的模糊地帶上，佔著史無前例的重要地位。它們似乎佔領了所有可能運用的空間和時間，包括白天時段和黃金時段的電視廣告，還有一九九四年後隨著放鬆營業時間的法律而出現的「周日上午家庭購物時段」。在另外一方面，由於它們轉型為郊區的超級商店，所以成了市中心沒落和汽車依賴（car-dependent）文化等新興環境議題的焦點。一九六〇年代，超級市場購物者總帶著女性殭屍的形象出場，不過，殭屍現在已經讓位給一個模糊的角色了，現在購物者可能是隨便一個男人或女人，尤其更像是隨便一個小孩；因為我們現在都有專屬的推車，為走道間遊走的我們，體貼的提供了人生在世一切需要的東西。

超級市場在二十一世紀的前景，從某種意義上來說，其實還得仰賴每個人的猜想和選擇而定。然而，從某個角度來看，超級市場的前景，主要還是被設想成一座偉大的超級市場，生活在都市裡的消費者可以在這裡四處走動順便掌握商品相關資訊，同時可依個人喜好作選擇。不過，這會代表著希望還是代表恐懼，則要看擴音器裡傳出的說詞而定；而這說不定和英國商店一成不變的設計脫不了關係，因為英國的消費者總是得先通過左側的生鮮產品，最後再從右側飲料區

走出商店。

致謝

　　本文來自一項由羅傑斯歷史研究中心基金會在一九九三年所支持的兩年期研究計畫：「從歷史觀點看消費文化」。我要在此感謝組織幹部，維多利亞‧德‧葛瑞琪雅（Victoria de Grazia）以及其他羅傑斯的同仁為本研究提供的諸多貢獻。

參考文獻

Alexander, Milton (1958) *Display Ideas for Super Markets*. The Progressive Grocer. New York: Butterick Publishing Co.

Brand, Edward A. (1965) *Modern Supermarket Operation*. New York: Fairchild Publications Inc.

Buzzell, Robert D. and Nourse, Robert E.M. (1967) *Product Innovation in Food Processing*. Boston: Harvard Business School.

Cox, Reavis (1957) [n.t.], in Albert B. Smith (ed.), *Competitive Distribution in a Free High-Level Economy and its Implications for the University*. Pittsburgh: University of Pittsburgh Press.

Cross, Jennifer (1970) *The Supermarket Trap: The Consumer and the Food Industry*. Bloomington: Indiana University Press.

Dipman, Carl W. (1931) *The Modern Grocery Store*. The Progressive Grocer.

New York: Butterick Publishing Co.

Dipman, Carl W. (ed.) (1935) *Modern Food Stores*. The Progressive Grocer. New York: Butterick Publishing Co.

Dipman, Carl W. and O'Brien, John E. (1940) *Self-Service and Semi-Self-Service Food Stores*. The Progressive Grocer. New York: Butterick Publishing Co.

Fox, Howard (1962) The Grocery Shop of the Future?', *The Grocer*, Centenary Number.

Frederick, Christine (1920) *Household Engineering: Scientific Management in the Home*. Chicago: American School of Home Economics.

Ketchum, Morris Jr. (1948) *Shops and Stores*. Progressive Architecture Library. New York: Reinhold Publishing Corporation.

Leinwand, Gerald (ed.) (1970) *The Consumer*. New York: Simon and Schuster, Inc.

McNair, Malcolm P. (1957) 'Significant Trends and Developments in the Postwar Period', in Albert B. Smith (ed.), *Competitive Distribution in a Free High-Level Economy and its Implications for the University*. Pittsburgh: University of Pittsburgh Press.

Packard, Vance (1960 [1957]) *The Hidden Persuaders*. Harmondsworth: Penguin.

Strasser, Susan (1982) *Never Done: A History of American Housework*. New York: Pantheon.

Zimmerman, M.M. (1937) *Super Market: Spectacular Exponent of Mass Distribution*. New York: Super Market Publishing Company.

Zola, Emile (1992 [1883]) *The Ladies' Paradise*. Berkeley and Los Angeles: University of California Press.

第五章

瑞典百貨文化之創造

聖西利亞・法蘭德雷克森

序幕—在EPA的午休時間

　　克絲汀（Kerstin）雙眼望著遠方嶄新的霓虹招牌。此時她不禁加快了自己的步伐，這樣才能在午休時間結束前，前往EPA百貨公司逛逛。她可以在那和依娃（Eva）或席姆（Siv）碰面，順便一起到咖啡座喝杯咖啡。克絲汀一進入EPA大廳，就籠罩在百貨公司的典型氣味之中，例如：香皂、鬍後水以及甜鈴蘭香水的氣味。再往內走，則會聞到沒用過的新塑膠味、剛拆箱的皮革製品味、冰冷的鋼鐵味，以及尼龍上衣的味道。然而，走過這一區後，則隱約聞得到剛調製出來的咖啡和杏仁餅的香味，感覺彷彿在等她享用似的。EPA裡的氣味聞起來清新而誘人，有點像新的塑膠髮捲。

　　克絲汀在化妝品櫃檯前停下腳步，目光掃過才被擦乾淨的玻璃檯面。她覺得目光好像被堅硬光亮的表面給彈了回來，然而櫃子裡的商品卻令她難以抗拒。不過商品並不一定都放在玻璃櫃裡。化妝品專櫃旁的珠寶首飾專櫃便是如此。你要是用手指播弄這些纏繞在一起的項鍊，它們便會發出獨特的響聲：這並不是玻璃那種清脆的聲音，而是較為低沈的窸

窣聲。你也可以拿起一條項鍊放在手上觀賞，要是一次拿好幾條擺成一排，就會發出彼此碰撞的聲音。克絲汀帶著讚嘆的眼神目不轉睛地盯著這些項鍊，隨即又把它們放回原處。她現在不打算買任何東西，因爲她實在負擔不起。

　　這家百貨公司開始變得擁擠。人潮正從四面八方湧入，身上的外套和圍巾讓她感到有點熱。於是她鬆開圍巾並想順勢放入外套口袋，但這時卻發現她又再次讓那條嶄新的項鍊在自己手掌中發出聲響。這項鍊每撞擊手掌一次，她的心跳也就隨之加速，她頓時察覺自己處於一種陌生又恐懼的情境之中。她感覺有人正盯著她看。她的背彷彿著了火，彷彿被某個人看穿似的，又彷彿櫃檯人員可以看見她的心跳，因此她不敢轉身。此時項鍊也不再發出聲音。至此，克絲汀可是摒住了呼吸完全不動的站著，接著她才試著把圍巾從外套口袋拉出來。這時的她只敢移動手臂和手掌，過了一會兒才把拿著鍊子的左手放了下來。她用自己的身體和外套做掩護，並用圍巾輕輕包著項鍊，然後才小心翼翼地把圍巾放回到右邊的口袋[1]。

一間學習消費的教室

　　這一章要談的是大眾消費的藝術。因爲需要一個這方面的舞臺[2]，因此我選了EPA這家曾於一九三〇年到一九七七年間於瑞典營業的連鎖百貨公司來作討論。EPA是一家非常現代的低價商店，它的開張讓瑞典人開了眼界，人們從此不再只有小店舖和專賣店可光顧了。此外，EPA也是第一家願意

讓兒童及年輕小夥子一窺現代商品市場的百貨公司。EPA成了好幾代瑞典年輕人共有的新興公共活動空間和聚會場所。他們在EPA可以學到新的消費方式，還可以嘗試作些被禁止的事；商店偷竊（shoplifting）便是其一。然而，最重要的是，EPA傳達了現代性，而且提供一個讓人們可以宣洩自身渴望的空間。但人們都渴望些什麼？EPA又可以喚起什麼樣的夢想？對於那些有意無意來此造訪的人們而言，EPA可以讓他們生活裡的哪個空間頓時充實起來？有一位曾在一九三〇年到一九四〇年間經常光顧EPA百貨公司的女性，回想她童年時光時表示：「前往該處是件有趣又刺激的事，你可以幻想自己將會看到哪些商品，還可以幻想自己如果能擁有它們將會怎麼做」。消費和白日夢有關（Campbell, 1987），只不過這是透過一種樂在其中的方式，把夢想落實在物品之上罷了， EPA似乎正能滿足這種需求。

　　相較於以往的交易方式，EPA儼然是「文明消費」方式的里程碑（Williams, 1982: 67）。在這座新穎的百貨公司裡，消費者不太可能和商家討價還價；每件商品都標有定價，也從來沒有人想過要為此而爭論。雖然百貨公司有其文明化的功能，卻也引進一種放縱慾望（licentiousness）的新方式。十九世紀的百貨公司經營者就已知道如何把消費和有魅力的室內設計、感官刺激及新奇的科技結合起來，並承諾不作強迫推銷。這樣應該能使購物成為一種享樂。消費者不但不需要討價還價或涉入購物活動的商業面，也不需要承擔購買任何東西的義務。一種置身滿是新商品的商場中閒逛的全新模式於焉確立。百貨公司也可以提供一個相較於繁忙而擁擠的城市來說，讓人稍微感到放鬆的氣氛，讓人們得以暫時逃

離城市的喧囂，進來避一會兒（請參見福克，本書第八章）
。

　　今日的百貨公司仍可視爲一座城市中的商業綠洲，或一
個人們可以利用午休時間前來稍事放鬆、隨意看看唱片或褲
襪，或四處逛逛且有可能碰到熟人的地方。有人認爲比起在
街上漫無目的閒逛，還不如到百貨公司來得輕鬆愉快，因爲
在街上總會被迫與路人的眼神交會；而百貨公司總會讓你有
東西可看；在伸手可及之處總有東西讓你拿取，然後考慮要
買走它還是把它放回原處。在百貨公司裡不會有人問你的職
業，沒有人會挑起擾人的對話；大門會自動開闔，而無須有
人招呼。十九世紀到二十世紀初，處於徬徨與變遷中的人們
對其生活有了新的觀點，百貨公司據此成爲一個消費園地，
並充當娛樂場所、消遣場所，或是郊遊的場所。這種關連可
以呈現出消費與誘惑結合起來的迷人樣貌。然而，重要的是
我們要記得，EPA是個全然不同的百貨公司，有別於十九世
紀其他的消費殿堂：EPA是具有功能性且又現代化的百貨公
司，而且最重要的是，它是爲所有人而開的百貨公司。

　　下文的內容是基於近日來針對EPA昔日員工和消費者所
做的大量訪談爲基礎而寫的。這份研究還運用了政府的調查
報告、報紙資料和一份曾在一九三〇年到一九七七年間，每
年發行四次，名爲EPA-nytt的員工雜誌。

這家百貨公司的歷史

　　「我讀過許多篇報導談到這家市區附近的百貨公司，都說那兒的售價便宜到舉世震驚的地步。我不禁想親眼看看是否真是這樣。」

　　這段文字節錄自一九三一年十二月十七日，刊載於瑞典當地一份名為《阿爾貝特日報》（Arbetet）中的報導。這位自稱「神秘客Ｘ」的作者，接著描述他第一次拜訪這家店的遭遇。他發現那裡賣的東西樣樣便宜無庸置疑。而且據他評估約有九千多樣商品的售價比其他地方來的便宜。然而，這種說法必然有過度誇張之處，因為當時那裡的商品總量還不及他提到那數目的一半。

　　這種新的消費模式成立於一九三〇年代初的瑞典，並向高興又期待的民眾敞開大門。這家公司原名Enhetsprisaktiebolaget，簡稱EPA（標準定價公司）。隱藏在這種早期新型態大量消費模式背後的秘訣，在於標準化及大量生產，它們的目標族群是「所有會為了買到物美價廉的商品而精打細算，從而使自己有機會買到更多商品的人」[3]。這裡的商品不是專供特定族群消費的；因為這裡的商品主要是日用品，而且原始構想便是架構一套只有幾種售價等級的標準定價系統，就連最高的售價等級也只有一克朗（krona）而已。

　　第一家EPA百貨公司於一九三〇年開幕於瑞典中部的一座小鎮。到了三十年代晚期，EPA已經在十六個城鎮裡擁有

圖5.1 於一九三〇年代末期,在Kristianstad開幕日的情景。

十八個據點。到了一九四五年，更成長到二十五個據點。而一九五〇年代到一九六〇年代之間，仍持續不斷的快速發展。一直到六十年代中期，整個瑞典大約成立了一百家EPA百貨公司。然而，他們在一九四〇年代放棄了標準定價（standard-price）的構想，從此不再使用Enhetsprisakitiebolaget這個名稱，而只沿用EPA這個縮寫而已。EPA的黃金時代在一九六〇年代，之後便開始走下坡，到一九七七年便永久結束營運了。

EPA的黑暗時代

　　EPA在一九三〇年代剛在商場起步時，曾遭遇重大困難。它遭遇到來自既定商業制度的強大阻力，它們採同一戰線想要阻斷EPA的貨源。EPA在政治上也是一只「燙手的山芋」，它的「標準定價」系統曾在一九三五年成為商業局的重點調查項目。有人甚至希望透過立法來抵制EPA及其他類似的「標準定價」商店，因為這些人害怕這類低價日用品商店，會壓縮其他零售商店的生存空間。

　　然而構成這種普遍性威脅的因素還不只這一項而已。曾有人認為這種標準定價的基礎是「某種精神異常的狀態」；因為「人們是在這家公司的勸說下才前來購物的，而不是因為他在某種情境下需要某種東西的緣故，光顧的理由只不過是因為這裡便宜」[4]。還有人質疑這麼做會有品味降低甚至「沈淪」的風險，令人們感到憂心的還有「對真材實料的態度普遍流於馬虎」[5]。密切注意這些議題相當有益。像消費這樣

承擔高道德要求的事項可不多，而這樣的要求自然是因爲當
代各種具有爭議性或威脅性的事件所引發的結果。舉例來說
，EPA的競爭對手就曾經談到保存瑞典物質層面與精神層面
文化遺產的重要性。

　　EPA直接就被當成一種現代社會的現象來看待；不過百
貨公司的構想大致來說並不是瑞典自創的，把大批商品以標
準定價出售也是新概念。其實這個構想來自美國（這是不爭
的事實），但人們對這項外來影響的詮釋卻稍有不同。瑞典
商務部一九三五年的調查指出，這種配銷形式得以在美國興
起，是因爲美國消費大眾的態度使然。這份聲明以普遍被接
受的一項假設爲基礎：亦即美國消費者「在衣服、食物、甚
至生活習慣上都明顯傾向單一化及標準化」（SOU, 1935: 14
）。大家公認伍爾沃斯（F.W.Woolworth）是這種商業模式
的奠基者；他於一八七九年時就在紐約州憂地卡市（Utica）
開了第一家所有商品都賣五分美元的商店。抵制EPA系統的
異議份子表示，除非瑞典人站起來捍衛文化遺產，否則他們
擔心美國化[6]恐怕會對純正的瑞典文化產生有害的影響，甚至
使瑞典既有的高水準商品銷聲匿跡。底下描述了伍爾沃斯公
司的繼承者於一九三一年造訪斯德哥爾摩時的情況：

　　　　六月初的斯德哥爾摩，來了一位眾所矚目的訪客。
他就是諾門‧伍德沃斯（Norman. B. Woolworth）先生，
他的大駕光臨著實令首都增色不少。伍德沃斯先生是全
世界最大的「標準定價」公司之經營者，他這次便是搭
乘自己的海上遊艇前來斯德哥爾摩。

　　伍德沃斯先生在訪問中談到「標準定價」的構想。這位名人真可說是直言不諱的人—這麼形容他一點也不為過。

　　「標準定價這個構想」，他開始說道，「是個比多數現代系統更棒的發明」。

　　伍德沃斯先生看出提問者對他突如其來且又武斷的陳述感到驚訝，於是這位美國紳士接著說道：

　　「是的，我注意到你對我這麼形容自己感到訝異，不過事實已擺在眼前。現代商人必須處理的問題是『精神異常』，而非商品價格的高低。而這正是我追求的目標」[7]。

　　多種不同的商品（彼此之間沒有關連）以統一的標準價格販賣，違背了根深蒂固的「一分錢一分貨」的觀念。量販和品質成為截然對立的兩個概念。從一開始，EPA就籠罩在偷工減料的疑雲之中。EPA賣出的食品罐頭曾遭人開封檢查，並與其他商店所賣的同樣商品進行重量比對。而瑞典鑄幣廠也曾檢查過EPA食具之含銀量，甚至有位政府調查委員會的人還曾數過EPA賣的筆記本頁數有無短少。

　　一九三二年，EPA在瑞典中部開了一家分店，開幕後不久，當地某些零售商就指稱EPA櫥窗正展出一種每條標價二十五歐耳（öre）的香皂，但這些香皂卻在不久後融化於展示臺上（SOU, 1935: 96）。EPA方面則解釋：「這只是意外，只是因為香皂不當擺設而曝曬在陽光下所導致的結果」。儘管如此，這次意外招致國家測試與研究機構的調查，它們將EPA所賣的各種香皂，和其他地方所賣的香皂作了對比分析

。然而這次調查結果指出，EPA賣的香皂在品質上並不比其他地方賣的香皂差；唯一的差別在於「香料的用量與性質」，而這種差異似乎只與個人喜好有關而與品質優劣無關。調查也觀察到EPA賣的那種每條二十五歐耳的香皂的確比其他店便宜得多。此外，該調查還指出「香皂含水量越高，則消耗速度就會越快」。

圖5.2 商品新世界。

EPA所賣的其他許多商品，也曾遭到許多人檢測：比方這裡賣的蠟燭是否燒得比其他地方賣的蠟燭快？衛生紙品質是否較差？機器製的木屐鞋底是否較差？拖鞋的皮革是否取自動物腹部的薄皮，而不是動物背部較堅韌的皮革？商業局檢查過所有商品，從運動鞋到鯡魚罐頭都沒放過，但卻沒有發現標準定價商店所賣的東西品質比其他商店來的差。

EPA—介於傳統及現代之間

人們自然會對EPA如何能賣得這麼便宜感到納悶。在一九三二年一月發行的員工雜誌創刊號中，該公司嘗試用EPA背後的現代觀念來回答這個問題。

> 你們不妨問問是什麼讓美國「標準定價」商店，在起步五十年後終於成為具備「連鎖店」規模的龐大公司，其中還有幾家擁有數以千計的分店，和數億美金的年度營業額。為什麼這種店在美國如此成功，並從那裡傳到英國、法國、德國、荷蘭、瑞士及其他國家？這個問題的答案很簡單：因為他們用的是現代的商業經營方式，而其他零售商仍沿用過時的老方法。[8]

EPA成功的秘訣根植於無可避免的現代化進程之上。如果想要成為新時代精神的一員，那EPA正是這方面不可多得的舞臺。新與舊之爭，傳統與現代之爭，在在都是EPA及其相關論爭中，顯而易見的部分。然而其本身的現代性，卻在

許多方面不如外人所認爲的那麼進步和創新。因爲EPA從來
沒真的被勞工階層與中下階層之外的人所接受。EPA從而位
居於傳統和現代間的中間地位，讓勞工階層有機會晉級。然
而，以這種方式達至成功只能算是二流的成功。所以當一名
工人藉由函授課程或是夜校課程而成爲工程師，會被稱爲「
EPA工程師」；而一九五〇到一九六〇年間大量興建的住宅
區則被稱爲「EPA社區」；甚至有人把穿著廉價尼龍長襪和
塗了藍色眼影的年輕女孩俗稱爲「EPA美女」（要是她同時
也很聒噪的話，還會被形容成「嘴巴就像聖誕旺季時停不下
來的EPA大門」）。要用這種方式獲得現代性是很難的，而
EPA則成了瑞典這個福利國家裡區別現代與否的絕佳手段。
雖然EPA在二十年前就已經歇業，但至今它在瑞典語中仍是
粗製濫造的代名詞。

　　如果不理會阻礙標準定價系統的企圖，EPA仍算得上重
大的成功。從一九三〇到一九七七年，大約五十年之間，EPA
是每位瑞典人意識裡共同擁有的模糊概念。每一個瑞典城鎮
都有EPA百貨公司，因此鄉下兒童遠足時，或成人進城遊覽
時，造訪EPA自然成了計畫中理所當然的一部份。EPA的功
用包括充當碰面地點，作爲創新者、教室，而對每天來此消
費的人來說，EPA成爲夢想現代化生活時無可避免地的根源
。EPA也讓瑞典人有機會獲得從前只有少數人能擁有的商品
。然而，有時候記得把EPA的塑膠袋藏在自己的購物袋中，
以免被人看穿自己是EPA消費者仍是相當重要的事。

　　事實上，EPA所帶來的衝擊正好爲這處於重大變遷時期
的瑞典消費社會，提供一種有益的反思。在我研究EPA時還
發現另一個有趣的現象：EPA的消失卻喚起大家對昔日福利

國家的緬懷之情。每個人都可找到屬於個人的EPA回憶。時間已經使EPA成為一個共同擁有、無害且被認為值得珍藏的文化財產。

「你曾在EPA偷過東西嗎？或該問你曾在EPA偷過什麼？」

新的日用品市場

在一九三〇年代經濟大蕭條的那段時期裡，EPA常被稱為「失業者溫暖的避風港」。EPA裡面有紅銀兩色裝飾的吧台，供應廉價咖啡，而百貨公司則是溫馨且向每個人開放的地方。雖然EPA並非瑞典境內開設的第一家百貨公司[9]，但卻是第一家每個人都可以進入的商店：在這購物不僅誰都負擔得起，也能獲得社會認同。到這家有著開架陳列場面的商店裡閒逛，是許多人不曾有過的經驗。這裡不會有人如影隨形的跟著你，並多事的問你：「我能幫得上忙嗎」？或是「你想找的是哪種產品」？新的自助系統免除了這種控制形式，而予人一種寬闊感和自由感。因此想要消失在人群中相當容易，想要悄悄把東西塞進袋子或口袋中，也是輕而易舉。

有許多資料指出商店偷竊是EPA打從開幕以來就揮之不去的大問題，有人說這是個持續惡化的問題，也有人說這問題在一九七〇年代最為嚴重。不過，因為一九六〇年代中期

以前的統計資料難以取得，所以無從得知失竊程度有多嚴重。更糟的是，就連已知的統計資料也都流於片面，因為這些資料也只顯示出呈報上級的案例；而這又是因為EPA員工通常不會把小孩和老人呈報上級。然而，值得注意的是，這段時期的失竊總損失通常穩定維持在百分之一至百分之三之間（Ekberg, 1990）。這三個百分比的損失大致可平分為三個部份：一個百分比是消費者竊取，另一個百分比是員工竊取，最後一個百分比則是運送過程中遭竊。然而，研究EPA的失竊程度並不是我的目標。我感興趣的是偷竊（theft）與商店偷竊（shoplifting）在這普出現的百貨公司文化裡扮演何種角色，還有EPA如何處理、紀錄及描寫公司歷史的黑暗面。乃至於商店偷竊何時成為眾所矚目的現象？商店竊賊又都會是哪些人？

　　對這家新開的百貨公司而言，時間至關重要。你要在賣場裡待多久都不受限制。這裡室內夠寬敞又富有多樣性，足以容納所有來賓不成問題。而賣場裡的玻璃、不鏽鋼與鏡子吸引了、反射了並疊加了商品的種類。鏡子可以製造假像：人們有時候還會隨著鏡中影像起舞。EPA就如佐拉（Zola）在《女性的天堂》（*The Ladie's Paradise*）（1992）一書中所描述的那般影響了感官，但這裡提到EPA所出現的東西，或許比較接近早期的EPA。所有平時所需的日用品轉眼間都擺在同一個屋簷下：錢包、梳子、牙刷、貼身衣物、襪子、鞋油、手套、領帶、口袋型小鏡子、文具、各種工具、洋蔥苗、水果罐頭、糖果、玩具、唱片、化妝品及許多其他林林總總的東西。EPA在一九六〇年代前並沒有設置食品百貨部；這裡專賣罐頭食品和糖果。服飾類的銷售業績也要到最後

幾十年才漸入佳境。其實EPA主要賣的是經濟實惠的生活必需品。比方燈具、陶器、食具、家庭用品還有裝飾品。這些商品最後會被人們從公開展示的店裡帶回自己家中；基於這點，商品一開始就會作恰當相應的展示。廉價商品的數量構成一種特有的誘因。這些不可勝數的大量物品，得靠群組分類及千變萬化的商場結構來加以管理。玻璃櫃和玻璃箱則可避免商品被好奇的手碰觸。這層玻璃也標誌著觀賞與觸摸的差異。

控制感官

　　櫥窗展示是絕佳的文明手段。視覺的優先性已經被討論過了（Synnott, 1993），而對於彼此疏遠的都會人士而言，將視覺與其他感官區分開來或許真的頗為重要。至於那些不讓個人興趣僅止於視覺欣賞，而想進一步取得（took）商品的人則被歸為「偷竊癖」（kleptomania）；這是一種折磨著那些無法完全控制自身感官之人所患的都會病。該病症首次被發現的時間紀錄有多種版本，但該症狀則是在一九四〇年由一位名為馬克（C.C.H.Marc）的法國醫生作了首次的描述：「一種確實無可抗拒的偷竊衝動」（Miller, 1981: 198）。「偏執狂」（monomania）則是今日用來囊括各種使人們無法控制衝動的妄想性強制力量和執著力量的術語。這種無法抗拒的商店偷竊衝動可以用偏執狂來解釋，然而為了保險起見，還是分別用專屬的病徵名詞來命名。據馬克醫生表示，偏執狂應該是種心理疾病，也就是說這類患者不應該接受懲

罰。把「偷竊癖」視作一種心理疾病的人越來越多，而且這類案例出現的數量也越來越高。當第一家百貨公司成立後，這種現象突然結合了一個特定場所：成了「百貨公司竊賊」。史上最早的電影之一，亦即愛德華・波特（Edwin S. Porter）的《商店偷竊狂》（*The Kleptomaniac*，1905），片中描述大城市中的百貨公司如何形成某些人無法承受的過度視覺刺激。這裡所指的是女人，而且正是中產階級的女人，會在百貨公司裡成為最常見的竊賊。「偷竊癖」被連結於病理學上與性別有關的問題，也被連結於女性月經、懷孕以及更年期時的情緒失調。因此，「偷竊癖」成為女人的疾病，從而能夠解釋商店偷竊狂的不理性行為。

　　女性偷竊狂一直是大家深感興趣的議題，而伊蓮・亞蓓森（Elaine S.Abelson）則記錄了美國中產階級維多利亞女性竊賊的迷人歷史。她的研究指出對於主流道德價值觀而言，這些會在商店偷竊的中產階級婦女是種不合邏輯且不能接受的威脅。不過要是想用醫學術語來解釋這種行為，就要與這種「難以釐清的道德」保持距離，同時也要劃分出階級和性別上的界線。於是，「個體就成了焦點；罪行反而被忽略了。被指控的既不是越矩行為，也不是消費資本主義。而是把錯誤全都推到女人身上」（Abelson, 1989:12）。

　　然而，到了世紀末，又出現另一種把偷竊癖視為社會現象的新觀點，他們批評百貨公司本身就在誘人偷竊。商店的整個環境使消費者暴露在誘惑之中，使他們心中產生出新的渴望以及擁有商品的慾望。然而，儘管EPA往往只把女性視為偶發性商店偷竊者的象徵，但我們不能忘記女性偷竊狂仍舊是處理百貨公司竊賊時慣用的取向。商店偷竊成了EPA平

日生活的一部份，而這意味著不能將之視為一種疾病。

商店竊賊與商店扒手 *(Shoplifters and shop-rats)*

　　難道女人無法對現代性所要求的條件做出妥善回應嗎？還是這些充滿誘惑和願景的商品給她們的感官帶來過多的影響？這些聞得到新出廠味道並置於隨手可及之處的商品，對具有一定敏感度的人來說有似乎是種太過強烈的吸引力。一時之間，這種都會生活伴隨而來的衝擊把人分為二種，一種是可以掌控這些刺激的人，另一種則是屈服於感官誘惑的人。一位在鄉下長大的女人回想起她母親同朋友一道前往EPA的情景。這趟市區之旅雖然被稱為「郊遊」，但實際上真正的目的則是要替剛整修好的客廳添一盞燈：

　　　　我記得那盞燈非常好看，它有毛玻璃製的圓盤，其上刻有三隻瞪羚。當時有許多人都對它讚譽有加。但母親把燈買回家時卻滿臉不悅。因為她在找燈時，朋友卻自顧自的逛到別處找其他東西去了。而且她們準備要離開時，居然還被警衛給攔下來，並把她朋友抓了起來！甚至還要把她送到警局。母親驚訝不已。並在這裡學到「商店偷竊」*(shoplifting)*這個字。在我母親的字典裡從來沒有看過這個字或這種行徑。返家的這段旅程想必相當沈重。我不記得母親那位朋友偷了什麼東西，只知道她把某樣東西放進自己的手提袋裡。我母親那晚回家之後心情仍無法平復[10]。

在 EPA，即使是最值得信賴的人都可能會變成小偷，而這或許是連她自己也毫無所知的事實。EPA 具有危險且無法預期的特質，令那些無法抗拒世俗誘惑的人無所遁形。故事中的母親，從而得知她的朋友是多麼不值得信任，也得知有「商店偷竊」這個字和這種行為的存在。我們在 EPA 就可以感受到社會的現實面。

現在讓我們更仔細的檢視另一種女性商店竊賊，她比一般女性商店竊賊給 EPA 帶來更加嚴重的困擾。在一九四〇年代早期，EPA 員工雜誌（EPA-nytt）曾談到店員該如何逮到「扒手」（*shop-rats*）[11]。這裡提到的扒手並非一般商店竊賊，而是專偷其他消費者錢包的人。她俗稱「一千三百克朗之賊」，典故源自一九四二年某位手提袋裡掉了這筆數目金錢的女性消費者[12]。竊取其他消費者錢財的行徑，是現代百貨公司極不樂見的副作用。對 EPA 來說，撇清責任和免於店內擁擠促使扒手橫行的責難，均極為重要。因為消費者在店裡應該要感到安全才是。

憑她四處搜索的眼神就可以認出她是扒手。她的眼神有別於其他女人，她不關注拍賣的商品，而關注其他消費者：特別是她們的皮包。扒手對展示櫃興趣缺缺：「他們通常會在手提包容易開啟的女性消費者背後下手」。然後你將看到扒手如何小心翼翼地撥開手把，迅速伸手入袋，並摸索皮夾或錢包。這篇文章的作者也驚訝地發現，大部分女人都不太注意自己的手提包。因為他們被購買的慾望所蒙蔽，完全不注意自己把皮包放在哪，此刻在她眼裡就只有待售的商品而已。甚至也有些女人會把皮包放在某個櫃檯後，因為目光受到另一個櫃臺的東西吸引，就興沖沖的跑了過去，因而遺忘了自

己的皮包。因此，店員必須特別當心這類事件，並在扒手「染指」前搶救這個皮包才是。

　　這些專偷皮包的女扒手主要得利於 EPA 開放的購物園地。EPA 店裡人潮洶湧，因為身體上的接近加上心理上的匿名性，喚起來賓的某些慾望和渴求。這些女竊賊往往被視為自制力太差的業餘罪犯，要不就是因為習慣不好，要不就是因為患有竊盜癖。她們並非具有國際水準的職業扒手（「你阻擋不了他們」）；而是無法抗拒女性人潮和誘人皮包的怪人。

圖 **5.3** 正在作案的扒手。

　　扒手和一般竊賊間的差異，部份來自性別，部分則來自年齡。一般的竊賊常是小男孩或小流氓，他們在店內的行徑容易使他們露出馬腳。如果說這些小賊還有挽救的餘地，那相較之下女扒手就是無藥可救；她們光是四處閒逛，卻對商品毫無興趣，反而乘機對那些被沖昏了頭因而心不在焉無法照料自己手提包的女人下手。這些女性消費者因為受到商品的誘惑，而被其他女人掠奪了。女扒手的行為製造了不安全感；她們變成現代女性消費模式裡的變數，也因此被視為有心智缺陷的個體或有偷竊癖的人。

兒時的EPA回憶

　　我對某些採用最新奇的塑膠材質所製作的玩具記憶猶新。那有一種用帶著斑點的咖啡色塑膠所製成的玩具飛機，駕駛艙的窗戶還可以打開；它們都是美國轟炸機的模型（要順帶一提的是，這一型轟炸機不久前曾在阿姆斯特丹民用機場緊急迫降，該事件在大人和小孩間同樣造成轟動）。那裡也有當時最新款的黑色富豪汽車（*Volvo PV 444s*）比例模型，並配備鋼圈輪軸以及白色的輪胎；這些玩具汽車可以跑的非常平順，它們自然是七歲小孩眼中極度渴望獲得的禮物[13]。

　　以上陳述是一位男士回憶一九四〇年代晚期的某一天，他獨自進入EPA的經歷。他記得那時有個櫃檯擺著白色鬍鬚、紅色帽子的聖誕老人面具。由於那天稍早，他在自家抽屜

裡找到兩克朗，並將之據為己有，因此他就用這兩克朗買下了聖誕老人的面具，並在回家後向弟弟們炫耀。當他的父母弄清楚整件事的來龍去脈後，就給了他「一頓毒打」，並且禁止他再去EPA。

　　許多人到今天都還記得孩童偷拿家裡的錢去買渴望已久的商品是多麼常見的事。允許孩童在百貨公司裡自由行動在當時是一項創舉。這樣一來，他們自然而然會因為看到前所未見的新奇事物而嚮往不已。因此有許多受訪者一提到靜候人們購買的新奇商品，就不禁流露出豐富的情感，而且他們認為「這間市區的店宛如自家後院的市集」[14]。另一位女士則記得EPA散發的氣味：「我仍然能夠想起你一踏入玻璃門就會聞到的味道。那是一種參雜了塑膠和古龍水的氣味」[15]。這類的感官記憶乃是人們的EPA回憶中共有的部分。感官記憶是一種儲存形式，感官可以把物質轉換成回憶，使物質世界得以在心中延續（Seremetakis, 1993: 4）。

　　　　我記得自己在那兒買的第一樣東西是藍紫相間的塑膠化妝盒。不過隨著時光流逝，它也開始變硬變醜了。當時那盒子裡頭裝著一隻米茲牌（Mitzi）的口紅、一塊塔卡穠（Takalon）淡色乳霜、一瓶指甲油、一支名為「誘惑」的睫毛膏和一瓶鈴蘭味的香水、、、[16]。
　　　　對年輕女孩來說，化妝品部門是令人嚮往的地方。文具部門則是另一個對兩性都具有吸引力的地方。紙張（有些帶著香味）、賀卡、信封、影星相片、筆記本、鋼珠筆、橡皮擦等等諸如此類的文具，盡是一些不太適合在校使用的新潮文具。學校嚴禁使用鋼珠筆，而帶有

圖5.4 「小顧客變成大顧客、、、」

香味的紙張也是女學生不該帶到學校的物品之一。

　　EPA還有更多新奇的科技產品可以吸引年輕人。電動手扶梯就是一個著名的例子。據說EPA所裝設的第一座電動手扶梯是在一九三四年於馬爾摩（Malmo）開幕的分店裡啓用的。大多數的受訪者會把電動手扶梯和EPA百貨聯想在一起

。孩童常常只爲試乘電動手扶梯而跑去EPA，而且他們會一次又一次坐上好幾趟。另一個科技現象則是EPA裡的自動服務吧台：「你可以在菜單板上按一個按鍵，等到你排到隊伍前頭時，餐盤就已經在那等著你了」[17]。而且EPA也是第一個將霜淇淋引進瑞典的公司。實際上，每間EPA都有一個販賣霜淇淋的攤位；去EPA逛街往往就是去享用兩球霜淇淋甜桶的意思。

前往EPA逛街不僅是一種體驗商品的方式，也是獲得其他各種經驗的機會。這是一種革命性的消費方式，而且對小孩及年輕人特別有吸引力。因爲這兩種消費族群，以往只能在小型商店裡購物，而且還得接受成人的監督，因此EPA等於替他們開啓一扇通往全新購買經驗的門。

「到EPA偷東西，那可有趣了！」

在家裡一點樂趣也沒有，我媽和我爸成天只會爭執與責備。我們不能去起居室，因爲那裡有個老樂迷在聽留聲機。要是想在家裡找些樂子，你一定會被扔出去。所以，到城裡去，到EPA偷東西。那可有趣了！[18]

這是一九五八年寄給瑞典一家晚報編輯的投書，而EPA的員工雜誌則於同年刊載這篇文章，藉此提醒員工記得張大眼睛觀察。

「你們只要用看的就可以知道他們（年輕的竊賊）在想什麼。他們幾乎一刻也停不下來，而且只要到櫃檯前面就會

圖5.5　現代說法：EPA是會面的場所。

感到焦慮和緊張」[19]。持續觀察他們一段時間後，仍然讓他們執行心裡的計劃，就有機會把他們逮個正著。不過給初犯「一個適當的嚇阻」也是很重要的[20]。但是如果商店偷竊已經變成一種習慣，而且有過多次得手經驗，那麼這些年輕罪犯就沒有改過的希望了。店員有一項重要的功用：店員盡忠職守並一視同仁，將有助於這些年輕人走上正途。正如瑞典諺語所言：「開始是偷髮夾，最後就會偷銀杯了」。這句話正應了EPA對這個問題的觀點。

　　然而在許多情況下，EPA對這些年輕竊賊似乎仍算寬容。他們認為行竊相對來說就像孩童的惡作劇一樣無害。清楚表明這類行為不可姑息是相當重要的，但是公司方面卻常會睜隻眼閉隻眼。一位男士自陳他在十二歲那年，如何利用午休時刻到EPA犯下生平第一次也是最後一次的竊案[21]。他和朋友一起離開學校到城裡逛EPA。而這位小偷並非預謀犯案；「它就這麼發生了」，兩個男孩各拿了一個鑰匙圈放到褲袋裡。不過他們幾乎立刻就被逮著。一位身著白色外套的男士，粗暴地要求檢查他倆的褲袋裡有什麼東西。這兩個嚇壞了的男孩，想盡辦法讓他相信他們沒有偷拿任何東西，這位男士才滿意的離開（或許是因為鑰匙圈價格低廉，而他也只是想給他們倆一個教訓而已），所以這兩個男孩便帶著偷來的鑰匙圈離開了百貨公司；也下定決心絕不再犯了。

　　相較於其他罪行，商店偷竊更能拿來和競賽相比，它就像某種可以一再重複的比賽（Katz, 1988: 67）。百貨公司這個犯罪地點是一樣的，所以場地方面的挑戰是熟悉的，就連危險地點也是已知的了。因此，參賽者可自行決定是否或何時參與更困難的競賽。這些竊賊似乎是跟自己比賽，而不是

要跟其他竊賊一較高下。一位EPA的安全部門主管帶著認命的態度談到一個他幽默的稱爲「國際商店竊賊組織」的虛構團體[22]。他表示，竊賊總是比我們快一步。每當一種商店偷竊手法被發現，那幫竊賊就會想出另一種新方法。他們會互相交流商店偷竊妙招，和百貨公司競爭，同時也讓自己身處挑戰之中。

　　要是能在EPA偷到某樣東西，就好比完成一件困難的任務，而且你會發現只要敢做，表面上看來困難的事，實際上也還算是簡單。正如傑克・卡茲（Jack Katz）所言：「這些越矩的計畫所帶來的挑戰（這種挑戰在別的地方得不到）之所以刺激，是因爲這是一種單單作用於自己身上的外在刺激經驗」（1988: 56）。因此年輕的竊賊會因爲處於害怕被逮住的心理壓力下，以一種全新且不熟悉的方式感受自身的存在。行竊成功會使他們自以爲受到幸運之神的眷顧，並自以爲不再是泛泛之輩。這些人靠著隱藏心理的秘密和隱瞞真實的自我來獲得自尊。對大多數的年輕竊賊來說，這是一生一次的經驗，是種無須一再重複的行爲。但對某些人來說，行竊或多或少是出於無奈，甚至有時候只是純粹基於需要罷了。一位女士回憶她曾在一九六〇年代中期，當她還是學生時，由於不好意思跟學校護士要生理棉球，因而行竊的經驗：

　　　　我去了EPA百貨，卻沒敢問這裡能否先拿走衛生棉球待日後再付錢，因為我家附近的小型商店可以這麼做，但在大型百貨公司裡想必行不通。所以，我找到OB（生理棉球）的貨架，並從其中一盒裡拿出一隻棉球。然後再把這盒放到架子最後面，此時我衷心期盼沒人發現。

　　我把棉球塞在口袋裡，並迅速回到學校，接著就直
奔廁所了。

　　隔天，我身上帶了錢，又和朋友利用午休時間一起
回到EPA，並買下那盒仍被放在最後一排的衛生棉球。然
後我們一起到櫃檯結帳，這樣一來，我才鬆了一口氣[23]。

　　雖然，小型商店有可能以賒帳方式購物，但是這種出於
無奈的商店偷竊行為卻不可能在小型商店裡發生。然而，到
EPA「借」一個衛生棉球而不被發現，卻極有可能。大量的
商品和匿名性的環境，使得消費者得以把EPA當成隨時可以
借出商品的物質銀行。

EPA和公共領域

　　上述「借用」衛生棉球的事件，引發EPA算不算公共空
間的疑問。百貨公司的環境常讓來賓有種置身露天市集的感
覺。這個新興都會景觀提供了一個多重性的公共空間，讓人
們在此體會刺激、歡樂、消遣、休閒、用餐、夢想和購物的
經驗。這些地方是公共性的聚會場所，可以讓各種新型態的
文化身分得以塑造。對於社會地位逐漸提升的中產階級來說
，知道誰跟他們地位不同是很重要的事，因為這樣才能瞭解
自己（Frykifian and Löfgren, 1987）。這是「龍蛇雜處」的地
方，使這裡成為每個來自不同文化、不同社會階層的人民，
彼此探索各自需求的舞臺。都會生活也有相反的要求：這是
種對於不虛偽和不做作的渴望。這個場合使人們對「異己」

的幻想有了抒發的管道（Featherstone, 1992）。

　　但是除了公園、公共海灘、未遭破壞的自然景觀、市集和城市中的廣場之外，大多數空間實際上都不是公共空間。就連餐廳、咖啡廳、劇院、電影院、動物園、游泳池和百貨公司也不是公共空間，即使來賓在這些地方都感到自在且無須多加防備也不例外。可是前來EPA百貨公司的消費者卻常認爲這裡是公共空間。這可以從EPA歷史紀錄中的一個意外事件來說明。這個事件發生在一九七一年，並由瑞典一家晚報報導[24]。該報導指出，一位男士在EPA撿到一只金手鐲。這位男士曾寫信給該編輯抱怨店家對此事件的處理態度不佳。因爲在他撿起這條手鐲時，發現標籤仍在手鐲上，而且標價甚高，故他推測該手鐲並非EPA之商品。於是他找EPA的主管洽談該事。當時那位主管建議他應該將手鐲送去警局，可是隨即又改變了心意，並主張既然這手鐲是在EPA找到的，尋獲獎金就該屬於百貨公司。這位發現手鐲的男士起初並不肯將它交還給百貨公司，但這位主管宣稱根據某項法律，公司可以要求他這麼做，於是他只好放棄了。然而，事件發生之後，他聯絡警方得知EPA已經將手鐲交到警局，並因此有領取尋獲獎金的資格。然而，這位警察也承認獎金應該頒給發現它的人才對。於是EPA在同一份晚報裡，對這封投書做出回應，並引用一九五六年的某項法條證實他們有權這麼做。

　　我在訪問上述這位主管時[25]，他表示對該件事記憶猶新，並指出在一九五六年曾有類似的案例，經由最高法院判決確立成爲判例。根據失物招領的相關法律規定，商業場所並非公共空間。這條法律的意思是指任何人都不能把在該場所

裡發現的任何物品帶走。任何在百貨公司地上發現失物的人，都有兩種選擇：一個是不理會它，另一個則是交給離你最近的一位店員來處理。

　　「人們認為百貨公司是公共空間」，這位前主管說到，「但是百貨公司只是私人財產，我們有權力把任何不歡迎的人給轟出去。百貨公司有別於街道或是廣場。它是私有財產。有些人就是弄不清楚狀況！」

EPA的店員

　　對很多瑞典女人而言，EPA店員是相當吸引人的工作。一位受訪者回想她仍是個小女孩時，曾經多麼渴望成為真正的EPA店員，因為「在那裡工作的女人總是如此美麗，又如此迷人」[26]。在一九五〇年時，她以十六歲的年齡進入這家公司的糖果及蜜餞部門。儘管她年紀很輕，卻很快就被升上該部門的領班，這是個責任重大的職位，更是女性職員位階最高的職位。她對EPA的工作和同事的回憶仍舊美好。她說道：「我們那段時間相處愉快，也很滿意自己的工作和共事的感覺，我對該部門有強烈的責任感。這部門是我的責任」。

　　對公司有感情和部門內部團結都是典型的女性情感（Benson, 1986），而且EPA的管理階層很快就體認到這些感情的重要性，於是將之納入系統。管理階層希望藉由指派一位最值得信賴的店員負責該部門單日結算工作來減少無端耗損

及失竊。從一九四〇年底開始，領班如果能在在三年內都不發生結算失誤，就可獲得獎勵，而且會在員工雜誌中刊載他的照片（Ekberg, 1990）。幾年之後，這個制度修改成只要一年沒有結算失誤即可。因此領班必須對她的結算報表負責，並且易於傾向自掏腰包補足差額。

　　利用該系統鼓勵自我控制可以有效解決監守自盜的問題。百貨公司管理階層知道不誠實的店員善鑽漏洞。有種廣為流傳而且受到熱烈討論的方法是：如果消費者買了十一克朗的東西，店員就登記成一克朗，收錢的人相當於賺了十克朗，她只要放一枚大頭針在錢櫃裡來作記號即可。如果大頭針超過十個，她就用一枚迴紋針代替。到晚上結算時，該店員就知道她賺了一百克朗（Ekberg, 1990）。然而，有了個人責任制後，這種監守自盜的方式就不可行了。

　　後來EPA引進了一些像是「隨機選擇產生器」（random selection generators）這類高科技產品來控制員工，同時免除個人責任制的構想。EPA覺得這是必要的，因為現在不僅店員人數增加而且流動率也有所增加。然而，這些控制設備的性能往往被高估。EPA對於新科技設備的信心可以從一件事清楚顯示出來：EPA剛起步的時候，曾裝設一種新的監視系統，可以偵測店員結束工作後，是否有挾帶商品出去。問題是，除非管理階層已經掌握有力證據，否則沒有權力搜索每個人。於是他們必須隨機抽樣檢查，但被抽到的人還是有權不接受檢查。

　　最新引進的產生器引發了另一事件。店員在結束當日營業後，離開前必須通過這台機器按一個按鈕，如果亮綠燈，店員可以直接離開公司，如果亮紅燈，則希望他接受檢常後

再離去。使用這個方法，沒有任何店員會覺得自己被當小偷，因為所有決策都是隨機選擇產生器執行的結果。有位年輕店員離開前在機器旁佇立良久，納悶的看著綠燈。最後，她邊搖頭邊喊著：「現在的科技實在很神奇。想想這台機器竟能分辨小偷與良民！」[27]。

商店竊賊對上商店偵查員

　　一九五〇年代晚期到一九六〇年代之間，商店偷竊的爭論引發了更多人的討論。有關商店偷竊的各種研究也開始推動，且一九六八年在瑞典司法部的指示下展開了一項調查。不過由於缺乏統計上的證據，使這項研究面臨困難。所謂「百分之三」的損失紀載，被證實是沒有事實根據的假設，而且唯一可以確定的是「商店偷竊的實際數據，遠遠高出被發現的案例數目」（SOU, 1971: 10）。百貨公司裡販售的商品數量龐大，使公司難以監督貨物進出的數量，而那些被發現的商店偷竊案，只限於當場逮著的現行犯。這項調查也指出，被抓到的商店竊賊和沒有抓到的相比，特質不見得相同。至於較深入的分析就更欠缺統計證據了：亦即送去警局的案例。雖然百貨公司較其他行業更常舉報商店偷竊，但他們其實會依循某種不成文的規則處理：如果遭竊商品低於特定價位則不報警，小孩或老人行竊也不報警。所以，法庭處理的案件數量與實際數量相比短少甚多。

　　一九六〇年代，瑞典成立了幾家保全公司。百貨公司為了更有效的遏止財物損失和商店偷竊，必須向外求援。當時瑞

典的百貨公司裡只有EPA對財物損失有自己的研究和紀載。
EPA也為此一目的，雇用保全主管，並招募保全人員。為了
避免消費者和員工的懷疑，這些人被稱做「安全顧問」。這
些顧問自認擁有很大的幹預潛力：不分「社會地位高低」（
從外觀判斷）一視同仁，他們身為警察，絕不放過任何漏網
之賊[28]。EPA的管理階層對新處境不完全滿意，而且有些主
管認為這些新來的顧問，從未使財務損失改善。「他們對於
造成零售業重大損失的問題一無所知」（Ekberg, 1990: 337
）。

　　從一九六〇年代開始，EPA也僱用女性偵查員，讓她負
責監視消費者和職員。她們往往直接來自一般家庭，戲劇性
的從家庭主婦變成間諜。她們通常不會長期任職EPA，職位
很快就被新來的女人所取代。有些男性學生也來EPA當偵查
員，以便賺外快充當學費。主管吩咐這些偵查員得在穿著與
行為上無異於一般消費者，通常連員工也認不出來。這份工
作可不簡單。瑞典報紙登出過某些無辜消費者的文章與信件
。Aftonbladet晚報質問：「店內偵查員能做到什麼程度」[29]？
並接著報導一位女性曾在EPA兩百公尺外遭到搜查。她在街
上被一群好奇的民眾圍觀，她們都想看看如假包換的女賊長
的什麼模樣，這使她感到丟臉至極。然而，這位女偵查員翻
遍她的EPA提袋，並在稍後找到證明這位消費者清白的收據
。但她還說：「妳知道的，我們必須確認店員算的總金額是
否正確」！對很多消費者來說，EPA結合警方是個令人不太
高興的意外。更糟的是，這也表示EPA連自己的員工都信不
過。

在一九六七年發行的EPA員工雜誌報導了監督店內情況的困難性。最主要的問題是要如何在有效遏止犯罪和創造愉快的購物氣氛之間取得平衡點。

EPA的管理階層希望把商店偷竊視爲犯罪行爲能夠產生赫阻效果，也希望人們瞭解這不僅影響到百貨公司更會影響整個社會。因此，EPA爲了保護自己不受財務損失，而且不讓消費者感到不悅，所以採用了這種應該只會在罪行發生時才會看得到的監視系統。而且誠實的消費者絲毫不該有被控制或被監視的感覺。然而偵查員仍舊是聲名狼藉，直到有位吧台收銀員，只因爲工作服口袋藏有五克朗現金就被控商店偷竊而遭解雇後，輿論也隨之沸沸揚揚。事件發生後，諸如「EPA秘密間諜滾出去！」[30]、「EPA間諜開除了我！」[31]等此類標題赫然出現在報紙頭條。不過話說回來，這位收銀員把錢放進口袋時，有三名「間諜」同時看到了這一幕，而這的確是嚴重違反公司規定的動作。只是那筆偷來的錢將挪作其他離職員工的遣散資金。

學習如何消費

現代百貨公司和商店偷竊是密切相關的現象。當百貨公司在世界各地落腳時，竊賊便自動尾隨而至。看似無限供應的商品不斷引誘著消費者，只不過這純然是美學上的訴求：希望招來買者。但是，商品的誘惑力也不能對消費者產生過度衝擊；渴望絕不能變成無法抗拒的慾望。這對百貨公司來說是個很難拿捏分寸的問題，因爲每樣東西都在隨手可及之

處。所以，消費者在面對店內誘惑前得先擁有道德感和自製力，而且人們通常假定消費者已具備這種美德。

EPA的消費者大部分是藍領階級的女性，多虧這裡有著舒適如家且具有公共空間的氣氛，她們才有機會學習成爲「街頭尋歡女」的技巧。到EPA逛街是暫時逃離家務幾小時的方法；這是種無害的消遣，也是種不至違背既有性別觀念的外出藉口（Bowlby, 1985）。EPA對於以往只能在大人監督下到小型零售店購物的孩童與青少年來說，更是個令人興奮的地方。他們突然間可以自由繞著滿是玩具和甜食的賣場閒逛，可以觸摸和觀賞到從前只能在郵購目錄上才看得到的商品。對許多瑞典人來說，早期的EPA開啓了一扇通往新世界的門，而這個充滿渴望及誘惑的世界，讓人有種能夠獲得店內展示商品的夢想。

許多受訪者都說EPA是他們第一次犯下商店偷竊罪行之處，因爲在這裡閒逛時，要把東西放進口袋是非常容易的事。偷嚐「竊物」這誘人的禁果，對大多數受訪者來說都難以抗拒。從未行竊的人則自認爲稀有的異數。而對於年輕消費者而言，在店內行竊就宛如深入百貨公司文化的踏腳石。不過其中有許多年輕人一生也僅僅偷過這一次而已。誠如稍早所言，管理階層相當瞭解這個問題，但仍將之視爲孩子們天真的惡作劇。他們認爲成年竊賊才是真正嚴重的問題，特別是專偷其他消費者錢財的女性「扒手」。要把這當作百貨公司文化裡的一部份是令人難以接受的；這反而應該被視爲一種無可救藥的病徵才對。不過話說回來，其實最嚴重的商店偷竊問題來自公司內部；由於店員竄改財務報表的事件頻傳，使公司得開辦首席店員帳務無誤的競爭獎項。而這些受獎

店員便成爲模範，鼓舞其他人也盡忠職守。

　　各種控管方法在不同方面均可達至一定成效，而一九六〇年代和一九七〇年代雇用偵查員來監視消費者和店員的間諜系統，則是控管方面的顛峰之作。而監視本來應該要無從察覺才對，因爲這樣才不會讓人感覺自己被當成了小偷。不過，從某方面來說這也是該系統的目標，因爲寫著「本百貨公司已受監視保護」的標示牌，早就擺在店內最顯眼的地方了。這些偵查員四處走動，藏身於人群之中靜觀其變，而你因爲瞭解這種情形，再加上隨時可能受到監視的警覺心，就能讓這種控管方式自動奏效（請比較Foucault, 1979）。

　　EPA是最早僱用保全人員的百貨公司之一，也是最早與竊賊周旋的百貨公司。這點和EPA的顧客族群息息相關，也和EPA被公認爲「次級」（second-class）百貨公司脫不了關係。有別於其他更精緻的商店，EPA無須替消費者擔負任何義務，所以有可能姑息扒手。然而EPA對於負擔不起其他商店的消費族群來說，有其存在的必要。EPA的店員不需要對消費者卑躬屈膝，通常也和消費者沒有私人關係。但另一方面來說，EPA會努力創造職員間團結負責的親密氣氛。從四十年來的員工刊物中，可以清楚看到EPA這個共同抵抗外來攻擊和威脅的團結家族所經歷過的事件。頭一回的指控是衝著標準定價系統而來的，接下來則是懷疑EPA商品偷工減料的各種抱怨，最後則是指控EPA對員工和消費者進行監控。許多受訪員工指出，商店偷竊是戰後一直讓他們感到在EPA工作不太舒坦的原因，但是他們把這描述成「公司外來的攻擊」，而不是指她們自身遭到監控的感覺。值得注意的是，EPA藉此將財務損失減低到約莫1%左右，而且很多員工都對

此感到十分驕傲，因為其他幾家連鎖店，只要能將財務損失
降到2.5%就非常高興了（Ekberg, 1990）。

　　商店竊賊是種文化上很難界定的類別。今日的商店竊賊
是難以察覺的（除非看看公司的財務損失表），沒有人看得
出身邊的他或她的真實身份，從而使這種現象更形危險。商
店竊賊跨越階級、年齡和性別的界線，變成一種文化類別，
他們可能是兒童竊賊，可能是有偷竊癖的女人甚或是都會傳
說中領福利金過活的老人（他在帽子裡藏了一隻冷凍雞，結
果昏倒在收銀台前）。商店竊賊在人們心目中沒有確切的面
容，只有長長的手指，而偷竊的誘惑則彷彿是不經意從內心
深處躍身而出之物。

　　對百貨公司的文化而言，商店偷竊是極為重要的習俗與
文化類別。它彷彿是我們訓練自己成為優秀的消費者時所必
經的一步，因為我們需要一個錯誤消費的對照形象。錯誤的
消費方式使其對立面（正確的消費方式）得以合理化。為了
成為一個有道德的消費者和一個文明的消費者，你必須認識
反面的對照物，而商店偷竊則在概念世界中，扮演著重要的
角色。

參考文獻

Albeson, Elaine S. (1989) *When Ladies Go A-Thieving: Middle-Class Shoplifters in the Victorian Department Store.* Oxford: Oxford University Press.

Benson, Susan Porter (1986) *Counter Cultures: Saleswomen, Managers and Customers in American Department Stores, 1890-1940.* Urbana and Chicago:

University of Illinois Press.

Bowlby, Rachel (1985) *Just Looking: Consumer Culture in Dreiser, Gissing and Zola*. New York: Methuen. Campbell, Colin (1987) *The Romantic Ethic and the Spirit of Modern Consumerism*. Oxford: Basil Blackwell.

Certeau, Michel de (1984) *The Practice of Everyday Life*. Berkeley and Los Angeles: University of California Press.

Clifford, James and Marcus, George E. (1986) *Writing Culture: The Poetics and Politics of Ethnography*. Berkeley and Los Angeles: University of California Press.

Ekberg, Erik (1990) 'Epoker inom EPA-varuhusen samt Fusionen med NK-Ahlens' ['The Epochs of EPA and the Merger with NK-Ahlens']. Unpublished manuscript, Lund.

Featherstone, Mike (1992) 'Postmodernism and Aestheticization of Everyday Life', in Jonathan Friedman and Scott Lash (eds), *Modernity and Identity*. Oxford: Basil Blackwell. pp. 265-90.

Foucault, Michel (1979) *Discipline and Punish: The Birth of the Prison*. New York: Vintage Books.

Fredriksson, Cecilia (1990) 'Ett rum i tiden' ['A Room in Time']. Unpublished manuscript, Lund.

Fredriksson, Cecilia (1991a) 'I varusamhallets utkant - en studie av loppmarknaden' ['On the Periphery of a Consumer Society: A Study of a Flea Market']. *Nord-Nytt, nordisk tidskrift forfolkelivsforskning*, 44: 16-24.

Fredriksson, Cecilia (1991b) 'Excuse Me, Where's the Forest?' Paper presented at the 'Land-Life-Lumber-Leisure' workshop, Ottawa, Canada, May 1991.

Fredriksson, Cecilia (1996) 'Loppmarknader och ruiner. Om loppmarknadens estetik' ['Flea Markets and Ruins: The Aesthetics of Flea Markets'], in Ingrid

236 血拼經驗

Nordstrom and Renee Valerie (eds), *Tycke och smak: Sju etnologer om estetik.* Lund: Carlssons. pp. 17-46.

Fredriksson, Cecilia (1997) 'Ursakta, var ar skogen?' ['Excuse Me, Where's the Forest?'], in Katarina Salzman and Birgitta Svensson (eds), *Moderna landskap: **Identification** och tradition i kulturmiljon [Modern Landscapes: Identification and Tradition in Cultural Environments].* Stockholm: Natur och Kultur.

Frykman, Jonas and Lofgren, Orvar (1987) *Culture Builders: A Historical Anthropology of Middle-Class Life.* Brunswick, NJ: Rutgers University Press.

Katz, Jack (1988) *Seductions of Crime: Moral and Sensual Attractions in Doing Evil.* New York: Basic Books.

Miller, Michael B. (1981) *The Bon Marche: Bourgeois Culture and the Department Store, 1869-1920.* Princeton: Princeton University Press.

O'Dell, Tom (1993) 'Chevrolet. . That's a real Raggarbil! The American Car and the Productions of Swedish Identities', *Journal of Folklore Research,* 30(1): 61-73.

Seremetakis, Nadia C. (1993) 'The Memory of the Senses: Historical Perception, Commensal Exchange and Modernity', *Visual Anthropology Review,* 9(2): 2-18.

SOU - Statens offentliga utredningar [Official Reports of the State] (1935: no. 63), *De svenska enhetsprisforetagen. Utredning av inom handelsdepartementet tillkallade sakkunniga* [Swedish Unit Price Companies. Report of the Expert Committee organized by the Department of Commerce]. Stockholm.

SOU - Statens offentliga utredningar [Official Reports of the State] (1971: no. 10), *Snatteri Betankande utgivet av 1968 drs brottsmalsutredning* [Shoplifting. The Official Report of Criminal Cases, 1968]. Stockholm.

Synnott, Anthony (1993) *The Body Social: Symbolism, Self and Society.* London:

Routledge.

Williams, Rosalind (1982) *Dreamworlds: Mass Consumption in Late Nineteenth-Century France*. Berkeley and Los Angeles: University of California Press.

Zola, Emile (1992) *The Ladies' Paradise*. Berkeley and Los Angeles: University of California Press.

註釋

本章是由亞倫・克羅奇埃（Alan Crozier）翻成英文的。

[1] 這個故事是我利用收集來的EPA資料自行虛構出來的。這裡企圖把面談、田野觀察和文獻研究轉變成學術性報導。我這麼做是因爲我們在一九八六年，參與人類學領域一九八〇年代有關「事物的再現」的論爭時曾作了一些研究（Clifford and Marcus, 1986），而我從中得到了啓發的緣故。

[2] 對一個空間 *(place)* 而言，具備讓人描述的意涵甚爲重要（Certeau, 1984:117）。每個空間都有自身的敘事，但是除非這個空間能變成所有該處發生事件的敘事主題，否則該空間充其量不過是個有限的區域，一個被其他空間劃分出來的剩餘空間而已。當有些事在某個空間裡發生，該空間就會富有內容與運動，變成一個讓單一事件或許多事件上演的「舞臺」（*arena*）。舞臺是行動得以實踐的空間。我也曾研究過其他消費舞臺，比方廉價市場（Fredriksson, 1991a, 1996），客廳（Fredriksson, 1990），以及森林樂園的消費（Fredriksson, 1991b, 1997）。

[3] *EPA-nytt*, winter 1932:1.

[4] 'Epa-sytemet och dess följder' ['Epa-system and its consequences'], in *EPA-nytt*, winter 1932: 1.

5 同上。

6 偉大的瑞典人擔心被「美國化」已經不是一天兩天的事，這是討論瑞典文化時典型的議題（請參見像是O'Dell, 1993）。

7 'Epa-sytemet och dess följder' in *EPA-nytt*, winter 1932: 1.

8 *EPA-nytt*, winter 1932: 1.

9 NK（Nordiska Kompaniet）和PUB都是十九世紀成立的豪華百貨公司，依循歐洲大陸的模式，比方像是巴黎的波馬舍（*Le Bon Marche*）百貨公司(Miller, 1981)。

10 LUF 195（LB）問卷的回答。

11 *EPA-nytt*, summer 1942: 5.

12 「1300克朗之賊」已經在高德伯格（Gothenburg）的葛雷商店（Grand store，EPA的姊妹店）中遭到逮捕。

13 LUF 195（BA）問卷的回答。

14 LUF 195（IJ）問卷的回答。

15 LUF 195（ES）問卷的回答。

16 同上。

17 同上。

18 Expressen, March 1958.

19 *EPA-nytt*, summer 1942: 5.

20 同上。

21 JN的訪談，一九九五年十月。

22 TE的訪談，一九九四年秋。

23 LUF 195（MC）問卷的回答。

24 *Kvällspostem*, 5 June 1971..

25 EE的訪談，一九九四年十月。

26 MS的訪談，一九九四年十月。

27 TE的訪談，一九九五年四月二十日。

28 TE的訪談，一九九五年四月二十日。

29 Aftonbladet, 4 October, 1965.

30 Arbetet, 26 October 1976.

31 Aftonbladet, 29 September 1974.

第六章

東郊購物商場中的購物情形

圖洛―基莫・拉特尼和帕希・馬恩伯

　　倫敦在十七世紀的時候盛行一種遊戲，參與遊戲的人得用槌子敲擊木球，並想辦法讓球通過球道盡頭處的鐵環。該遊戲和球道都稱為「pall-mall（鐵圈球／鐵圈球道）」，或簡稱為「MALL」。因此，購物商場這個當代消費文化主要的舞台，在字源學上是來自一種遊戲，正如下文所述，這個根源的固有精神在今日購物商場裡已經得到了復興。

　　東郊購物商場（East Centre Mall/ Kauppkeskus Itäkeskus）正式開幕於一九九二年，正值芬蘭二次大戰以來，經濟衰退最嚴重的一個時期。不只如此，它設立的地點還位於收入水平不高的赫爾辛基東郊地區，據統計該地區的平均收入比赫爾辛基市的整體平均收入還要低，而且該地在一九九三年的失業率已達到百分之二十，這個比例到一九九四年仍在持續成長。而佔地比該商場樓底板面積還大三倍的外部延伸空間，則是由一間一年前被不當投資和自由貸款政策拖垮的銀行所資助的。不過除此之外，該商場仍堪稱是個成功的案例。這怎麼可能呢？這間商場何以如此吸引人呢？

　　我們在本章將會考察消費者使用該商場時的實際行動和動機，藉以分析東郊購物商場這樣的消費空間如何獲得成功。本研究會以團體訪談（group interviews）和參與式觀察（participant observation）所收集來的經驗資料做爲基礎。整體來說，我們在一九九二到一九九五年之間共訪問過十三組受訪團體，每組人數介於三到七人之間。會選擇這些團體是因爲他們足以代表各行各業。其中包含有男性、女性、青少年、少婦、青年人、上層人士和中下階層人士以及失業民衆。從地理上來看，所有資料都與赫爾辛基市以及其周邊區域有關。其中有六個團體的訪問焦點集中在一般性的購物，另外兩組則主要與赫爾辛基市的都會生活有關，而最近訪問的五組人都專注在東郊購物商場。其中最早的兩個訪問案例在研究計畫的早期就曾經做過發表和分析（Lehtonen, 1993, 1994; Mäenpää, 1993）。

　　接下來我們將討論購物者以何種方式利用東郊購物商場來滿足他們的基本需求並且樂在其中。我們爲了確認各種使用方式，所以將呈現出各種拜訪模式和討論模式。我們的目標是要認識人們使用該商場時伴隨而生的廣泛經驗，其中包含最儉樸實用的使用方式和最輕鬆玩樂的使用方式，我們同時也會分析這些經驗間的相互關連。該商場的生活既有黯淡的一面也有多采多姿的一面，我們需要適當地概念化才能瞭解其活力何在。所以我們會先分析商場空間的設置，並討論其使用動機，最後才藉此發展概念。

　　我們起先會詳細說明東郊購物商場的本質，並且詳細說明它影響赫爾辛基及其周遭區域一般「購物面貌」（shoppingscape）的方式。我們這個想法其實是爲了要具體定

位購物活動，並檢視該商場會爲芬蘭帶來什麼新特色。接下來則要討論我們的訪談資料，這裡將會探討人們前往東郊購物商場購物的原因，雖然購買民生必需品是最常見的原因，但也有人視之爲享樂活動。這些訪問資料爲我們奠定了基礎，讓我們在本章最後一部份，得以對購物的享樂特質作更深入的理論性反思。

變遷中的消費意義

新消費綠洲

　　芬蘭在一九八〇年代曾興起一種新型態的家庭旅遊方式。隨著經濟成長及消費能力提升，各種專供觀光客造訪的樂園紛紛成立。尤其是兒童主題公園，搖身一變成了全家短期郊遊的熱門去處，而年長者和具有健康意識的成人，則流行spa。在主要道路旁出現了一家大型汽車加油站名爲「通道」（gates），因爲他們會試著攔下路人，就像是各鄉鎮間的象徵性關卡一般。這類園地設定在人口稠密的市中心之外，就像小型觀光景點般吸引遊客，人們可以在這待上一兩個小時或一兩天。它們與大城市分離，從某方面來說，其本身就是一座小型的城市，有人民穿梭其中、四處閒逛、吃、喝及購物。他們就像綠洲：是個專供消遣和感官娛樂的小型分離世界。

　　然而，到了一九八〇年代晚期，芬蘭零售商紛紛開始集中業務形成大型超級市場。這樣一來，不只店主的成本得以降低，似乎就連消費者也寧可遠赴此處作大量而低價的採買，而不願在住家附近購物。東郊購物商場於一九九二年落成時，似乎正命中了「觀光客的綠洲」和「大型超市」這兩種消費趨勢。該商場是商店、百貨公司、雜貨店、服務業和休閒業的複合體，不僅能滿足所有需求，而且頗具新鮮感。

　　這些新興觀光地中比較特殊的例子是巡迴於波羅的海的渡輪。渡輪巡航觀光在一九八〇年代變得極其熱門，並為此打造出有史以來最大最好的渡輪。渡輪一直都是從赫爾辛基前往斯德哥爾摩、塔林、或聖彼德堡等地，不過一九八六年時，它卻開始執行一項特殊的航程，渡輪開始二十四小時全天巡航，卻不前往任何特定目標，而是直接回到赫爾辛基。人們在這類巡航的過程裡，主要就只是想和同行的人共度一段美好的時光而已；他們可以在此享用美食、跳舞並購買免稅商品。渡輪就像移動的城市，完全脫離平日家庭、工作和責任；因此任何人都可以「免責」（duty free）購買任何東西。他們就像一座漂浮在海上的商場，也像一座強調娛樂場面及具有安全探險感覺的商場。渡輪實現了理想中的城市，既有「熱鬧的市中心」，卻又免於交通噪音；所剩下的就只有滿是商店、咖啡廳和餐廳的徒步專用道，而且四周的客艙還可充當私人用的「後台」（backstage）。在很多人的心裡，東郊購物商場就像是陸上的渡輪，因為它們都強調可以在光鮮亮麗的環境中獲得「美好的感覺」和安全的娛樂。

陸上的商品之船

　　東郊購物商場是赫爾辛基最重要的新興購物場所。它座落於市中心外約十公里遠之處，只要搭乘地鐵、巴士或汽車就可以輕易抵達。這是全芬蘭唯一能提供消費者便捷交通條件的商場，它不只是全方位的購物場所，也提供許多公共性和私人性的服務，例如圖書館、社會保險機構分支單位、戲院、游泳池和遊樂場。它的廣告把自己說成全斯堪地那維亞半島上最大的購物商場，擁有八萬平方公尺的面積，一百七十間商店或服務據點，還有二千五百個停車位。每週造訪人數達四萬人次。這是一項可觀的成就，因為在赫爾辛基地區只有一百萬人口，而且全芬蘭的人口也才五百萬人。

　　該商場被劃分成兩個主要區域。比較大的和比較新的部分稱為「布爾瓦蒂大街」（Bulevardi），是由街道般的長廊商場所組成，寬十六公尺高二十二公尺，共有三層樓高；比較舊的部分稱為「帕聖希迴廊」（Pasaasi），這是比較狹小的區域，而該商場的總長度則超過了四百公尺。兩個空間共同形成了街道般的拱廊商場（arcade），並相互交叉出許多小的路徑，藉此引導人們離開商場或進入某一側的商場。這裡使用最簡單的街道形式，是為了兩種主要的效果：一個是你可以很快瞭解這裡的空間，另一個則是這樣的街道會引導你繼續前進。該商場就像是一條沒有目的地的大型通道。就像二十四小時的渡輪，人們在商場中除了此處外沒有其他的目的地。

　　雖然東郊購物商場很像渡輪，但更像赫爾辛基市中心。它像渡輪一樣實現了熱鬧的市中心形象，而且它的方式更為實際。因此它反而更像理想化的城市模式，該商場簡直就是赫爾辛基市中心的翻版。把兩者的地圖擺在一起對照，這點就很清楚了（圖6.1）。東郊購物商場的樓底板規劃，顯然與市中心主要的兩座百貨公司間的街道規劃雷同。甚至兩個空間的相對比例也相仿。

　　這裡的主要街道型拱廊商場，類似於赫爾辛基的主要街道「曼樂海密特街」（Mannerheimintie），這條街會接到市中心的核心地帶。較小的長廊相應於市中心主要的購物街和銀行街「雅力克聖塔利卡圖街」（Aleksanterinkatu）。兩條街相會的那一點便是「克曼斯潘諾奇歐」（Kolmensepanaukio），這是該市最熱鬧的地點；也是城市居民最主要的碰頭處，相當於赫爾辛基市的核心。相應於此，在商場裡的交會點乃是一座資訊台，旁邊還有一些賣小吃的小販、小型舶來品專賣店和大型咖啡廳。就像原本的「雅力克聖塔利卡圖街」一樣，這也是鬧區的起點，可以在此與朋友碰頭並前往其他地方，也可以當作坐下來休息的地方。所以，首次從赫爾辛基前來東郊購物商場的人多少在潛意識裡會有種熟悉感，很容易就能掌握這裡的環境。

　　商場中的三個百貨公司，和商場中其他主要商店一樣，也可以找到市中心的相應翻版。事實上，商場中只有非常少的商店是市中心所沒有的。不過這種獨特性並不是他們的目標。該商場的目標是要盡可能具備市中心裡所有的東西；這就像把商業都會中心濃縮成緊湊好管理的大型包裹，再擺到大眾及私人運輸都易於抵達的範圍裡一樣。它是室內空間，

在任何季節與氣候下都是溫暖而乾燥的（赫爾辛基氣候寒冷的事實是因爲此地接近北極圈），而比起市中心來說，其方便之處是沒有交通干擾。該商場就是要把所有分散在市中心裡的東西都擺在一個方便的空間裡任君挑選。

從這個角度來看，赫爾辛基市中心也可說已經漂浮到東方十公里之外，一個便於抵達的港口了。雖然東郊購物商場位於陸地上，而且活像是赫爾辛基市中心的翻版，但是它具有可以航向任何地方並在該處下錨的流動意象。其實把「這座城市」移到一個離某些居民原本居住地近一點或遠一點都無妨，而正如我們下文所將指出的一般，人們會到東郊購物商場購物的關鍵因素，既是其鄰近性也是其偏遠性。

重行架構這座城市

芬蘭有相當年輕的都會文化，而且城市規模相對來說又比較小；所以赫爾辛基常被稱爲「口袋尺寸的大都會」。在這種小型城市裡開了一家大型購物商場，對於整個城市公共生活有著舉足輕重的影響。值得一問的是，東郊購物商場是否有潛力延伸和轉變該地區人民使用與體驗公共空間的方式。近十年來，城鄉規劃人員和市民們日漸嚮往帶有行人徒步街區、露天咖啡座、跳蚤市場、街頭藝術和各種都會事件，而且售酒執照發放寬鬆，氣氛又熱鬧的「歐洲」城市文化。自從芬蘭加入歐盟以來，赫爾辛基在兩千年已變成「歐洲文化重鎮」此一封號的候選者，街道層次的城市文化已經受到多方矚

(a) The Centre of Helsinki

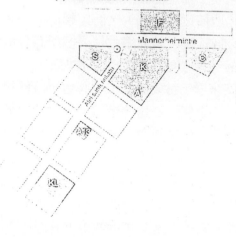

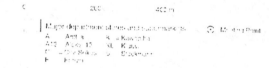

(b) The East Centre Mall

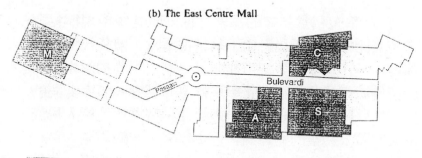

Major department stores and supermarkets　⊙ Meeting Point
A = Anttila　　　　M = Maxi
C = City-Sokos　　 S = Stockmann

圖6.1 赫爾辛基市中心與東郊購物商場：兩者平面圖之比較

目。東郊購物商場可視爲商業掛帥、購物導向的新型態芬蘭
都會空間裡的一項創舉，有許多街道文化的理想已然在芬蘭
實現。對當地居民而言，該商場呈現了最新的購物模式，對
其他芬蘭人而言，這裡有可觀的觀光吸引力。

　　東郊購物商場爲赫爾辛基帶來新的文化層次：作爲一座
建成物，它模仿了購物街、迴廊和市場，但由於周邊居住環
境及使用商場的居民，使它產生一種獨有的形象和氣氛。東
郊購物商場不僅是另一個購物場所，而是有別於其他地方的
場所。同樣的，隨著商場完工，整個城市的其他部分也與以
往不同。該商場因爲在地理上位於郊區和市中心的中途點，
因而同時在這兩個方面影響了該城市的結構。

　　一九六〇年代建於赫爾辛基東郊的舊購物中心，很快就
成爲落伍的地方，甚至可說是被邊緣化了。一位四十四歲的
老婦人甚至勾勒出一幅帶有諷刺意味的景象：

　　　　相較於你所提的商店，那裡是個你不太會想進去走
　　動的地方，因為那兒只有一些邊吃香腸邊在貨架間閒逛
　　的人……，什麼原因我也說不上來，要是我得先克服那
　　些四處遊蕩令人作嘔的傢伙，那我根本無法購買食物。
　　而我面對這種情況時，也實在想不出有什麼東西值得買
　　。

　　這位受訪者在描述過那些討厭的地方有多恐怖之後，還
間接指出理想的購物環境，應該要讓人漫無目的的四處走動
且有好東西可買。這在傳統的購物中心裡不太可能。老式購
物中心的邊緣化往往是現代都市追求新奇的慾望所造成的結

果。相關的城鄉規畫人員會檢視這項結果。但是從該商場所處的中途點往赫爾辛基市中心的方向看去，卻意外的發現這種效果比較討喜。老舊的市郊擁有一九六〇年代到一九七〇年代建造的黯淡而冷漠的建築物，因此從購物者的角度來看似乎欠佳。但是在市中心裡過時的外觀卻更加「可靠」（authentic）與美好，因為這種建築多半是二十世紀初就建好的。因此，這種過時的感覺在市中心的「傳統」市場裡是美好的感覺。有位廚師仔細深入琢磨過這個問題，他表示：

> 我不認為你可以把東郊購物商場拿來和市場區的環境或市集的環境相比，或是和廣場（市中心裡的主要購物空間）內的咖啡座及其座落方式相比。我認為那裡的建築物有種原本就屬於自己的氣氛，十分不同且十分漂亮，同時更有別於他處的感覺。即使你閉上雙眼，也可以感受到在這裡（商場）的氣氛是多麼的不同。這裡有種郊區的氣氛。

尤其是商場在目前呼應了市中心道路規劃方式的同時，市中心的特定空間似乎已經獲得了某種原創性。在赫爾辛基年輕的都會文化裡，十九世紀中葉的新古典主義的購物中心，幾乎是唯一一棟非二十世紀的建築物，在那有種對老式建築環境的渴望。人們所要找的是古色古香的氣氛，這也是「原創」和「可靠」的氣氛。而東郊購物商場卻是新的參照點，替赫爾辛基市更微妙的美學化做了鋪路的工作；所以也可以反過來說，這是因為人們眼中老式的購物中心已經過時了。無論如何，在不同的購物場所中購物也有所不同。因此

，至少從購物現象上來說，城市空間擴大商業化程度，所代表的並非是把整個城市弄成一座大型的購物場所而已，其實還具備區隔與重建的效果。

現代購物的實踐及樂趣

從功能的角度來看，購物商場似乎是現代商業發展過程中，再次向前踏出的一步，它的源頭可以追溯到十九世紀中葉巴黎的拱廊商店和百貨公司。消費者頃刻間就被大量供人購買的物品包圍住，而且還不必透過櫃臺和售貨人員，就可以觀看和接觸商品。在現代百貨公司裡，議價的互動模式已不再是核心之商業事件。羅沙林‧威廉斯（Rosalind Williams）指出：「消費者與銷售員之間熱絡的言詞交鋒已被物品被動而安靜的回應所取代了」（1982: 67）。現在，日用品及其自身的價格，就可以在即將發生的購買行動前「沈默」的片刻為自己說話。這代表購物將成為人們及其可能買下之「物品」間的互動，而不是和其他「人」之間的互動。

漸漸的，隨著這種「與物品同在」（being with things）模式的擴張，已經產生一種愈趨自給自足的特定存在形式。一如十九世紀和二十世紀早期出現的百貨公司雛形一樣，人們在商場中追求享樂的「需求」受到十分認真的對待。熱鬧的氣氛很像是博覽會或市集的氣氛。商場本身就是一種娛樂性的場面，甚至還有街頭藝人、默劇演員、雜要表演者和畫家參與其中。此外，還有充當購物「零嘴」的各種零食、精品、甜點和飲料（參見福克（Falk, 1994: 29-30））。這一切

的樂趣、建築的細節和藝術性的情景，無一不在刺激人們的慾望，讓他們以有趣的方式觀賞和遊走。在東郊購物商場裡，「與（可購買的）物品同在」就相當於成為物品的意思。

現代商場中的消費者已經不必和售貨員打交道了，所以也不必透過口語表達他們的需要，而且可以用自己的步調隨意走動，並與商場中眾人的節奏相呼應。這種雙重的自由（或許是精明的店主所鼓吹的東西），有利於消費者的自我引導以及購物活動的主體性。居於該行動核心地位的乃是其「經驗性面向」（experiential aspect），而不是「表達性面向」（expressive aspect）（這些概念，請參見福克（Falk, 1994: 62））。這就是現代消費者的「沈默回應」（mute response），或者說這正是我們在東郊購物商場的分析中想要表達的東西：亦即所謂的「被動性購物活動」（the activity of passive shopping）。

購物的定義

接下來，我們要集中精神討論購物如何能以及為何能被設想成一種可以樂在其中、只為購物而購物的活動。首先，我們為了理解該活動被賦予的各種意義，得要先仔細審視購物的概念。在這裡，可以樂在其中的購物活動被理解成人們處於具有購買可能性的空間中，所從事的消費導向活動（*consumption-oriented movement in a space where one has the possibility of making purchases*）。該定義意味著從消費角度來看，購物者與身處的環境息息相關，即使他們從未真的購

買過任何東西也無妨。換句話說，購物總是與購買有關，但卻可以透過某種方式，允許購物活動只停留在白日夢的階段，或只是某種未來的購買計畫。進一步來說，購物涉及城市中的活動，包含在商場中或是商店中的活動，這也就是指身在具有購買可能性的空間之中，而且這個可能性得要有開放性與多重性。

之所以要強調可能性，顯然是因為購物作為一種可以樂在其中的休閒活動，並不需要大量的金錢。這與另一項事實息息相關：至少就芬蘭而言，失業人士比在職人士花更多時間購物（Niemi et al., 1991: 68）。總括來說，受訪者很少批評價格過高，不過青少年是明顯的例外。即使失業人士也不太會抱怨自己購買能力不夠。相反的，一位失業人士甚至還表現出資本主義自由世界公民的紳士態度，強調每個人都有責任在購物商場中為自己創造美好的感覺，而且這位失業人士還表示這與個人經濟狀況無關。由此可見，即使一九九○年代初期面臨嚴重的經濟衰退，大部分人還是富裕到足以出門享受購物的樂趣。或者更精確的說，喜歡或不喜歡購物並不是看一個人是否富裕，而是端看一個人是否喜歡在商場中打發時間，還有端看其購物技巧而定。商場為每位來賓提供的東西，絕不只是在此時此地自顧自買東西而已。這不只是購買生活必需品的地方，也是一個值得一去的地方。

我們將兩種不同的購物概念區別開來，對於分析購物實踐行動相當有幫助。上文中所定義與描述的第一種概念，強調購物時最要緊的便是樂在其中，而購物本身就是充滿樂趣的社交活動。第二種概念則是完全把購物視為現代人為了維生和養育而購買生活必需品時，平淡且乏味的一種手段。這

表6.1：購物：享樂與必要性

購物作爲一種樂在其中的社交形式	購物作爲一種必要的維生手段
打發時間	節省時間
爲了購物而購物	一種手段
不必然會包含購買	總是會包含購買
衝動性	計畫性
夢想性及自我陶醉的享樂主義	需求的實際滿足
效率並不重要	盡可能講求效率
享樂	必需
在日常生活之外	眾多例行性事務之一
強調經驗	強調理性
遊戲性	嚴肅性

些理解購物行動的方式可用表6.1的方式加以區別。

　　不過，我們在現實生活中很少會將這兩者嚴格劃分開來。因爲它們之間存在某種互相牽動的力量。從一方面來說，我們的消費活動含有享樂主義的成分，我們會尋求新的內在經驗或生活經驗（*Erlebnis;* Schulze, 1992）。而從另一方面來說，購物活動往往也蘊含著客觀化的（Simmel, 1990）或是禁慾式的（Weber, 1978）理性想法，這也是現代性社會行動的特質之一。普魯士和道森（Prus and Dawson）曾指出兩者區別在於「視購物爲消遣」還是「視購物爲工作」，這個觀

點在此依然有效：「相互對照之下，兩者並不互斥。購物者在購物過程中，不僅很可能會從一種定義框架快速切換到另一種框架，而且他們也可能會同時運用消遣性和勞動性的字眼來定義購物」（1991：149）。而我們在下文中所強調的是享樂的一面。不過，有一點我們應該謹記於心：雖然購買生活必需品從未在購物的社交形式中缺席，但可以肯定購物並非只是必要或必然的行動。購物活動正是這兩個面向（必要性和享樂性）的綜合體。

商場的氣氛

　　雖然東郊購物商場的特質允許各種行動發生，但它畢竟是爲了作爲買賣集散地和每天交易所創造的營業額而存在的。「我們（一個家庭）總有些基本需求，而且我們會找出所需的解決方案」（一位年紀三十七歲的男性工程師）。

　　剛開始，我們的受訪者紛紛表示他們拜訪商場的理由簡單而實用。然而，詢問人們如何使用東郊購物商場，無異是在問他們如何張羅日常生活。例如青少年就會在放學後前往商場，而父母則在下班後順道拜訪，並在回家前解決晚餐。失業人士可以在人潮不多的時候前往，而帶著小孩的母親則在午餐後由她的丈夫開車送達，並在稍後接他們回家吃晚餐。人們使用商場的方式會配合他們每天乃至於每週的生活作息，以滿足他們日常生活所需。他們心懷實際的想法前往商場，並因爲要處理其他的事務而再度離開商場。

　　但是，受訪者只要一談到商場的氣氛，世俗的態度就再次出現。東郊購物商場被視爲一般人逛街吃小吃的一般去處，就像「自家的後院」。這表示你可以直接前往商場，而不用太在意自己看來如何。有些人每週造訪兩次以上，結果都成了熟客。對一位三十七歲的失業人士來說，該商場已經成爲家裡之外，另一個可以讓他在白天和其他失業的朋友碰面的地方：「我習慣和朋友一道來這裡打發時間，晚上再到別處去」。

　　拜訪東郊購物商場成了一項例行工作，而且人們似乎不經思索就這麼做了。每當人們被問到平常如何使用該商場，他們就會強調自身行動的實用性。雖說強調購物活動的實用性看似無訛，但其實只是其中一面。整個購物現象除了包含比較平淡的日常庶務，也可以從平凡無奇之處或從任何相涉的事項中引發出比較多采多姿的面貌。

　　有些就住在別的小商場或購物中心附近的人，在訪問中告訴我們，他們還是比較喜歡去東郊購物商場購物，而且他們平常也真的會這麼做。他們可以搭乘巴士、地鐵或者駕駛汽車，甚或騎腳踏車過去，而且心裡覺得比前去自家附近的小型商店還方便。就像一位四十一歲的失業女士所言：「即使我身上只剩五十馬克（大約七英鎊），但如果我得買兩包煙和一些食物，我還是會來這裡買」。拿這些人感覺到的「方便」而言，要怎麼用實用主義的角度來解釋這些行爲呢？到底是什麼因素使他們捨近求遠，甚至就連缺錢而買不了多少東西的時候也不例外呢？肯定有純屬購買之外的因素參雜其中。

　　一旦要求人們表明自己是否樂於在東郊購物商場中購物、以及為何樂在其中，他們起初往往會說在這種大型商場裡購物多麼輕鬆、方便、便宜和有效率，因為他們所需要的一切東西都已經擺在同一個屋簷下了。「這裡好像應有盡有，真的。你只要前來這裡，再選擇要前往的區域就行了」。「商店全都聚在一起，所以你不必像在赫爾辛基市中心那樣一家接一家的找，甚至有時候還得上下樓梯」。「假如你想要快速瀏覽所有的東西，到這裡就可以做到」。「你會想做個比較，並挑選最便宜和最好的東西來買」。「該商場就像把商店都集中擺在一個方便的地方等你來看」。

　　受訪者表達過這些和便利、效率有關的理性框架後，才會進而描述真正使他們樂於購物的要素。例如上文曾提到的那位廚師便認為，她說自己會以「系統化的交易方式」購買東西並不至於抵觸她「樂於觀看新服飾的興趣，因為我也喜歡逛藝廊」。也就是說，依照計畫去尋找某樣東西也可以擁有樂趣。購物經驗既是理性的經驗也是享樂的經驗。然而，購物的實踐行動並不能使理性與享樂的矛盾「獲得解決」，而只能使這個矛盾「實際發生」：因此購物實踐行動仍然是種足以鼓舞購物活動的持續性張力來源。

　　購物者的理性並不一定只會變成狹義的功利計算。根據賈蘭·舒茲（Gerhard Schulze）表示，我們在購物經驗裡所能找到的東西會比較接近「內在經驗（*Erlebnisrationalitdt*）的理性」。人們所尋求的乃是內在的經驗和美好的感覺，而且他們會試著對達成目標的可能性抱持樂觀的態度。誠如舒茲所言，我們並不會將大量經驗照單全收，而會試著控制和調整它，人們會依據經驗的理性而行動。

　　這裡的重點是要表明，可以樂在其中的購物活動必須建立在便利與效率的基礎之上。假如購買行動欠缺便利與迅速，整個購物經驗就難以使人感到愉快與悠閒。或者換個角度來看：購物者除了隱約受到「與物品同在」的迷人時機所吸引外，還得要有機會想到「購買」這個簡單的動作才行，也得要有機會在不受干擾和不被耽誤的情況下「選取」商品才行。所以理想的購物不僅要無憂無慮且要輕鬆愉快，而商場正努力為消費者提供一個購物天堂。現在最主要的問題是在什麼樣的社會條件下，以及透過什麼方法才能使這個夢想得以實現。我認為觀光、社交形式和遊戲的概念，都可以在討論購物現象時派上用場。

日常生活世界的觀光

　　可以讓人們樂在其中的購物活動其實和「觀光」關係密切。因為它們都發生在家庭與工作的平日生活圈之外，而且都有機會在一定的控制條件下從事冒險（這是一種換喻的關係，參見福克，本書第八章）。兩者迷人之處在於有機會接觸新鮮或不可預期的事物，而且還能擁有「身處異地」的經驗。不論是對觀光還是購物而言，其核心面向都在於移動的經驗，及其與環境間的特殊關係。這便是購物者可以用特殊方式看待日常環境的基礎，他們彷彿帶著觀光客的眼光在從事購物活動。觀光和購物的關係之所以密切，也是因為購物正是界定觀光客的重要條件之一。消費者往往就身為觀光客，也像是觀光客。他們與環境間有一種美學上的關係，他們

之所以會感受到樂趣，主要是因為可以碰上新鮮事物和異國情調，而且能夠依據已知及所熟悉的事物去消化它們所得到的樂趣。

就其文化性格而言，東郊購物商場的形象似乎甚為複雜。人們在訪問中常直接把該商場形容成芬蘭的、歐洲的和美國的、郊區的、外地和都會的、熟悉的和具有異國情調的地方。這種令人費解的相似性與相異性之混合，可以僅僅被視為一種具有文化多樣性的人造物所具有的特質。但是從使用者經驗的角度來看，這種現象其實可以被更認真的看成人們在商場中購物的核心面向。而我們的訪問資料以及其他幾點共同指出，商場乃是人們探索熟悉與未知界線的空間。這種界線似乎讓東郊購物商場有其獨有的韌性，使整個企業得以運行。

首先，可以在東郊購物商場的「餐廳世界」（Restaurant World）裡看見這種介於熟悉和未知間令人興奮的張力。商場中大部分的餐廳都集中在同一區。這讓購物者可以輕易比較各種菜餚。一般來說，在商場吃的東西總和家裡吃的不太一樣。這裡的食物和餐廳都有點異國情調；它們遙指著遠方的世界和不熟悉的口味。然而，這倒也不是說真的提供什麼怪異或陌生的新奇口味，而是提供了某些大家都知道可能會令人興奮和感到危險的東西，或提供受到某種程度控制的新鮮經驗，以及透過某種控制使人可以期待以喜劇收場的口味冒險。熟悉與異國情調間的分界反映在「餐廳世界」中各家店所選用的店名上：像是「曼哈頓牛排館」、「沙威瑪」、「拿波里快餐」、「芬蘭餐廳Jagellonica」、「Fonda del sol」、「墨西哥餐廳」、「歐洲咖啡」和「歐式酒吧」、「McGrouse

」、「希臘披薩餐廳羅德島」或像是「笙之屋，中國餐廳」
。芬蘭餐館也並列在其他店的旁邊，只不過他們製造異國情
調的方式，是指涉某些歷史事件。

　　來一趟商場的經驗，意味著到「其他地方」一遊，在那
裡「現實世界」不斷受到「可能的世界」挑戰，購物者則可
以遊走於兩端之間。這種在「實然」與「或然」之間的擺動
（oscillation）似乎支配了商場中的生活。這種擺動也可以在
尋常處與慶典處的對比中找到。誠如上文所言，在我們訪問
中只要談到人們拜訪商場的議題，他們的回答通常是不斷表
示自己的行為有多實際。但是一談到他們何以喜歡在商場中
購物便顯露出另一種態度。記得在結束訪問時發生了一件事
：由於我們會要求他們從雜誌上剪下圖片和文字，構出一幅
稱做「拜訪東郊購物商場」的拼貼畫，而一位四十八歲的失
業女士，把她做的拼貼畫命名為「在商場裡打發日子」，她
自己對這作品作了以下的解釋：

> 　　你可以購物，看看衣服，當然也可以去喝點啤酒
> 。然後看看香水那類的東西。有時候我們會吃點食物
> 或糖果之類的東西……當我想和朋友或我妹妹一同出
> 門，或當我們想要款待自己時，就像這樣購物。我們
> 就要到某個地方好好吃一頓，並且喝個痛快。這時我
> 並不會真的擔心花費。

　　為了表現東郊購物商場的氣氛，大部分的受訪者都用到
異國情調的圖片和明亮的環境、豪華的產品、笑容可掬的人
，以及「幸福」、「不尋常」、「只為了好玩」、「感官」

和「慶典」等等諸如此類的東西。頃刻間，滿足實際需求的
規劃全都拋諸腦後了。如果所有這些相反的觀點，比方枯燥
乏味和感官刺激、司空見慣和快樂享受，都能夠可靠的反映
出實際的行動的話，那他們就算為人們使用商場的各種方式
作了最佳的見證。就像他們談論商場時各有各的談話風格一
樣，他們也有自己使用商場的風格。在發餉日奢侈花費和在
雜貨店內花二十分鐘就打發了的兩種極端的來賓之外，還有
其他類型的各種來賓，比方像是「全家週末購物」、「終於
有個人時間的忙碌母親」、「一位花上一整天和別人碰面的
失業男士」，或者「趁購物順便和朋友、姊妹、母親或祖母
約會的人」。而我們在上述的所有來賓類型裡，都可以看到
個人的自我超越，或看到個人把自己從平日的家庭和工作庶
務中拉開的現象。

　　我們希望主張商場世界並不具有介於嘉年華會這類慶
典和用以舉辦慶典的尋常地方間的垂直性差異，而是具有介
於鄰近與遙遠之間的水平性差異。相較之下，嘉年華會是肉
慾和世俗歡愉的高漲，玩的是「高漲」與「低落」（請比較
Bakhtin, 1968; Stallybrass and White, 1986），令人樂在其中的
購物活動所具有的實質內涵其實是浪漫的夢想及其對環境的
美學化想像。傳統嘉年華會拉近且超越彼此間的距離，甚至
超越是社會的隔閡，但在購物時，人們反而將自己從自身環
境及日常生活中抽離。其實嘉年華會是把同一個地方搞得天
翻地覆；這是在此時此地實現的夢想。相反的，商場中的夢
想則會把你帶往遠方。造訪一個熟悉的商場時，會有一種固
有的矛盾，因為我們一方面完全清楚自己身在何處，另一方
面又可以沈迷在貨物環繞的夢想世界裡。

觀光客還是遊客

　　把討論商場購物活動，說成討論郊遊（*trippism*）會比說成討論觀光（tourism）更恰當些。很明顯的，「觀光」指涉動詞「遊覽」（to tour），其字源學上的意義是到處旅行（travelling），或者泛指巡迴的旅程（journey）。同樣的道理，歐洲貴族及上流社會的子嗣們，曾在一六○○年到一八○○年間所從事的「歐洲大陸觀光」（The Grand Tour）（觀光旅行方面的研究常將此視為現代觀光的根源）就是在一個城鎮到另一個城鎮的巡迴旅行。雖然在今日「遊覽」這個動詞的意義也混含了「郊遊」（to make a trip）的意思，但後者更為精確的表達出其中伴隨而生的現象，因為觀光（tour）這個名詞意味著在各地間四處旅行或者一段漫長的旅程，包含一連拜訪好幾個地方，相反的，郊遊（trip）這個名詞則是更普通的字眼，指的是往返於特定距離外的某個地方，從商場或其他休閒去處的例子來看，它們專注的都是單次往返的構想，而這個線索也凸顯出商場原本就是交易買賣的場所。

　　誠如前文所言，從消費者的觀點來看，東郊購物商場具有截然不同的特殊性（*differentia specifica*）：它把所有東西都放在一個屋簷下。在這背後蘊含著一種實用性的想法（也被拿來當作商場的廣告）：再也不必為了前往商店而疲憊不堪，或得忙著在各地間旅行。所有商店、服飾店、公眾與私人服務還有消遣活動，都被集中於同一銷售點。如果再深入來看，便會發現這麼說並不完全正確，因為這種作法只是將人們在店與店之間的移動侷限於商場內部並縮小了尺度而已

。巡迴漫遊乃是一種整體性的經驗，不能分解成先買這再買那的程序。商場已經將外於購物行動的巡迴移動內化為購物活動內在的部分，並從而使負擔轉化為樂趣。因此，被理解為巡迴移動的「觀光」，比較像在描述購物行動本身的活動模式，反過來說，被理解為一趟旅行的「郊遊」，反而比較能夠從頭到尾把經驗的整體性表明清楚。

　　以這種指涉出門或工作的整趟往返行動的方式談論「郊遊」，也是為了進一步強調「購物」不僅意旨商場內（至少是在東郊購物商場內）具有觀光導向的活動，還有助於強調從一處到另一處的移動行程也同樣對購物的經驗起著特定的影響。誠如上文所言，受訪者偏好距離較遠的商場而非距離較近的商店。假如交通運輸還算舒適的話，那麼底下的說法便是千真萬確的：購物的距離越遠就越令人感到有趣。就日用品的購物來說，這種說法聽起來很矛盾，但是在觀光的範疇下，這卻是自明之理。

　　很明顯的，這樣看來東郊購物商場之所以繁榮，不僅因為它位於赫爾辛基東郊人口稠密的核心地段，更因為它距離夠遠，加上本身有別於他處的程度已足以使它成為「異地」（somewhere else）卻又不至於難已抵達。這種離開本地的效果，或說是遠方異域的效果會受到人們內在的指導而強化。東郊購物商場立於荒原之上，就像一座受到道路、巴士站和地鐵等交通網路所圍繞的孤島。商場只面向自己的迴廊對內開放（這是安尼・佛列德伯格（Anne Friedberg）（1993）認為可以用來概略定義商場的一種特色），並漠然的轉身背向外在世界。商場雖然是一座建築構成物，但並不會和周遭景觀及鄰近建築有所交流。東郊購物商場形成一座封閉的購物

園地，其面對不同路線開放的入口均顯得含蓄而不具象徵性
：入口有的朝向外面的街道，有的朝向巴士與地鐵站，其中
最重要的是朝向停車場的入口。引導入內的走道就只是讓人
們進入的通道。假如你並不是在商場裡面，就在外面，絕不
會是別的地方。

　　雖說購物常在下班後回程途中進行，不過既然東郊購物
商場是自成一格的世界，它還是能留住消費者一段時間。而
且，我們可以恰如其份的說，在人們的商場經驗裡有某種東
西，會讓一趟郊遊的含意變得與藥物所導致的興奮相當。我
們在訪談中就碰到過沈迷商場購物的人。當你前往商場一遊
，你便會因為某種程度上屬於強迫性行為的方式，將你平常
或者掛心的存在狀態暫時擺到一邊。例如有位年約三十的男
性會計經理就覺得該商場很像「一棵食肉植物」或者「一隻
巨大而有趣的章魚」四處揮舞著看不見的觸角，想盡辦法要
把你給抓進來。

購物的社交形式與遊戲形式

　　我們曾訪問一位三十出頭從事會計業的受訪者，她也是
一個孩子的母親，她將購物視為一種脫離例行家務和工作的
形式：

　　　　我樂在購物之中。當你獨自前往，不必擔心其他
　　人，你可以安靜的觀賞東西，看看有什麼可買。你在
　　購物時會感到這是自己的時間（笑）。

　　對她而言，購物是享受自我時光的機會，在此可以擁有自己在別處難以擁有的時間。熱鬧的商場讓人們得到一種獨立和自主的理想感覺：人們心理不期待一定要作什麼，或成為怎樣的人，就算一個人也不會感到孤單。而且一個人獨自購物時會感覺到不必為自己以外的其他人負責：

　　　　有時候你去購物只是好玩，你有一段空閒時間，你想著要去哪兒，結果決定前往東郊購物商場，那裡有一籮筐的商店。即使你不需要買任何東西，光是逛逛也覺得很有趣，或者就看看那有些什麼東西，或者就找個地方坐下來喝杯咖啡，說真的，這樣很好玩。

　　她想要獨自購物，因為她「無法忍受」有任何人同行。對她而言，整個貨物世界靜待著她的到來，卻不強迫她前往。我們可以藉由喝咖啡讓自己遠離現實一會兒。即使沒有購買什麼東西，光是四下逛逛和看看東西就很有趣了。購物者並不一定會受到物品世界的掌控。相反的，他們只是藉著自己的詮釋創造了一個讓他們感到自由的空間。但是這個空間並未獨立於既有的社會規範，而是創造的過程允許他們擁有一定的自由度。

購物的社交性（*The sociality of shopping*）

　　能驅動購物樂趣的不只是獲得自主性的潛在可能性。反過來說，購物引人入勝之處，往往在於伴隨而生的特殊社交

性。這種社交性可以是無言的互動，也可以是一種刻意（conscious）以言詞表達的方式。購物不僅是打發時間的方式，也是不同品味和風格得以分享交流的方式。換句話說，它提供了一種創造和維持社會關係的手段，並影響社會認同的程序（有關結伴同行的購物活動，請參見普魯士（Prus），1993）。例如同事們可以在下班後結伴購物。還有很多受訪者指出，他們會在週末和配偶結伴購物。對年長的人而言，購物可能是一種與人碰面和接觸的重要手段。對某些人而言，購物甚至可以是一種嗜好，一位受訪者和她的男朋友就是這樣；他們每個週末都會去購物，並待在市區打發時間。

> 我和我男朋友有在週末到市區玩的嗜好。我們不會開車到市區，而會搭乘大眾運輸系統，因此我們可以在市區逛街購物，看看四周有些什麼，還能在喝杯啤酒後繼續再逛，或者去找點東西來吃。像這樣逛街很有趣，因為你不必專程趕去別的地方。你在逛街購物時就像在度假。你有沒有買東西不是最要緊的事。重要的是你已經打發了時間，並且看到了各種人事物。

另一位受訪者也很強調購物的社交性，這是一位有兩個青少女的母親。她通常會和其中一個女兒一同購物，這是她倆可以討論人生重要大事的場合。據她自己表示：購物對她而言是種「社交形式」；購物使她擁有特定類型的社交性。這麼說來，購物的樂趣並非源自購買，或源自對某物的渴望；相反的，購物是一種購買生活必需品的同時，讓人們得以

結伴同行、讓自己和同伴樂自其中的便捷方式。「這是一種彼此溝通與結伴同行的方式」。

結伴購物的基礎要建立在可以維持社交場合的連續性之上；社交性並不一定要純粹且密集。購物創造了一個安全且方便的架構，讓人們得以結伴同行。人們在購物時可以維持社交性或繼續交際。溝通甚至成了主要的事，但這並不需要刻意進行。該行動的目標對象正是可以被觀看和被討論的人與物，他們在行動者之間形成一種媒介力量，讓他們保持距離，有趣的是，將同行的人們結合在一起的也是同一種力量。購物的樂趣來自獨處或結伴的能力，或只是像周遊列國一樣打發時間的能力，還有不必擔心須要買任何東西的能力，甚至是可以脫離家庭與工作而免於責任的自由能力。但是這些樂趣的共通點何在？我們可以從購物真實發生的各種方式上，或從購物的例行工作所具有的相對穩定性當中找到其中一個答案。

這點在訪談中相當清楚，雖然購物的意義會因人而異，但通常被視爲平日生活的再出發。而且，購物已經和日常生活步調密切的整合在一起，因此也就成爲平日諸多例行工作之一。每個人在家中要處理的例行工作，也會影響到購物這項例行工作，所以像是煮飯清掃等技巧便需要搭配購買好食物的技巧及購買適當器具的技巧，反之亦然[1]。

就購物研究而論，可以用齊美爾的「社交形式」概念來探索購物行動的普遍性與穩定性（請特別參見Simmel, 1992: 13-41），據齊美爾表示，形式指的是充當其內容之各元素間的互動，也就是促成這些元素統一的一種互動。舉例來說，這些內容可以是個體的興趣、動機、慾望和目的。因此社交

形式會在各種變動中的內容之間充當媒介。該形式是自主性的，因為它不能從外在解釋因素推導出來。它不僅可以作為其他各種目的的手段，也可以成為自身的目地。購物可以被視為一種社交形式，人們可以透過購物獲得生活必需品，透過購物擁有屬於自己的時間，或透過購物與他人共享一段時光。

社交形式使該行動具備社交意義。就其本身而論，這個想法和儀式相當接近。儀式是創造和組織我們經驗的一系列連貫行動。萊考夫和強森（Lakoff and Johnson）便指出：「在施行儀式的時候，我們賦予該活動結構和意涵，而將我們行動中所具有的混亂性與差異性降到最低」（1980: 234）。儀式除了能幫我們將環境賦予意義，儀式也是一種溝通和表達。一種儀式可以是一種習慣性的互動形式，因而也具有未經規劃的性質和潛意識的性質（請相較於高夫曼（Goffman），1967）。就其本身而論，積極主動的參與一個透過儀式而被重新創造和重新產生的角色，正是儀式具有的特色。儀式對我們來說相當重要，因為它會幫助我們對社會環境和我們自己抱持連貫的觀點。現代西方世界裡最常發生的日常生活儀式便是購物（有關消費儀式性的討論，也可參見Douglas and Isherwood, 1980; Rook, 1985）。

購物同其他儀式一樣，能夠表達並產生時間和空間上的社交性區隔。購物憑借它在「家庭」和「工作」領域之間的地位強化這點。事實上，充當一種社交形式和儀式的購物活動，往往會落在家庭和工作之間，或落在家庭和工作之外；購物在家庭與工作之間起調和作用，並有助於區隔兩個領域不同的導向。首先，許多在購物中心附近工作的人，可能會

花掉大半的午餐時間來這購物，因爲這樣做可以把工作日分成兩段，並讓自己暫時離開工作。第二，有很多人是在下班回家途中才順道前去購物，所以要等結束購物之後才會真正踏上回家之路。第三，通常每星期規模最大的購物活動會發生在星期五或星期六這兩天裡。果真如此，購物便得以在工作周或工作日轉向週末或假日的改變之中扮演一定的角色。近年來二十四小時開放的商店已經讓人們可以隨時變更所處的環境，但這類儀式的取向改變既是私人性的也是共同性的。這種共同性明確反映在商場的熱門時段。按照經驗法則，芬蘭零售商在週末的入帳均爲每週總營收之半數。

　　購物儀式不僅能讓不同的領域產生區別，同時能把個人時間和共享時間組織起來。我們也可以延伸涂爾幹（1965）的想法，從而主張儀式這個觀念裡有種連結人們的元素，而且該連結的增強形式不僅具有神聖性，同時還是種彼此休戚與共的表現。然而我們也知道，購物不論作爲一種帶有必須性的活動或是享樂性的活動，顯然都毫無神聖之處。不過，愛瀰爾‧班佛尼斯特（E'mile Benveniste ）（1974; 引用自亞干賓（Agamben），1989: 88-9）曾指出儀式和遊戲具有某種聯繫（遊戲這個觀念很可能讓我們獲益良多）。而且，據班佛尼斯特所言，倘若儀式必須和神聖領域有所關連則往往涉及神話。但是，一旦把儀式中的神話加以抽離，就只剩空洞的形式而已。而這個形式則會被轉換成一種遊戲，儀式的舉行不再是因爲本身具有神聖意義，反而只是爲了作而作的事。同樣的道理，沒有儀式的神話則會轉變成一個爲了教育或娛樂的功能而述說的故事。而且就像喬治亞‧亞干賓（Giorgio Agamben ）（1989: 89）所言，這個原理也可以應用到所有

經濟領域的具體事項上。這個問題牽涉到對那些「最初」並
非用在遊戲上的對象所進行的佔用與轉換。這裡的連結使我
們能充分理解購物作爲休閒活動的基本原則：一旦購物的實
用目的不再具有支配性，那它便會是種具有遊戲性的活動。
不過在這兩個領域中，實際的經濟性和遊戲性並非截然二分
。相反的，它們不僅彼此混合，並且共同構成了整個購物行
動。

遊戲的概念

　　有必要在此先對遊戲的概念作一些簡要的分析。在別的
社會世界的範疇裡，要區別遊戲（play）和賽局（games）並
不是件容易的事。約翰・賀林格（Johan Huizinga）在其史學
名著《遊戲的人》（*Homo Ludens*，1955）一書中曾經做過區
別。賀林格強調人類天生的遊戲性，最終還把遊戲視爲文化
的建設基礎。而古典社會學的代表人物齊美爾則是從社會體
制（constitution）的角度去考量社會賽局（social games）。
齊美爾在其著作中寫道：「『社會賽局』有種更深入的雙重
意義，亦即賽局本身不只要在社會中進行⋯⋯而且人們要藉
助它才能真正形成一個社會」（1950a：50）。而羅傑・卡洛
依（Roger Caillois）在他對遊戲所進行的分類學研究中，將
遊戲定義成一種自由自在、脫離現實、不具生產力並受規則
規範的活動。他還認爲遊戲的結果總是不確定的，而且心理
上總會把「假裝（make-believe）的邏輯」當作遊戲運行的基
礎，這意味著遊戲是「伴隨人們對第二現實或是對隨意的非

現實性（相對於現實生活而言）的特殊警覺而產生的東西」
（Caillois, 1961: 9-10）。

　　就當前的目地來看，我們可以符合賀林格（1955）的說
法，充分地把遊戲表述成：人們有意識地採取「不認真」卻
又相當投入的態度，好讓自己脫離「日常生活」領域的一種
隨意活動。不過這個定義恐怕應該加入齊美爾的觀點：他強
調遊戲不該與「認真（serious）」失去關連，否則便會失去
樂趣並成為「空洞的遊戲」（1950a：43）。遊戲是現實世界
裡一個具備自主性和想像性的領域，其目地在於享樂和消遣
。這是真實世界裡的人造世界。遊戲能在某段期間內抓住一
個人的注意力，當遊戲玩得正起勁時，遊戲者的行為和思想
已融為一體，因為遊戲者已被捲入了遊戲之「潮」（flow）
（Csikszentmihályi, 1975）。

　　對我們而言，購物似乎可以形成一種能超越「真實」世
界之平庸、並具備自主性和自有目的性的活動：「真實」在
這裡被理解成與日常限制和需要有關的嚴肅性。購物作為一
種可以樂在其中的活動，乃是一種超越例行工作的行動方式
，也是一種「半例行性（semi-routine）或一種例行化的非例
行性活動（routinised non-routine）（Urry, 1990:10）。不過
，對於可以樂在其中的購物活動而言，嚴肅的部分只是次要
的部分，而自由、輕鬆和享樂才是主角。購物的遊戲性總是
與公共空間息息相關，不僅與城市有所關連，也與大型商場
有所關連。購物作為一種社會遊戲的形式，受到特定的人我
共處模式所規範，就算看來是自己同自己「玩」也不例外。
重點在於可以樂在其中的購物總是發生於公共空間。

在公共空間的遊戲性實踐行動

　　購物的園地要不就是位於市區，要不就是在脫離市區的購物中心或購物商場。事實上，市中心往往就是靠著商業機能的密集性而界定出來的區域。熱鬧的購物園地往往是都會空間裡的重要區域；商業空間是種具有公共性或說是半公共性的空間，而且原則上是對所有人開放、並能匯集人潮的空間。就像李察・賽內特（Richard Sennett）所言：「城市是一個陌生人得以匯集的人類聚落」（1978：39）。從這個角度來看，該商場儼然是座位在郊區，同時又能模擬和再生產市區的城市。

　　當代的城市空間是公共性的社會設施，（其有條不紊的環境裡）尊重個人的空間和個體的完整性。人們不論在街道或市集之中都有機會成為別人眼中的畫面元素，任何不尋常之處多少都有可能被好奇的眼光盯上。然而，你也能按照自己的想法隨意亂逛，因為在都會公共空間裡，普遍對彼此的「隱私」相當尊重。而這種「孤獨性」的反面卻意味著不安全（insecurity）：你不能期待需要幫忙的時候會有人伸出援手。你感覺到自己不必在意別人，而且也沒人在意你，因此你可以擁有最大程度的自由，除非是自己開始感到寂寞。人與人之間甚至是人與自己之間都開始變得陌生，這種疏離感（Alienation）無疑是社會評論裡，有關都會論述方面的主要課題。但這只是「冷漠街道」的表面現象，很少會被當成人潮洶湧的公共空間中所具有的樂趣、消遣和特定聚集性等此類特質的潛在性根源來分析。

　　在波特萊爾提出「街頭尋歡客」的解讀以後，齊美爾首先指出現代大都會是無名的都會人士聚集的巨大群落，而其中的成員有絕對的自由以自己的方式去調整源源不斷的衝擊。然而，具有匿名性及私密性的自由並不意味有表達的自由。因此，在最熱鬧的購物大街裡，迷人的展示櫥窗都有降價的標籤，過於擁擠的人潮都有著清一色的冷漠表情，都有不爲他人所動的姿態，也都有高度可預測性的肢體動作。齊美爾（1950b）認爲上述種種乃是特定心態（感覺到玩膩了、冷漠的或是了無新意的心態）的徵候，這心態是都會人爲了調整自己去迎合現代大都會的忙碌生活，而強迫自己編織出來的東西。但另外有一種詮釋角度，則往往採用高夫曼分析城市生活的那種精神作分析；亦即我們可以把冷漠和不起眼的事件看成一種適應社會處境的面具，而不是一種穩定的心態。

　　但接下來的問題是：在面具背後又隱藏了什麼呢？其實「文明化的」都會人在本質上乃是城市這鍋爐的結晶，他們會從自己經驗到的衝擊之流中挑選出願意「承接處理」（take in）的部分。但是在商場中，他們可以享受到的是周遭一切的事物。因此他們會遭到這裡唯一能取悅他們之物所形成源源不絕的「物品符號」（signs of things）的轟炸，而且他們發現自己身陷於這些符號所提出的享樂承諾之中。購物者在商場中所能感受的便是令人樂在其中的豐富性（*abundance*）。現在從購物者的角度來看，這些衝擊與刺激似乎有過量之虞，但是這種公開性街頭表演（street-play）的規則要求人們得具備冷漠的面具，而這遏止了自然的輸出方式，亦即表達性的行爲。但要是不做表達性的互動，而只是單向固定接

受衝擊的話，又會產生什麼結果呢？

　　這種多重衝擊的設定會導致「**都會人的互動僅限於自身**」（*the reactions of the urbanites turn in on themselves*）。在人們的想像世界裡運作的並不是表達（expression）而是印象（*impressions*）。人潮所提供的匿名性爲人們提供了自由度，只是這還會將一個人推向內心世界。在沈默的面具背後有一個對於源源不絕的刺激之流相當敏感的個人想像世界。齊美爾的「大都會人士」和坎培爾（Campbell，1987）的「自我陶醉的享樂主義者」結合成一個具有享樂主義導向、且開始靠著進入想像中的樂園來滿足自己的都會人。城市公共空間是一個虛擬個體的社交世界，他們彼此共享所見的現實，同時也保有私人的內心夢想世界和想像中的私人團體。他們避免發生真正的互動，而只會利用他人及其爲了內心享樂的意圖所刻意傳送的符號。

　　人們來這些熱鬧的公共場所（人們不能期待有任何人會善待自己，也不能得知他人對自己有何印象的地方），只是停留腳步並打發時間，順便觀看擁擠的人群。當都會人想要休息和放鬆的時候，他們會選擇最熱鬧的角落歇腳。在這裡人們有了碰面的地點，可以坐在雕像下或者在露天咖啡座喝杯咖啡。有一位受訪者就指出：「有時候我喜歡單純地坐著看看人群，不管看哪種人都好。我通常就是喜歡看他們自個兒忙自個兒的事」。而且，在這裡每個人都知道自己也是別人凝視的對象，作爲可以短暫交流的人群裡的一份子，所要做的就只是打發時間和觀看而已。

　　東郊購物商場的建築本身很重視公共空間所需的熱鬧性。舉例來說，「布萊瓦蒂大街」是東郊購物商場裡最大和

最新的部分，它是為了同時具備街道與廣場的功能而設計的。人們往往是沿著街道空間兩側寬約兩公尺的長廊行進。在這些交通網路間有一些面積將近十到二十平方公尺的閒置空間，通常會以小樹或長椅圍起來。周圍的通道地面是石造的，而中間區域的地面則是木質的。這些中間區域有的是咖啡廳，有的則是披薩店。這些地方可以供人們歇腳，讓他們能在再次加入購物人潮前四處看看。坐下來並不是完全從商場的熱鬧喧囂中抽身出來，而是成為觀察周遭移動影像的觀察者。

購物人潮和物品，既像電視又像電影：是種具有私密性且具有可預期性的行動，但卻又是不可決定的行動，我們在其中「一次又一次觀看到和經驗到的正是自身的慾望」（Barry, 1981/2: 21）。鮑比（Bowlby，1985）和佛萊德貝格（Friedberg，1993）也曾提及電影和購物間的關連。看電視或電影和購物或市區逛街這兩類活動的區別之處，在於人們親自加入熱鬧的移動影像之中的可能性。在一個像東郊購物商場這樣的公共空間裡，一個人無論是坐著或站著，他都同時會身為主體和客體（請同時參見Shields, 1994）。

街道的社交性

有一種特定的公共性社交形式，特色是人們雖然對外物感到興趣，卻又帶有冷漠感和匿名性，我們稱之為「**街道社交性**」（*street sociabilily*）。街道社交性可以讓陌生人共享的公共空間富有樂趣，他們小心翼翼的減少眼光接觸及近身接觸的機會，卻又彼此心照不宣。這裡有種共享「同在一起

」的氣氛，從而有互動交流的可能性（*possibility*），只不過真正發生交流的機會並不高。這裡要特別強調的是，我們並不打算用街道社交性這個想法定義整個城市空間的存在經驗。我們不該忘記永無止盡的忙碌、混亂的交通阻塞、擁塞的時段、籠長的排隊人潮、不安全感以及其他在城市或商場中有可能出現的不愉快面向。街道社交性這個名稱只是想藉由強調街道上的偶發性成分，指稱一群富有趣味的陌生人和受到控制的不可計算性，所共同具有的刺激性張力。這是一種私下觀察周遭公共現象的作法。街道社交性除了娛樂消遣別無所求，這也是自有目的的，就和玩遊戲（**街道遊戲**）相當近似，且近乎相同。

　　街道社交性具有明顯的遊戲性，而這點常常會被城市居民直接加以概念化和諷刺化。從訪問中可以發現，人們用來款待自己的遊戲有三種，第一種遊戲是全神貫注於想像之上：人們找尋令他們感到興趣的人，並試著猜測這些人是誰，或猜測這些人的生活背景。第二種遊戲是嘗試找出熟悉的面孔，可能是名人的面孔或者是朋友的面孔：就像鳥類學家為鳥兒標上記號一樣。第三種遊戲用芬蘭話來說稱為*palloilu*。*這字在*字面上意味著「玩球」。青少年和年輕人會說這個字來表達他們在城市中遊蕩的樂趣，尤其是指熙來攘往的城市裡。而「玩球」也意味著像球一樣毫無目的的從一處彈到另一處。

　　這裡的重點在於遊戲背後的普遍原則，亦即街道生活的偶然性（*aleatory*）。街道社交性之所以具有玩遊戲的興奮感，乃是因為街上有可能而且有機會發生某些特別或是不尋常的事，這是人們「出門」時所期待的東西。對高夫曼（1967

）來說，城市公共空間乃是「行動發生之處」，而這些行動總是與機會有關，或與發生非預期事件的可能性有關。同樣的道理，對波特萊爾的「街頭尋歡客」而言，巴黎林蔭大道的現代性乃在於「短暫，無常和偶然」（le transitoire, le fugitif, le contingent），一言以蔽之：出乎預料。

我們主張偶然性與僥倖的特質主導了都會生活裡的尋歡經驗，也主導了人們在東郊購物商場打發時間的典型經驗。熱鬧的城市環境，或充當其翻版的商場，都是參與彩券這類機會性賽局的遊樂場。身在城市之中，你無法預知會碰到誰，也無法預知會遇到什麼令你心動的商品。不過只要你相信會碰上某些有趣的人或有趣的事，那就可能真的會發生。這便是自食其果的預言能力（self-fulfilling prophecy）。

在我們撰寫這一章的同時，東郊購物商場正在進行名為「幸運日」的促銷活動。這顯然是基於偶然性遊戲的想法所做的安排。商場裡習慣舉辦這類活動，好讓商場一直都是人們心中嚮往的地方。商場在四個「幸運日」期間，會沿著迴廊安排各種誰都可以免費參與的機會賽局。舉例來說，這有一個輪盤，以及一種稱為「地板彩券」的賽局，玩法是選一個數字下注，並站在那個數字前面。各種不同的機會賽局不斷被引進東郊購物商場的文化之中。在「布萊瓦蒂大街」和「帕聖希迴廊」的交叉口中間，是一座備有輪盤、黑傑克和吃角子老虎的賭場，而且位於一間具有歐陸氣息的昏暗房間內。該廣場中間偏右一點的地方，也就是商場的心臟位置上，有個放了兩張桌子的涼亭：一個是資訊中心，另一個則是彩券商和下注服務處。

購物何嘗不是遊戲的一部份

　　街道社交性的文化根植於匿名性與親密性之間的張力，而此張力又受到機會的左右。商場之所以令人感到刺激是因為人們心裡期待碰到有趣的東西，或是期待碰到渴望之物的樂趣所成就的。慾望會投注在那些能夠從不起眼的物品中脫穎而出的物品之上，而那些具有新鮮感、令人感到興奮卻仍有種熟悉感的物品，即十分適合用來讓人們體驗慾望。在城市中購物最令人感到愉快的一點，莫過於碰上預計或渴望想要碰上的東西，但人們心裡對於想要何物其實也只有模糊的想法而已。購物者受到渴望某物的心態所支配，而此物乃是自己還不知道究竟為何物，但卻已經打算將之視為其所有物的物品。

　　這種浪漫而不確定的渴望支配了街道生活的經驗，也支配了人們可以樂在其中的購物經驗。當這種使人愉悅的渴望變成自身的目的時，購物也就開始形成一種充當社交框架的自主性遊戲。買東西只是享樂經驗與消遣經驗的一部份而已。這些經驗根植於商場具有的都會公共空間的社交框架，而商場中的街道社交性則是使人愉悅的要素。這是種自有目的的（autotelic）活動，因為歡愉不能化約成購買。

　　這種期待（*expectation*）和預期（*anticipation*）的現象在購物上扮演著核心的角色。人們在逛商場或逛街時，也可能同時有以下兩種不同類型的經驗。第一種是他們尋找自己期待找到的某些特定或特別的東西時所有的經驗，例如一般日用品、新鞋或特定的錄音帶。第二種是人們懷著對任何事

物保持敞開心境的經驗，以及對新鮮事物抱持無窮好奇心的
經驗，這種開放性可以視爲「預期」的純粹形式，因爲它永
遠不會取決於內容，亦即不受某人預計要找的那個特定或確
切的東西所影響。照慣例來說，購物者所要找的新鮮事物應
該不是令人摸不著頭緒的全新發明，而是他們能夠輕易將之
劃入熟悉範圍的東西。這往往不是關乎喜好革命的那回事，
而比較像是加上些許意外驚喜或小規模衝擊的那回事。假如
只要不一定得購買就不會覺得等待的感覺過差，那麼可以說
許多購物活動的樂趣其實是來自這種期待的心態。

　　購物者要是懷著這種心態購物，那麼任何東西對他而言
都是有趣的。這樣一來，購物者的心情便會被構築成某種近
乎作夢的心情，只不過多少仍會與周遭世界保持著開通的關
係，人們會對周遭的偶發事件和突發的環境刺激相當敏感（
Campbell，即將發表；同時請比較Campbell, 1987: 77-95）。
作夢是一種察覺得到慾望的狀態，也是一種會因爲衝動而購
買的狀態。購物被當作一種休閒活動時，具有自發性和心血
來潮的特性，另一個特色是隨著刺激而改變計畫的能力和意
願，以及具有改變行程和路線（通常是到處走動）的敏感度
。對許多人而言，最令人感到享受的購買形式就是買到驚人
的發現，或買到他們從未刻意尋找的東西。就像一位受訪者
所說的：「衝動性購買，真是美妙」。

購物的心情：放鬆而不安的情緒

　　如果有人親自到東郊購物商場裡做一次參與觀察，一定很快就會感到困惑不已：購物者怎麼能一方面看來那麼輕鬆、那麼不在意與那麼鎮靜，卻又同時在某種程度上顯得焦躁不安、一刻不停且每分鐘的前進方向都不一樣呢？基於某種原因，購物者似乎在瞬間獲得了滿足，同時又一直處於渴望某種新鮮事物的狀態。這種平靜與緊張的雙重性，就像在熱鬧人群中的露天咖啡座放鬆一下的情形。這個矛盾與帕西・福克之消費理論的結論相互呼應，他指出到頭來欠缺與慾望會是同一回事（Falk, 1994:143）。我們可以藉由具有多重性的行動動力學的描述來著手進行探討。

　　在某個層次上，購物者保持警覺，讓自己維持開放的狀態，期待遇到新鮮事物。這與機會賽局中的預期性期待（anticipatory expectation）雷同：可能會發生某種事。這是人在購物遊戲中的基本心情。在另一個層次上，購物者非常放鬆也非常平靜。在不知名的人群中有一種安全感與平靜感，私底下不必一絲不苟，不必負擔任何責任。人們可以專注於接收、感覺外來的刺激與印象。而在第三個層次上，卻有一種永不休止（restlessness）的動力，推動著購物者前去找出新的尋覓方向。他們必然會追隨突發性的衝動。他們懷著輕鬆閒逛的心情，但心裡又不斷受到欲求之物所牽動。這種情形已經在東郊購物商場以及行人徒步區發生。商場裡的商店往往會把門面向街道，並會壓縮行人走道的寬度，好使人們容易陷身貨物之中。東郊購物商場裡有一幅畫和一座雕塑，

簡直像是購物者心情的隱喻：那是一幅畫有飛翔海鷗的畫，和一座從鐵杆頂湧出而傾瀉泉水的雕像。因為飛翔與流動乃是購物者心情的最佳寫照。

玩弄身份認同

購物被視為人們可以在商店和商場中享受的閒逛活動，這意味著購物就是在購物者內心世界裡的遊戲性活動。購物者把周遭的人與物都當作刺激想像的刺激物，同時尋找一種內心的體驗。人們在商場中被滿坑滿谷的誘人物品所包圍，並覺得自己能有無盡的選擇性是種享樂。由於個人在人群中所擁有的獨立性和自主性，使個人品味的實現和創造得以可能。人們憑借其在人群中的匿名性就可以輕易試用新商品和新款式，而把這些選擇累積起來後，便能慢慢將自己變成另一個人。

這種由匿名性所帶來的屏障，使購物者得以探索和試用各種東西，並暫時充當自己從前感到陌生的角色。在商場的社交範圍裡，匿名性的感覺、以及不是任何特定人的感覺都得靠著「身處異地」的感覺在背後支撐才行。這種讓購物者跳脫日常生活角色的感覺會促使購物者對周遭物品世界抱持開放的態度。因此物品既成為人們的夢想對象，也成為被感覺的對象。我用這個好嗎？這適合我嗎？我適合這件東西嗎？這是與想像有關的問題，也是與個體模仿有關的問題（請參見Caillois, 1961:19-23）。「我」這個身份和某些被感覺到、探索過和試穿過的東西之間的關係和樂趣，都是因為假裝

佔有某樣東西，或是因為穿戴某樣東西而得到的，即使這只維持片刻亦無妨。

　　人一進入商店就會有點子了。購物意味著把自己想像成另一個人。也就是說以另一種方式想像自己，並隨著自己想要的方向推至想像的極限。該商場乃是一座能形塑欲求、捏造和測試自身生活形態及風格的劇院。擁擠而公開的街道社交性則創造出匿名性，並讓人們脫離日常生活的限制。這種恍如另一個人的感覺也就是成為某種無名氏（這在擁擠的人群中必定會發生）的感覺，會促使人們產生一種幻覺，覺得自己可以成為任何想要成為的人。但這並不是說購物者可以像變色龍一樣自由改變他們的身份認同，其實這反而比較接近小孩子扮家家酒的情況。購物經驗的基礎來自於開放的可能性和移除個人限制的可能性，所共同產生出的樂趣與興奮感。

　　既然談到購物中的自我建設（self-building）問題，似乎得再強調一次，這種藉由購物進行的自我轉變，具有一種「玩樂性格的邏輯」。我們並不會上街購買新的身份認同，我們只是懷著開放的感受和無盡的渴望進入購物商場這座遊樂場，讓它們在心中充分發酵成某種具有新鮮感的東西。購物者在私人幻想世界中的模仿表演是構成購物遊戲性最重要的條件。購物是一種心智歷程，購物者會在上述過程中把迎面而來的各種物體影像作些篩選，並讓自己充當新衣款式、家具、食物等等商品的探針。我們可以合理的假設個體經由購物所進行的自我建設過程理當具有高度的可預測性，而且每個人都大同小異。於是，我們發現有必要再次強調：理想的購物經驗應該具有的核心成分，乃是購物者感覺自己從日常

固定限制中釋放出來的自由感以及對周遭世界的關注感。

　　購物得以成為一種社交形式，乃是因為現在出現了內心世界強大的現代主體所致，這種主體有浪漫的夢想傾向；這是會扮演成其他人，並會在「彷彿」（as-if）的設定下上場演出的主體（Campbell, 1987:189）。另一個條件則是人們得以在不受他人干擾的情況下，在個人想像世界中操作的街道社交性所具有的社交框架。享樂主義式的幻想必須以遊玩的自主性為前提，而這種自主性是靠身為眾多無名氏中的一份子而成就的。人群是創造個性的一面鏡子和屏障，也是身為人群一份子所需的面具背後所隱藏的一面鏡子和屏障。

宛如母親的商場（*Mother Mall*）

　　我們已經討論過公共街道生活的不可預期性有何魅力，但此外，總是有些我們不願發生的事會發生。即使我們一再強調不可預期性乃是具有遊戲性的街道社交性得以成就的關鍵，但要注意這種不確定的消遣特性，還是有賴於遊戲參與者的彼此信任；人們必須先確認其他人也都依照規則扮演各自的「角色」。如果人們並未遵守街道社交性的隱含規則，那麼所有偶發性因素，還有「將會發生某種無法預期之事」的感覺，便會開始引發人們的恐懼感。街道和人群的黑暗面是害怕暴力和搶劫的恐懼感。理想的購物空間應該要具備開放性公共空間的優點，但又能免除其缺點。這正是東郊購物商場藉由把不可預期性變成一種消遣所希望要達成的目標。這裡有專供觀看商品的透明空間，整體空間甚為明亮以致

沒有陰暗角落，所以也就沒有具威脅性的角落。

赫爾辛基的犯罪率相對來說算是偏低，但人們害怕犯罪事件的恐懼感仍在城市的空間經驗裡扮演重要的角色（Karisto and Tuominen, 1993）。不過，人們在東郊購物商場裡倒是很有安全感，這是受訪者共同強調的一點。我們可以合理的假設，購物商場物理環境的安全性，比較接近寧靜的氣氛而不是真實的安全性。令人稍感驚訝的是，東郊購物商場不會讓人感覺像個鬧烘烘的叫賣場所，而是一個寧靜的地方。誠如上述，輕鬆購物有賴於街道社交性所扮演的社交條件，這讓每個人的內心生活都得到庇護，並且因為人群的匿名性而得到助長。這種文明街道的社會秩序已被移植到東郊購物商場裡了。商場中兩條迴廊的名字支持了這一點：「布萊瓦蒂大街」和「帕聖希迴廊」意指遙遠的時間和空間，並遙指波特萊爾住在巴黎的黃金時代。由於這名字並非當地語言，因此增強了「身處異地」的觀光效果，並是個培養街道文化的享樂圖像。該商場是具有半公共性（semi-public）且受到控制的室內空間，這裡已經著手收編城市生活的不可預期性，甚至比巴黎的霍斯曼林蔭大道還要更棒。

該商場除了用安全性來照顧消費者之外，還用別的方式款待他們。商場會掌控未知人士出沒的不可預期性，這其實和掌握貨物還滿相似。當一個人進入商場後，一方面會由於不知道接下來會碰到什麼商品而處於令人興奮的不確定感之中，不過內心卻懷抱著將會得到滿足的信心。這是因為你只要知道自己是消費族群裡的一份子或有錢族群的一份子，你便知道你的需求會得到照顧。

　　一位年約三十的男性工程師表示：當你走在這裡時（在商場裡），或是在你抵達這裡之前，你就知道是否需要某樣商品了，接著你來到這裡作進一步的確認，此期間完全不用離開建築物。

　　一位年紀四十四歲的教師表示：的確，這是一種確實存在的感覺，當你走過這裡，每件事都對了。

　　一位年約三十歲的男性會計經理則表示：你不必確切知道你想要什麼，只要粗略知道就行了。

　　在這座平靜的商場遊樂園裡，不知道你要什麼或是不知道如何獲得商品的焦慮都煙消雲散了。取而代之的是：你一進入商場就映入眼簾的那一幕令人滿足的情景，這是一幕慾望成形及夢想成真的安祥情景。緩慢的步伐顯示並支持了這種安祥感。通常來說，一旦你置身商場就已經抵達目的地了。你再也不需要急急忙忙，因為你並不需要去別的地方。你正在作你所要作的事，帶著開放的眼光隨意遊蕩在「自己的」世界裡。

　　無庸贅言，星期五和星期六的忙碌情景和平日大不相同。很自然的，商場在這些時候擠滿了人，而且足以使消費者感到惱怒。若主張在東郊購物商場中購物是美好而有趣的經驗恐怕並不正確。其實這時常是麻煩和不悅的經驗，只是這並非受訪者的共同經驗而已。當輕鬆的購物無法實現時，或者也可以說當該商場的理想不能現實時，該商場就是令人感到不悅的地方。誠如稍早所言，可以樂在其中的購物應具備的基本條件乃是輕易和簡單。購物者需要一趟理想的購物之旅，但若有太多人作同樣的事就會使一切全都失效。然而，

受訪者中的失業人士和家庭主婦則渴望善用非熱門時段。

　　商業廣告和我們做的訪談已經證實，商場雖然看似提供了所有人需要的一切東西，但也替你設下了界線。那位資深工程師繼續說道：

> 　　合理的分類是件好事，這樣一來我就不需要進行大範圍的搜尋了，因為那樣會很難作決定。有人已經事先替我做好了這樣工作，使我可以從更恰當的分類中作選擇。

　　該商場讓消費者的眼光對各式各樣的事物敞開，但同時也限制他們的慾望。該商場為了保持合理性，也為了方便管理，因而表現出這裡所有東西正是你所要選擇的一切東西。粗略的大分類會使你混淆而不能合理掌握你的購物過程，然而這正是富有樂趣的購物不可或缺的條件。有許多受訪者一再強調能在各商店間比貨和比價的重要性，乃是購物的基礎。這種作法的目的是藉著檢視所有適當的商店，來掌握普遍的供貨情形，並在比較過各種商品才選擇最好的一個來買。

　　在此，有某些受訪者自行提及遊戲的隱喻。上面提過的一位老師便提到「購買總是一種賭注」，因為人們總要留意自己所能贏得的價差，也就是說人們要挑選出最便宜和最有利的選擇。但是這並不等同於贏得一場機會賽局，因為一個人為了贏錢還得要努力尋找和比較才行。然而，贏得比賽的方式絕非購買，而是抗拒看不見的章魚觸角。自我修練並掌控自我從而空手離開商場也可獲得樂趣。一位四十開外，任職助理金融觀察員的女士解釋說：「當清倉大拍賣的時候，

我走遍商廠的每個角落而沒帶走一樣商品，這感覺真棒。」
該商場可以讓你的日常生活所需被當作一種有趣的慾望來體
驗，而且也可以讓那些含糊不清的慾望進一步形成可以實際
採取計畫來滿足的合理需要（wants）。這就像一位母親替自
己熱切征服外在世界的小孩所特別開發出的世界，只是她同
時也得將其範圍限制在一定程度之內以方便管理，同時也便
於排除孩子心裡對混亂和混淆的恐懼感。

在商場中遇見自己與他人

　　我們企圖把東郊購物商場裡自然發生的購物活動，看成
一九九〇年代赫爾辛基都會生活的一部份來作分析。讓我們
先把前文的主張稍做摘述，再把購物者本身和其他在商場出
沒的族群之間的關連作個結尾，進而把這個企圖做個總結。
　　我們分析的起點是把商場中進行購物的行動描述成「與
物品同在」的活動。我們接著證明該行動同時兼具實用與尋
歡（pleasure-seeking）兩種面向，而且兩者在購物實踐行動
上彼此相混。人們在購物時能找到的樂趣首先會和「觀光」
或說是「郊遊」有關，我們比較喜歡用後者。這裡的關鍵在
於悠閒的打發時間和前往「異地」，獨自或是結伴都不要緊
，只要能遠離平日家庭和工作的圈子，只要能免於責任和享
受自我都算。我們在透過這些具有經驗基礎的討論後，還要
進一步在理論上詳究購物活動的本質。上文中已經對商場所
以會產生社交性和獨立性等感覺的方式做過了討論，同時把
購物活動的享樂面向，概念化爲具有遊戲性以及自有目的性

的社交行動，這和更廣義的社交形式概念息息相關，這個社交形式對理解所有購物活動共享的本質很有幫助。

　　這兩個概念對於分析都會環境在購物活動上所扮演的角色相當有用，因為購物活動就發生在人群之中，而街道社交性是公共空間及半公共空間與生俱來的特性。所以我們用遊戲這個概念來分析那些在都會景致裡相互分離且有自主性的現實，而這可為人享用的都會景致則決定了處於社交環境之中的都市人的社交秩序和取向。誠如上述，不可預期性和新奇的偶發性因素正是令人樂在其中的購物經驗所具有的核心成份。但是人們如果沒有遵守街道社交性的隱含規則，那這種偶發性的因素以及「有未知的事會發生」的感覺便會引發恐懼感。因此商場也只有把這種偶發性引導成令人興奮的要素才能使生意興隆。

　　東郊購物商場成功的基礎在於它把自由享用的機會賽局轉變成購物導向的街道社交領域的方式。遊戲性的社交條件使人們懷著輕鬆而無負擔的心情從事購物活動的理想得以實現。我們已經指出透過購物轉換身份認同的遊戲性邏輯，是一個涉及「自我」和「可能出現之自我」的過程。我們也討論過人們面對眾多可能性時，「預期性」會扮演必要的角色。遊戲性的嘗試和預期性的渴望預設了兩個同時存在卻彼此獨立的世界：一個是熟悉的世界，另一個是可能的未知世界。而我們從具有遊戲性的街道社交性之中、或者從匿名性和像是觀光客般脫離日常生活的這種自由度和閒適性之中，可以察覺這個受到鼓動的自我向旁人展現出具有自主性、自有目的性以及被催眠般的渴望。

參考文獻

Agamben, Giorgio (1989) *Enfance et histoire: Deperissement de l'experience et origine de l'histoire.* Paris: Editions Payot.

Bakhtin, Mikhail (1968) *Rabelais and his World.* Cambridge, MA: MIT Press.

Barry, Judith (1981/2) 'Casual Imagination', *Discourse,* 4: 4-31.

Benveniste, Emile (1947) 'Le jeu comme structure', *Deucalion, 2.*

Bowlby, Rachel (1985) *Just Looking: Consumer Culture in Dreiser, Gissing and Zola.* London: Methuen.

Caillois, Roger (1961) *Man, Play and Games.* New York: Free Press.

Campbell, Colin (1987) *The Romantic Ethic and the Spirit of Modern Consumerism.* Oxford: Basil Blackwell.

Campbell, Colin (1995) 'Learning to Shop'. Paper presented at the Fifth Interdisciplinary Conference on Research in Consumption, Lund University, 18-20 August.

Campbell, Colin (forthcoming) 'Shopping, Pleasure and the Context of Desire', in Gosewijn van Beek and Cora Covers (eds), *The Global and the Local: Consumption and European Identity.* Amsterdam: Spinhuis Press.

Csikszentmihályi, Mihaly (1975) *Beyond Boredom and Anxiety.* San Fransisco: Jossey-Bass.

Douglas, Mary and Isherwood, Baron (1980) *The World of Goods: Towards an Anthropology of Consumption.* Harmondsworth: Penguin.

Durkheim, Emile (1965) *The Elementary Forms of Religious Life.* New York: Free Press.

Falk, Pasi (1994) *The Consuming Body.* London: Sage.

288 血拼經驗

Friedberg, Anne (1993) *Window Shopping: Cinema and the Postmodern.* Berkeley and Los Angeles: University of California Press.

Goffman, Erving (1967) *Interaction Rituals. Essays on Face-to-Face Behaviour.* Garden City, NY: Anchor Books.

Huizinga, Johan (1955) *Homo Ludens.* Boston: Beacon.

Karisto, Antti and Tuominen, Martti (1993) 'Kirjoituksia kaupunkipeloista' [Writings on Urban Fears], Helsinki: Proceedings of the Information Management Centre no. 8.

Lakoff, George and Johnson, Michael (1980) *Metaphors We Live By.* Chicago: University of Chicago Press.

Lehtonen, Turo-Kimmo (1993) 'Shopping as a Meaningful Activity'. Paper presented at the Fourth International Conference on Consumption, Amsterdam, 8-11 September.

Lehtonen, Turo-Kimmo (1994) 'Shoppailun sosiaalinen muoto' [The Social Form of Shopping], *Sosiologia,* 31(3): 192-203.

Mäenpää, Pasi (1993) 'Niin moni tulee vastaan' [You Come Across So Many People]. Helsinki: Proceedings of the City Planning Office no. 14.

Miller, Daniel (ed.) (1995) *Acknowledging Consumption: A Review of New Studies.* London: Routledge.

Niemi, Iris, Paakkonen, Hannu, Rajaniemi, Veli, Laaksonen, Seppo and Lauri, Jarmo (1991) "Vuotuinen ajankaytto, Ajankayttotutkimuksen 1987-88 taulukot' [Annual Time Use: The Tables of the Time Use Survey 1987-88]. Research reports 183b. Helsinki: Statistics Finland.

Prus, Robert (1993) 'Shopping with Companions: Images, Influences and Interpersonal Dilemmas', *Qualitative Sociology,* 16(2): 87-110.

Prus, Robert and Dawson, Lorne (1991) '"Shop 'Til You Drop": Shopping as Recreational and Laborious Activity', *Canadian Journal of Sociology*, 16(2): 145-64.

Rook, Dennis W. (1985) The Ritual Dimension of Consumer Behavior', *Journal of Consumer Research*, 12: 251-64.

Schulze, Gerhard (1992) *Die Erlebnisgesellschaft: Kultursoziologie der Gegenwart.* Frankfurt am Main: Campus Verlag.

Sennett, Richard (1978) *The Fall of Public Man: On the Social Psychology of Capitalism.* New York: Vintage Books.

Shields, Rob (1994) The Logic of the Mall', in Stephen Harold Riggins (ed.), *The Socialness of Things: Essays on the Socio-Semiotics of Objects.* Berlin and New York: Mouton de Gruyter. pp. 203-29.

Simmel, Georg (1950a) The Metropolis and Mental Life', in Kurt H. Wolff (ed.), *The Sociology of Georg Simmel.* Glencoe, IL: Free Press, pp. 409-24.

Simmel, Georg (1950b) 'Sociability. An Example of Pure, or Formal, Sociology', in Kurt H. Wolff (ed.), *The Sociology of Georg Simmel.* Glencoe, IL: Free Press, pp. 40-57.

Simmel, Georg (1990) *The Philosophy of Money.* 2nd edn. London: Routledge.

Simmel, Georg (1992) *Soziologie: Untersuchungen iiber die Formen der Vergesellschaftung.* Frankfurt am Main: Suhrkamp.

Stallybrass, Peter and White, Allon (1986) *The Politics and Poetics of Transgression.* London: Methuen.

Urry, John (1990) *The Tourist Gaze: Leisure and Travel in Contemporary Societies.* London: Sage.

Weber, Max (1978) *The Protestant Ethic and the Spirit of Capitalism.*
　　London: George Allen & Unwin.

Williams, Rosalind (1982) *Dream Worlds: Mass Consumption in Late*
　　Nineteenth-Century France. Berkeley and Los Angeles: University of
　　California Press.

註釋

[1] 家事和購物技巧的關連最近已經受到柯林‧坎培爾的重視
（1995）。然而，我們訪談資料的特色則在於比較了斯堪地
那維亞半島外其他地方所進行的消費研究，還有至少在原則
上，我們訪問過的大部分家庭都主張對家事和購物的責任要
由男性和女性共同分攤；因此「家庭主婦」似乎並不是我們
主要關注的角色，在這點上和丹尼爾‧米勒（Daniel Miller
）（1995）的購物分析有所不同。

第七章

購物、歡愉與兩性之戰

柯林‧坎培爾

　　本章打算針對一項研究結果進行詮釋，而該研究主要探討的是人們對購物抱持的態度[1]，研究相關的資料都是靠團體訪談所獲得的，訪談對象有男有女，年齡則介於二十五歲到四十五歲之間，並且按照其社經地位區分爲四組，分別是A、B、C1、C2和D組。該訪談進行的時間是在一九九一年十月到一九九二年五月之間，訪談地點位於里茲當地一間市場研究機構的辦公室內。在分析訪談記錄後，主要有兩點發現：（A）人們對該活動所持的態度差異頗大，（B）態度的差異與「性別」（gender）間的相關性強過與其他任何一項變異因子。因此，本章主要的目地就是要爲這項發現提出一個令人滿意的解釋。

結果

　　當我們要求受訪者說出他們對購物抱持何種態度時，受訪者的答覆差異頗大，有的人毫不保留的宣稱他們「熱愛」購物，也有人說他們十分「痛恨」購物。只有少數的受訪者宣稱自己對購物沒有特別的好惡，而大多數人都屬於前面兩

類中的一種。當然每個人的「購物」方式絕不會一模一樣，某些有些受訪者會反覆變更他們的答覆，並指明他們雖然對於某種類型的購物持正面態度，但不一定會對其他類型的購物方式也持相同態度。以下列舉幾種最常發生這種差別購物類別：例如食品類的購物與非食品類的購物、定期性的購物與臨時性的購物、在小店鋪購物與專程到市中心購物。除此之外，有些受訪者甚至指出，他們只會在特定的環境下對購物有正面的感受；例如他們有錢可花的時候、不受孩子牽絆的時候、心情好的時候以及給自己添購衣服的時候。這種變異度有顯著的重要性，而任何有企圖徹底了解究竟是什麼因素決定購物對人們而言是否是種享受的人，都需要將上述幾點納入考慮。然而，在這裡並不打算理會這些部分，因為還有遠比這些敘述更引人注意的地方，我們發現訪談資料裡有極為顯著的分佈態勢，讓我們可以用性別的角度把人們對購物持正面或負面評價的普遍傾向給串連起來。

　　研究結果表示，女人往往比男人更有可能對購物抱持正面的態度，相應於此，男人也往往比女人更有可能對購物抱持負面的態度。更有甚者，女人往往更有可能表達強烈的正面態度，也就是說，她們「熱愛」購物而不只是「喜歡」購物而已。相應於此，男人則更有可能抱持強烈的負面態度，也就是說他們是「痛恨」購物，而不只是「不喜歡」購物而已。此外，女人更容易會對各種類型的購物表達正面的態度，而男性往往只會對特定產品的選購形式表達正面的態度（比方，買唱片、電腦或電子產品）。說到底，相較於男人而言，女人往往會對購物表達出比其他像是看電影或上館子等休閒活動更高的偏好程度。

詮釋

消費是「女性」的活動？

　　這些資料無疑證實了過去研究中曾提及的論點，亦即購物在現代工業化的西方社會裡完全是一種「性別取向」（gendered）的活動（Lunt and Livingstone, 1992; Oakley, 1976）；普遍認為這只會與其中一種性別有密切關連，而不會同時與兩性有同等的聯繫，此又特別與女性角色相關，因此在某種程度上被視為一種「女性」的活動。所以當孩子們經由社會化過程進入各自性別角色中時，他們也在獲得自身認同的過程裡，學到購物乃是定義女性角色時相當有用的活動，尤其是對於家庭主婦這類特殊的從屬角色而言更是如此，因為該角色可以進一步被視為妻子及母親的廣義複合狀態。相較之下，成年男性的角色則被定義為外於家庭的有給雇員，亦即「負擔生計者」（breadwinner），而非「持家者」（homemaker），因此他們據以界定身份的活動和購物沾不上邊。說真的，因為我們從根本上認為現代社會裡的男／女二分法，比起直接拿生產與消費做概括對比的方式也好不哪去（就像賈德納和薛普爾（Gardner and Sheppard）所言，「古有明訓，男人生產而女人消費」[1989: 46]），所以女性的購物天性就可以視為這個方程式的專例。實際上，這種主張似乎過度延伸了男子氣概與女性氣質的觀念，以致於從表面上看來，可依據其加諸生產和消費這兩個範疇上的差異來加以

定義。然而，唯一有把握的說法乃是：在這些足以代表兩性偏好的消費模式中，具有主導性的活動顯然有所不同。因此，在「飲酒」和「觀看運動比賽」成為男性流行的消費形式之時，「購物」似乎順理成章成了女性偏好的消費模式。肯定有大量證據可以證明購物乃是女性佔有優勢的活動，這不只是因為購物人潮主要是由女人組成，也是因為她們花在購物上的時間比男性要多，而且她們所逛的商店數量和購買的產品數量通常也比較多（請特別參見Gronmo and Lavik, 1988）[2]。

　　這似乎不只是一種可能性而已，因為這種透過單一性別的角度對購物進行詳細定位的方式，可以解釋我們這個案例中男人對購物的熱衷程度為何遠比女人低。假如他們認為購物是屬於女性的活動，那他們就有很好的不贊同理由；因為他們可能覺得這麼做算是某種質疑自身男子氣概的作法。這種詮釋角度的背後還有其他證據，可以指出許多男人的確將購物視為帶有「女性氣質」（effeminate）的活動。比方奧克蘭（Oakley）就指出：「有些丈夫根本不會上街購物」，而「有些丈夫雖然會上街購物，但卻因為怕被人當作「娘娘腔」，所以根本不會真的買東西」（1976: 93）。接受我們訪談的受訪者也指出，有些男人就算想在其他男性同伴面前承認自己樂於購物，卻還是覺得似乎得在某種程度上附和這種論調才是[3]。至少對某些男人來說，公開表達其對購物的厭惡感會有再次肯定其男子氣概的作用。

言外之意

　　假如我們能接受購物與女性氣質間真如上述這般息息相關，那麼男性在社會中要面臨的選擇便帶有某些明確的含意。因為這暗示著男人正面臨嚴苛的選擇，他們要不就盡可能迴避該項活動，從而使其男子氣概不受威脅，要不就干冒著被認作娘娘腔的風險從事購物。頭一種選擇是完全迴避，表面上看起來的確是我們手邊實例中某些男人最愛的選擇；這方面可以奏效的策略不外乎郵購（好處是化購物於無形，別人看不到購物活動）或是直接委託伴侶處理。有些男人委託女性伴侶處理所有的居家採購，還要決定他個人一切相關物品的購買。多達三分之一的女人提到她們曾替伴侶購買過衣服，卻只有一兩位女子指出她們的男伴也曾替她們買過衣服，而且買的通常是貼身衣物之類的禮物，而不是典型女人會買給男士們穿的日常衣物。然而，完全迴避對大部分男人而言是近乎不切實際的作法，倘若他們這麼做只是因為身邊不見得有位願意或能夠代為購物的伴侶，那「漠視」策略就派得上用場了。這些人之中還是有些會從事購物行為的男人，同樣認為這麼做可以顯示其不情願的態度，或者表示他們並未全然投入該項活動之中。因此男人會強調他們只在必要時才會購物，從而企圖使自己置身事外，或說他們已經盡可能少去了，甚或竭盡所能的「在最短的時間內完事」。他們希望藉此指出自己並非真的寄情於這項「女性」的活動之中，所以他們想要找出任何可能遏止其自身性別認同遭到貶損的方法。不過事實就擺在眼前，許多男人確實走進商店，

而且既不是因爲迫切的需要也沒有不情願的感受。有些人甚至指出自己懷抱著某種程度的熱忱。所以很明顯的,並非所有的男人都會因爲這種足以威脅其性別認同的行爲模式而有那種感受。只是這又該如何解釋呢?

男性與女性的購物意識型態

依據我的觀點來看,男性之所以能在無損其男子氣槪的形象下進行購物,其中很重要的一個因素是文化中現存的男性購物「哲學」,或許說這是「意識型態」會更恰當一些;這裡指的是一種信念與態度系統,可用以定義和判定某項活動與男子氣槪的觀念及態度一致,從而抵銷其廣爲流傳的女性形象。會去購物的男人便能藉此喚起這項意識型態,而能將其所作所爲和「女性」形式劃分開來,並藉此維護其自身的性別認同。換言之,這裡談的不只是憑著女人喜歡而男人不喜歡來評價購物所產生的性別差異問題。其實這還涉及另一種透過兩性對於購物實際內容的觀點來定義購物的對比方式,只是這個方式沒那麼顯而易見。

這種對比或許也沒有什麼驚人之處,我們可以根據工具性與表現性這樣的二分法來說明,男人往往把購物視爲一種使需求得到滿足(satisfaction of need)的純買賣活動,而女人多半將購物視做一種使需要或慾望得到滿足(gratification of wants and desires)的消遣活動。這便是說,男人假定購物只有在「需求」確實存在的時候才會發生,而且他們往往無視於購物本身固有的價值,認爲其唯一的價值是取得商品這

項目的的手段而已。從另一方面來說，女人也知道購物可以作為達成此一目的的手段，但她們往往把購物本身視為一項有價值的活動，這和購買與否無關。所以她們並不把購物當成一項只能用未獲滿足的「需求」來作衡量的活動，而是當成一項本身就具有「消遣」價值的活動來看待[4]。

　　這種對比乃是他們對「瀏覽」抱持不同態度的最佳寫照，這也反應出他們對時間及金錢「成本」的相對評價。

　　從本質上來說，男性眼中的消費其實就是讓「需求」（或各種需求）得到界定、然後前往適當的店買該買的東西，最後以回家告終的一種活動。正如我們其中一位受訪者所言，男人喜歡「出門、買單、打道回府」！「瀏覽」或者「逛櫥窗」都沒有被當成這個過程中的必要部分，反而認為這樣做不只平白浪費了寶貴的時間，而且對該活動的成功與否沒什麼幫助，甚或全無幫助。因此雖然男性購物者不會聲稱自己對價格漠不關心，且有些人的確對討價還價有高度評價，但是在特定意義上，男性的購物哲學裡還是把時間的價值擺在金錢之上。因此「逛街購物」（shopping around）如果意味著自由拜訪許多店面的話，那麼男人就有充分的理由拒絕這種作法，而願意為了將購物所佔的總時間減到最少，而贊成付高一點的價格。男人在這方面十分類似於「便利型購物者」（convenience shoppers）（Bellenger and Korgaonkar, 1980），甚或和史東（Stone，*1954*）先生率先提出的「經濟型購物者」（economic shopper）十分接近。

　　相反的，依照女性的觀點來看，瀏覽（browsing）乃是購物活動中不可或缺的部分，不論是在店裡瀏覽或是在一家店到另一家店的途中瀏覽皆然（更多有關「瀏覽」的討論，

請參見Bloch et al., 1989）。而瀏覽會被視為必要過程的原因
，不只是因為這麼做是唯一能完整掌握購買對象相關資訊的
手段，而且她們認為唯有直接暴露在這些待售之物中，才能
使她們親身體驗到那些足以誘發其自身「需要」（wants）的
「慾望」（desires）。然而更有甚者，女人無論最後購買與
否，都會對購物活動所帶來的樂趣津津樂道。比方說，她們
會談到「隨意逛逛」所帶來的樂趣，或談到這種藉由滿足她
們審美及情感表達的方式「漫步並端詳商品」時所帶來的樂
趣。事實上，女人比男人更有可能認為購物本身便是有其樂
趣的休閒活動，甚或可以和旅遊類活動相提並論，就像她們
所說的購物「之旅」。因此，在這點上和男人有著鮮明的對
比，女人常盼望能去購物，而且常在並不確知想要買什麼東
西的情況下展開一段旅程。所以男人總是提及有「購買某物
」的需求，女人卻只會說想要「去購物」。此外，女人比男
人更有可能把購物之旅和其他有樂趣的活動結合起來，比方
和朋友「閒話家常」或一起喝咖啡及聚餐，甚或兼含二者。
最後，因為購物本身便有其固有的滿足，所以女人隨時準備
在「逛街購物」上投注時間和精力，這也就是說她們將會在
直接的物理意義上前去拜訪一定數量的商店。這是一項重要
的事實，因為這意味著女人可以一如往常的在「無償」的情
況下有效取得有關產品及零售通路的資訊，而且這還只是她
們享受休閒時光的副產品。相反的，不喜歡購物的男人只能
用可觀的「代價」來獲得這些資訊。

　　看待兩性在購物上的懸殊態度時，有種觀點認為男性強
烈企圖把購物納入「工作框架」，而女性則會將之融於休閒
框架（最少在非食品類的購物上如此）。這意味著男性要不

就是因爲社會化的緣故，要不就是因爲長久以來與給薪工作的世界有深厚的關連，才會導致他們先入爲主將購物視爲「工作」範疇中的一種活動，不過在男性眼中，還是得在購物前面先加上「女人的」來形容才算相稱。因此他們不僅從未期望這是種享樂，而且認定諸如合理性與效率之類工作世界適用的標準也會適用於此。這便使得男人十分強調把「需求」界定清楚的重要性，因爲接下來才能定位出可由購買來滿足其需求的適當零售通路在哪兒，最後才花費精力與金錢尋找適合的對象。相反的，女人在非食物類的購物上，又特別是衣服類方面，傾向套用休閒框架來看待購物，而且實際上將之視爲消遣活動，明確與工作區隔，給薪工作或家事工作都不例外。這樣一來，她們必然會傾向把購物活動定義爲享樂活動，並拒絕任何純然工具性或功利性的參考框架。就像是所有的消遣活動一樣，他們假定其相稱的價值乃是享樂的價值，以及在合法範圍內追求享樂時，其需要和慾望得以釋放的價值，

其實說來也很詭異，如果單憑上述這些對比性的定義來看，究竟要說這是女人比男人更能享受購物樂趣所造成的結果，還是要說這種對比性的定義，正是造成女人想要從中找到樂趣，而男人不用這麼做的原因。有嫌疑的必然是後者，而且女人發現自己比男人更容易在購物中獲得樂趣（特別是買衣服）的原因有兩個。第一，因爲女性的夢想總是圍繞著自己的外貌爲中心而發展，而且遠比男性投入（見Singer, 1966），因此普遍來說其夢想更容易與服飾有關。第二，因爲女性及非屬男性的人，會被社會化成一種善於美學技巧的性別，因此發現自己比男性更容易評定和估算特定商品的美

學重要性有多高。

　　這兩種意識型態都能將自身性別的購物風格合法化，而使另一種風格喪失價值。達成這種效果的方法是把該風格表述成「自然」甚或是「合理」的購物方式。因此男性意識型態不只提供男人一種不至破壞其自身性別意義的方式從事購物，而且還藉由把女性描述成「不理性」的論調來補強自身的意識型態。因此，再次將男人心中平常看待女性時的刻板印象延伸成舉止衝動且又不理性的人。只要用這種男性模式，身為一個標準的男人就能批評女人的不是，因為（Ａ）、該活動花費太多時間，（Ｂ）、拜訪太多商家、（Ｃ）、不能在替選產品間選出其中一個。還有（Ｄ）、最終結束這些店面間的拜訪旅程時，她們卻買了剛開始看到的那件東西。正如受訪者所言，女人實際上被描述成「浪費時光」的人，或者通常被說成「太過吹毛求疵」的人。

　　同樣的，女人在購物上也有自己的意識型態，她們既可藉此替自己的舉止作辯護，也可藉此否定男性意識型態的合法性。然而與男人不同的是，女人的舉止要是沒有成為男性的批評話題，她們不見得得為自身舉止的合法性進行辯護。因此，她們的意識型態可被視作一種旨在防衛的意識型態。女人通常會抱怨男人（Ａ）、在該活動上所花費的時間太少，（Ｂ）、企圖限制她們只能前往其中一兩家商店，（Ｃ）、不知道她們喜歡什麼（相對於她們的需求而言），（Ｄ）、常會為了離開一家店而倉促地買下第一個見到的東西，（Ｅ）、對產品的相關知識欠缺了解或對價格波動的敏感度不夠。因此，從女性的角度來看，男人倒不是「不理性」，充其量只不過是蹩腳的購物者，其結果總是浪費且不划算的。事

實上，這是因為他們不情願多逛一逛，以便發現所有合乎需求的相關產品，或在購買前加以評估或估價。就像我們其中一位受訪者所言：「男人不能理解比較的必要性，也就不能看看其他店裡是否能找到更好的東西」。結果他們「顯得不在乎價錢」。最後男人在女人眼裡成了一個「過於單純」的購物者，他們難以清楚表達自身的「好惡」[5]。

　　我們有必要在此稍事暫停。雖然男人和女人顯然在購物上普遍展現出截然不同的態度，但真正的行為卻不見得能和他們的看法及表達的態度完全切合。雖然的確有相當數量的社會科學文獻指出理據和行動間存在落差（請參考Gilbert and Mulkay, 1984; Heritage, 1983），但我們本身也不應該期望，那充當意識型態的信念會成為真實世界的表現。其實已經有證據指出上述這種男女購物風格的對比，並非如其言詞想讓我們相信的那般明顯。舉例來說，像我們稍早曾提過的，男人比女人更偏好某類的購物，且男人顯然會在這方面加以「瀏覽」，而不會將時間減到最少。雖然這很難分類，不過男性受訪者曾做出各式各樣的描述，像是「電子產品、電腦和這類的東西」，「小零件、電腦和電子產品」、「科技產品」、「任何電子類產品」、「電子產品」。而女性受訪者則指出這是種「DIY購物」，或「汽車購物」。或許這種類別的普遍名稱應該叫做「科技購物」，因為這是其中最主要的項目，雖然書籍、錄音帶和錄影帶似乎也在其中。但男人所用的詞裡，最令人印象深刻的是「（錄影帶）或其他這類東西，不需要你駐足原地」。正如其所言，這種男性為主的購物普遍來說是與衣服類的購物相對的，因為後者被視作是非常女性的領域。然而對男人而言，從不把「科技購物」

看做一種「購物」，而是當成一種嚴肅的經濟交易，更像買車或買房子。要是以這種方式定義購物的組成要素，男人便可以對自身牽連其中的普遍狀況視而不見，而繼續把購物說成一種女性的活動。

　　女人雖然常在某種程度上讚美自己在購物方面的技巧與能耐，不過她們實際上可能並不喜歡該活動的某些特質，從而企圖將涉足其中的程度減到最少。在這種情況下，她們的行為會和更像是一個男人，她們會試著限制時間和減少前往店面的數量。食品類購物會比較接近這種情況，許多女性受訪者並不喜歡從事食品類購物，因而視之為「工作」或家庭主婦的「工作角色」之一。有趣的是，雖然大部分女人將之視為一種「購物」活動，但她們還是傾向將之區別於「真正的購物」，她們將日用品採買歸為與「採購」（dong shopping）同一類的事務（這就表現出其與「家務勞動」（doing the housework）是息息相關的了），而買衣服則屬於「購物（going shopping）」活動（從而揭示其與愉悅的「外出」（going out）活動息息相關）。因此，可以說男人和女人都按照他們自身較普遍的意識型態重新定義了購物的構成條件。

結論

　　男人發展了一套同一般女性截然不同的觀點，這套足以與之區別的男性消費觀點使他們可以做到下列兩件事。第一，他們能提出一種讓他們在不危及自身性別認同的情況下繼續購物的原理。第二，他們能夠清楚表達一種可用以譴責和

貶低女人在其具有明顯主導優勢的圈子裡的行為背後具有
的意識型態。男人憑著這種方法得以使他們不需承認女人既
能完成這項重要的消費任務，更能在過程中展現高度專業的
事實。如果要採用男性意識型態來做評論的話，女人在該領
域上的專業能力和技巧都會大打折扣，因此她們表現出來的
舉止就像在肯定自己絲毫沒有對這種由男人在其他相關社
會生活領域裡架構出來的女性刻板印象做出讓步。在這方面
，女人在此領域的優勢與稱職（一方面可視為對男性社會與
文化優勢的威脅）是一種成功的「閹割」（neutered）。然而
，男人替這項意識型態背書的後果之一便是他們絕不會將購
物視為歡愉的根源[6]。女性對購物所持的意識型態說不定真能
將女人不同於男人的購物風格合法化，還能將男人排除在購
物之外的同時為女人辯護。這種把男性描述成購物「無能」
的方式，不僅使女人能主張男人不該進行該項活動，並因此
自願（有時候只是一種不情願的虛假表現）為了他們去購物
。所以，雖然男人大部分的衣服仍是女人幫他們買的事實，
可視為男性厭惡購物的證據，但同時也可視為女性已在多大
程度上把這項男性以其他方式進行的活動「接管」過來的證
據，只不過這種「接管」說不定是靠著「你只會把事情搞砸
，最好還是讓我來」的論調才得以順遂的。

對等卻不同

如果真如前文所述，性別的確和截然不同的購物意識型
態息息相關，那麼試想一對夫妻從事「合作性」（cooperative

）或「聯合性購物」（joint shopping）的情景將會十分有趣。因為「聯合性購物」或「聯合性購買」意味有一種兩人都覺得必需共同參與採購過程的情況，大部分是因為預計要買一樣長久使用的昂貴消費品時會發生的事，例如床、廚具、沙發甚或是汽車。這些購物事件之所以特別有趣是因為他們似乎有值得爭議的難處[7]。假如前面的分析正確無誤，那麼這樣的聯合性購物應該會造成購物風格的衝突，而併發可觀的張力以及衝突的情面。畢竟不太有可能同時要「逛街購物」、細查每個待售且適合的產品，還能把挑選適當產品的購物時間降到最低。看來當男人和女人一同購物時，其中一方就得放棄他們所喜愛的購物風格並採取（或最少讓自己適應）另一半所偏好的購物風格。從這個角度來看的話，許多受訪者（不分男女）會指出自己「討厭」和他們的另一半一同購物，且毫不諱言他們不情願和另一半一同購物的情形，就顯得不足為奇了。然而，男人比起女人來說，似乎普遍對這方面比較不能適應。從另一方面來說，受訪者確實也談到一些會出現「聯合性購物」的場合，而這表示兩種意識型態不見得會水火不容。的確，雖然兩性的購物意識型態看似建立在彼此對立的基礎上，並且起著替自己合法化和詆毀對方的作用，但要說他們必然對立還言之過早。其實這兩種傾向有其互補之處。在現實中最明顯的方式便是利用簡單勞力分工來減緩男性從事「瀏覽」這類「例行工作」時的負擔。所以，例如某位太太具有「瀏覽的能耐」，她便可以先拜訪各種商店並確認待售產品的範圍，才找她先生一起看，使他們得以藉著預先準備好的候選名單聯合做出最後的決定。然而，在另一種情況下，有可能出現真的互補性分工，使雙方能在挑

選與購買某項東西的過程中，以截然不同的方式做出不同的
貢獻。因而男性可能要負責規劃該次購買中與需求相關的技
術規格；或許要拜訪一些零售店，或許只需要收集宣傳手冊
或打打電話，而女人則負責制訂美學方面的決策，比方與色
彩、風格或質感相關的事項。這種互補的購物形式常可在銷
售上得到見證。這樣的互補形式自然不能保證在每項協議上
都得給予另一半相等的尊重。但這能提供一個基礎，讓他們
彼此認識到對方偏好的購物模式能提供什麼樣的優點。

屬於女性的未來？

　可以把男性的購物態度定位成著重「需求」一詞的態度
，而把女性的購物態度定位成著重「需要」、「慾望」等詞
的態度，而且用「後現代」消費社會的主流理論的角度來看
，這種角度的定位方式將反應出相當有趣的意涵。因為既然
上述定位很典型地把「傳統」或是前現代消費氛圍，用來描
述某種人著重於需求的滿足（satisfaction of needs），而以現
代（或後現代）模式，來描述某種人著重於需要與慾望的滿
意（gratification of wants and desires）（Campbell, 1987;
Featherstone, 1991），那麼言下之意無非是說男人是「老式
」消費者，女人則是現代且老練的消費者。假定這種趨勢會
持續下去，同時對消遣性消費的重視程度有增無減，再加上
購物也被設想成類似旅遊或其他娛樂「表達」形式的享樂活
動或是休閒活動的話（Campbell,1995），那麼這很可能意味
著男人正面臨一項抉擇：他們是要愈來愈「女性化」（也許

順著將要出現的「新男人」路線發展），還是要在逐漸浮出
檯面的「後現代」消費社會中漸漸趨於邊緣化。

參考文獻

Bellenger, Danny N. and Korgaonkar, Pradeep K. (1980) 'Profiling the
　　Recreational Shopper', *Journal of Retailing,* 56(3): 77-92.

Bloch, Peter H., Ridgway, Nancy M. and Sherrell, Daniel L. (1989)
　　'Extending the Concept of Shopping: An Investigation of Browsing
　　Activity', *Journal of the Academy of Marketing Science,* 17(1): 13-21.

Brusdil, Ragnhild and Lavik, Randi (1989) 'Shopping Becomes More than
　　Buying - On the Trace of the Future Consumer'. National Institute for
　　Consumer Research, Lysaker, Norway.

Campbell, Colin (1987) *The Romantic Ethic and the Spirit of Modern
　　Consumerism.* Oxford: Basil Blackwell.

Campbell, Colin (1995) 'The Sociology of Consumption', in Daniel Miller
　　(ed.), *Acknowledging Consumption: A Review of New Studies.* London:
　　Routledge. pp. 96-126.

Featherstone, Mike (1991) *Consumer Culture and Postmodernism*. London: Sage.

Gardner, Carl and Sheppard, Julie (1989) *Consuming Passion: The Rise of Retail Culture*. London: Unwin Hyman.

Gilbert, G. Nigel and Mulkay, Michael (1984) *Opening Pandora's Box: A Sociological Analysis of Scientists' Discourse*. Cambridge: Cambridge University Press.

Gronmo, Sigmund and Lavik, Randi (1988) 'Shopping Behaviour and Social Interaction: An Analysis of Norwegian Time Budget Data', in Per Otnes (ed.), *The Sociology of Consumption: An Anthology*. Oslo: Solum Forlag. pp. 101-18.

Heritage, John (1983) 'Accounts in Action', in G. Nigel Gilbert and Peter Abell (eds), *Accounts and Action: Surrey Conferences on Sociological Theory and Methods*. Aldershot: Gower. pp. 117-31.

Lunt, Peter K. and Livingstone, Sonia M. (1992) *Mass Consumption and Personal Identity*. Buckingham: Open University Press.

Oakley, A. (1976) *Housewife*. Harmondsworth: Penguin.

Parsons, Talcott (1951) 'Toward a General Theory of Action', in Talcott Parsons and Edward Shils (eds). *Toward a General Theory of Action*. New York: Harper & Row. pp. 209-18.

Singer, J.L. (1966) *Daydreaming*. New York: Random House.

Stone, Gregory P. (1954) 'City Shoppers and Urban Identification: Observations on the Social Psychology of City Life', *American Journal of Sociology*, 60(1): 36-45.

註釋

本章是以一篇曾在名爲「當代資本主義的消費、冒險、享樂
及其他現象」的研討會中所發表過的論文爲基礎而撰寫的。
本文是在保羅‧哈唯（Paul Hewer）的協助下完成。

1　購物一詞意指任何把產品視爲某種可以透過購買手段獲
取的可能對象來處置的活動，又特別是藉著前往零售商店而
進行的活動。
2　有趣的是，社會科學家的研究也指出他們傾向把購物者
與女人劃上等號，他們至今仍未充分探索性別差異在消費理
論上的意涵。
3　值得觀察這個連結，「購物＝女性」此一假設的基本原
則，表面上雖然把購物和「家庭主婦」的角色串連起來了，
但仍然涉及了其他方面的問題。比方在男人的圈子裡，似乎
普遍認爲零售商店是「女人的空間」，正如歐克萊（Oakley,
1976）所言，這是他們不太情願進去的地方。通常有女店員
、有品味的裝飾、溫暖、安靜而舒適，播放音樂並散發宜人
的香氣，許多店在男人看來充滿了女人味。
4　這種區別和其他人曾提出過的區別雷同，比方布藍格和
科卡恩卡（Bellenger and Korgaonkar, 1980）著名的「消遣性
」比之「方便性」或「經濟性」購物者的拓樸學模式。然而
，對於拿「工具性／表達性」做對比的分析式二分法，是否
真有形成一種理論基模，倒還沒能形成共識（參見Parsons,

1951）。當然，想瞭解「工具性／表達性」二分法和購物的
關係，可以參見布魯斯諦爾和拉維克（Brusdil and Lavik, 1989
）的著作。

5　訪談紀錄得到的證據，指出了男人在品味判斷上的困難
。這很可能是因爲他們對流行性的敏感度不如女人。假如這
是真的，那便可以解釋爲何某些男人要不就全然迴避美學上
的決定，要不就按照簡單的法則進行操作，比方像「我總是
選擇黑色」，或者「我總是適合穿平實的工作服」等等。

6　因爲我們的取樣並未精確反映所有人口的情況，所以男
性的消遣性購物者並未浮出檯面。其中明顯遺漏了某些極有
可能喜歡瀏覽商品的年輕男性，儘管這種購物通常會侷限在
唱片或電腦方面。還有專業的男性（在我們的樣本中比較少
見）比較不可能爲男子氣概這種觀念背書，然而這種觀念在
身份層級較低的男性之中似乎比較常見。

7　當然，這些購物相關的意識型態可能和真實的行爲關係
不大。在那些情況下很可能並不會發生矛盾。事實上有些證
據指出，男性在特定情境下的確是在「瀏覽」，所以此時的
購物行爲可能並不符何相應的意識型態。

第八章

購物的察看領域

帕希・福克

概述

　　我在這篇文章裡，將針對購物活動中伴隨而生的各種察看載體（scopic registers）（Lacan, 1991）和領域（regimes）（Metz, 1983）做初步推論。我的目標是以更寬廣的脈絡將購物的視覺面向做一界定，並將它們同其他公共空間及各式儀式舉行的場所串連起來，包含電影院、劇院、咖啡廳、購物場所、博物館、藝廊和小教堂，這裡提到的最後兩種場所將是我探討購物之謎時用以參照的典型案例。所有這些空間與場所都分別形塑出不同的察看領域並支持特定的察看領域，同時又都與「*街景*」（*street* scene）這絕佳的公共空間有所關連。

　　廣義上來說，街道不僅是線性的（交通）運輸空間，也是由街頭尋歡客、（潛在）購物者等諸如此類路人的身體和眼睛之移動經驗所構成的動態性空間（或空間動力學）的複合體。街道是一個經驗性的空間，是由街頭上循特定路線行走和觀看的身體行動所創造出來的，其中也包括一切可自由選擇的變動和中止。即便移動的自由多少會受到特定界線的限制：例如人無法穿牆而過，也不該闖紅燈，不過這仍舊開

啓了「步調修辭」（walking rhetorics）的領域（Certeau, 1984: 100-2）；步調修辭指的是一種將個體行程編織成空間敘事的可能性[1]。

此外，根據拓樸學（topology）區隔內外的方式來看，街道具有一種曖昧的特質。從一方面來說，街道乃是城市內部（具體的說，相當於前現代時期城鎮的城牆內部）的公共空間，但從另一方面來說，即便街道是實質的外部空間（露天的），但它還是與建築物牆面相毗鄰，因此街道也可說成沒有屋頂的走廊（corridor）或「長廊」（gallery）（根據該字的詞源學字根來說）。就（相對而言的）純住宅區來說，街道兩旁的（房屋）牆面的作用是分隔公共空間與私人空間，所以不太具有這種室內般的特質。

然而，從「市中心」一路走過購物場所及其他都會休閒活動場所的途中，會經歷不同的空間組態（spatial configuration）。首先是因爲建築物／街道間的牆面事實上並未區隔出公共空間和私人空間，其次則是因爲「牆面」（wall）在其中具有實體邊界性，致使這裡的內外之間的區隔趨於模糊。以街道這個層次（這是行人的察看領域層次[2]）來說，玻璃門爲自由通行而開，而玻璃帷幕牆面則具有視覺穿透性。一望無際的商店、咖啡廳、藝廊（等等）的櫥窗[3]及其敞開的門，都令街景轉而成爲某種「街道的經驗性特質」。從商店櫥窗前走進商店內，並沒有真正穿越什麼重要的藩籬：這既不是公共與私人間的區隔，也不是內外之間的區隔）。克服內／外區隔的經典「里程碑」（可相較於傅科（Foucault）），當然是既可被設想成兩端開口的室內空間，也可被設想成把人行道添上屋頂的「拱廊商場」（arcades）（長廊或

通道）。

　　我這會兒顯然在熙來攘往的街頭人群中把購物者搞丟了。從某種觀點來看，其實這正是我刻意要做的事，亦即將購物者放在「街道生活」以及伴隨而生的各種察看載體等諸如此類更廣義的脈絡中加以審視。我們再一次發現純粹的「消遣性購物」（哈唯和坎培爾（Hewer and Campbell），本書附錄）幾乎不存在。這通常會和其他像咖啡廳、電影或藝廊等空間裡所發生的「敘事性」進出移動交織在一起，但這種情形很少在小教堂裡發生，不過這正是本文下一段要討論的主題。

小教堂

　　曼拉吉歐（Menaggio）是一處位於義大利北部卡摩湖（Como）畔的小城鎮。雖然它是該地區的旅遊中心，但是它仍然維持了阿爾卑斯山的健康，以及十九世紀晚期度假勝地的氣氛，那有少數的古典旅社（尤其是我曾在一九九二年七月待過幾天的聖維多利亞旅社）。那還有條會有若干身著傳統服飾的老客人漫步通過的湖濱林蔭大道。曼拉吉歐看起來缺少所有現代工業世界觀光地的符號，其時間座標似乎落後了一世紀之久。不過這個城鎮當然也有其購物街，不只有多數專供觀光客光顧的商店，也有供地方人士前往的商店。

　　同一條街上還有另一樣東西：一座位於商店之間的小教堂。小教堂位在兩間視野開放、光鮮亮麗的店面中間，看來是個黯淡隱閉的洞口。曼拉吉歐當然有「真正」的教堂，更

314　　　　　　血拼經驗

有著「鶴立雞群」直達天堂的高聳結構。

　　這裡的人會走在購物街上觀看商店櫥窗。觀光客移動速度較為緩慢，因為他們被觀光購物者特有的雙重導向所影響：既要「凝視」（gazing）整個大環境（請相較於Urry, 1990），同時也要注意小尺度範圍裡有吸引力的東西，特別是專供展示用的店鋪，以及其中擺放的物品。當地人的移動速度比較快而且也較為目標導向，他們把周遭環境視為理所當然的背景，主要尋找店面櫥窗中的新鮮貨。但是當地人與觀光客都有可能不時走進商店看個仔細，或不時進行感官領域的接觸：碰觸、試穿（衣服）、試聞（香水）或試嚐（起司）。

　　當地人傾向工具性購物，專注於日常生活的必需品，而觀光客則更有機會從事純粹消遣式的購物，他們照例受到雙重引導：觀光勝地和購物休閒範圍的雙重臨界空間（liminal space）。

　　還可以依據他們和暗室攝影（*camera obscura*）及明室攝影（*camera lucidas*）的不同關係，區分這兩種購物者族群，也就是說，就這方面而言，小教堂可能會被設想成商店的反面。小教堂幾乎全然是當地人在拜訪。它實在太小了，根本不堪稱為值得一看（*seeing*）的觀光景點（*sight*），因此只有一些「局外人」（outsiders）因為像我一樣受不了好奇心的折磨，最後還是走進這間不起眼的反商店（anti-shop）看上一看；偶爾有兩或三個人從吵鬧的街上挪出寧靜的片刻來這待一會。

　　接著我們又發現，小教堂與店面間的對比其實並非真的那麼明顯。小教堂和明亮的店面比起來肯定是光線黯淡的空

間，且是個沒有街頭噪音、沒有店面櫥窗與室內喧嘩（話語
）的寧靜空間。但是一旦我們把移動（*movement*）和注視（
looking）（或說是身體和眼睛的移動）當成焦點，那這層對
比就沒這麼明顯。不管是教堂還是商店都會使身體的移動（
或走路）中斷幾分鐘，且在這兩種情況下視線都會緊盯著某
個固定的對象至少好一陣子。雖說兩者的方式不同，但都具
有暫留空間的功用，也都可以讓人逃離街上人潮。此外兩者
都提供了眼光留駐的機會：因為要花上一陣子固定盯著一個
特定物體，或盯著所謂市容中「小尺度視覺焦點」的景緻，
而停下移動的眼光[4]。

　　不過話說回來，雖然同樣是稍作停留及「停駐眼光」，
但在兩者間還是有不同的特質。在小教堂裡推廣的是內心的
冥想，這是種尋求平靜的心靈面向，而商店則引起人們更為
外向、更有活力的注視，甚至有可能近身接觸物品，人們可
以從商店櫥窗走到商店裡面，再從觀看到碰觸。我們可以說
這兩種觀看的差異和這兩種空間對街道開放的方式彼此有
所呼應：小教堂幽暗的入口只邀請有意進入的人士，而光線
明亮且有展示性開口（櫥窗）的商店，則是專為吸引購物者
眼光、留住他們片刻、讓他們入內購物而打造的。

　　我們先撇開店主的利益不談，商店的櫥窗和內部還是為
購物者和所有街上的人，提供了一種非強迫性且合法的暫留
機會。「展示櫥窗」給了（正如波特萊爾所言的）「街頭尋
歡客一個停駐眼光的地方」（cited in Barry, 1982:14），但是
這也為私家偵探提供一個可以在適當距離做合法停留的藉
口，從而免於和街道彼端的眼光有所接觸（在偵探電影中可
以發現的熟悉場景）。

間歇

　　這肯定只是都會傳說中的一部份而已。都會空間替各類
察看領域中或長或短的暫停，提供全面而自然的機會。不像
車輛或交通會受到交通號誌與規則的支配，而得優先考慮使
用儀器的察看領域（工業上的凝視；參見Lesemann, 1982; 80
）[5]，行人有著更寬廣的移動空間。人們並不只是從A點到B
點穿越街道。他們閒逛並到處觀看（街頭尋歡客帶著「他那
窺偷窺狂似的（voyeuristic）、美學化的凝視」）（Potter, 1986
）同時也讓他人觀看自己（花枝招展的「暴露狂」（
exhibitionist））；他會停下腳步和街上巧遇的人聊天；或進
入PUB喝啤酒，順便看看窗外川流而過的「街道生活」；加
入（巴黎）街頭露天咖啡座的「觀眾」行列，坐在面對街道
舞台的椅子上；或在公園長椅上休息片刻，讓目光在天空的
白雲和街上無盡的過客間游移；甚或只是在街邊一角等候某
人的到來。

　　不過一旦有人在街角站得太久，或由於過於密集觀看（
盯著看，凝視）他人而違背不成文的察看法則，那麼他或她
便會有被當成「遊民」，而有受到干擾的風險，因為這是市
政法規所不容許的。因此在都會公共空間中不只是移動（簡
單的例子：不要闖紅燈），連非移動性方面，都有明確或隱
含的規則來劃分界線，隱含的規則也適用於區分察看載體的
運用是否恰當，同樣的道理，這是關於認識或不認識的人（
從絕對的陌生人到同行的戀人[6]）之間，是否彼此保持恰當互
動距離的特定（文化上相對的）不成文規定。沒有人會因為

無禮的凝視而控告他人。不過，常態的界線已瀕臨消失，因為行為「不合時宜」已經成為過去式了（比較一下高夫曼，1966：3）。

在都會（街頭）景象中，陌生人之間的雙向觀看（就像梅洛龐蒂（Merleau-Ponty，1981）所說的「觀看的交會點」（chiasm of looks））預料會依循眼神短暫接觸的法則發展。不在意反視（counter-look）的長時間觀看（凝視，*gaze*）則會使被視「對象」有種受侵犯的感覺，除非有雙方默認的協議（互相調情或「一見鍾情」）。[7]

因此在街上和其他公共空間裡，互相觀看的察看領域通常會以角色轉換的原則來實現。一個人有可能在一定距離外看著另一個人（即使很頻繁）直到他回視為止。此時原先看別人的人就應該移開他或她的眼光往別處看，以免落入窘境。然而，避免長時間視線接觸的方式，得要街道生活的動態性在背後支持才行。因為身體、頭和眼睛都配合快速的步伐前進，也因為在擁擠街景中的人們縮短了相對距離，所以使互相觀看形成一系列觀看的切換，一如往昔般在偷窺狂和（非）自願性的暴露狂（請比較Sennett, 1978）之間不斷徘徊。

換言之，大多數的相互觀看並不會同時發生，而是一種序列性事件：當別人沒看著你時，你可以看別人，但時時要準備接觸他人回視的眼光，同時要準備迴避他人回視的眼光。這個快速觀看的序列性使掃視（*glance*）優先的察看領域的次序得以維持。而且這也適用於偶發性的眼光接觸，不過「正常來說」接觸時間不應該多於一瞬間。

在都會人之間對視的動態模式中，眼睛其實並沒有真正停下來過（雖然較遠的距離允許人們在抵銷回視效果的時候，採取較從容的觀看模式）。因此，互相觀看的視覺性領域可以被視爲都會生活中某種（過度）刺激的面向，也可視爲一種十九世紀晚期多所論及，並在心理學上和社會學論述上有系統地討論過的議題。對該現象的評價，經歷過詩意的肯定（波特萊爾），持平的理論（齊美爾）及治療上負面的否定（喬治・貝爾德，George Beard）。

然而，儘管這些觀點有所差異，但似乎分享了我們的理解中（過度）刺激所以發生的原因：都會人普遍忙碌的步調、噪音及持續擴張中的視覺「刺激」範籌（特別指都會公共領域內的）。對貝爾德（1969）來說，這些都是引起「神經衰弱」（neurasthenia）或神經耗竭的因素，對齊美爾（1950）而言，超載（overload）會引發一種抵抗性反應，被稱之爲「漠不關心的態度」（blasé-attitude）（一種心理學上的篩選器，用以節制持續流入的刺激）。對於公共空間裡相遇的人來說，這意味著藉由創造心理上的距離，來補償實體上的距離（比方在地下道的尖峰時間）。

上文主要的焦點在於「察看載體」是另一位被觀看的人，也就是說，這種觀看情形會遇到的是真的反視者，或說是潛在的反視者[8]。然而，這是都會環境中唯一的「刺激性」面向。因爲市容中能實現視覺刺激的被觀看對象，多半是物質、影像、事件，好的說法則是這些「物品」的某種綜合體：包含了貨物世界、動態或靜態的平面印刷品、廣告、眼鏡等諸如此類的東西。事實上，購物的場景（從小型精品店到大型百貨公司和百貨商場）大多屬於察看的領域，只是其中觀

看的對象沒長眼睛因而不能回視。或者更精確的說法是,即使有「東西」或影像(一張「看」著你的照片)注視著你,也並不是真的看著你。

這個架構意味著還有另一種(都會)察看領域,允許各種時間稍長的觀看(凝視、注視和盯著看),並進一步開展眼光留駐的可能性。從技術性的觀點來說,看一部電影就像從事了兩小時的注視(照慣例,沒有回視),不過這並不是「眼光留駐」的好例子;因為電影在抓住觀眾的注意力、把他/她的眼光固定在螢幕之上的同時,還要把影格的移動變成順暢的影片才行。其他用動態表演取代觀眾移動的情況也有同樣的問題。所以看來我們得在別處尋找可以憑著個體的選擇來中止身體、眼睛和長時間注視的情況,最好被觀看的東西/影像還是不可移動的。比方說在各種諸如博物館、展示廳和藝廊的場所中就可以找到這樣的狀態,而我走向購物商場途中的第二個案例正是藝廊。

藝廊

我在結束莫拉吉歐之行的幾個星期後,曾在紐約待了兩天,讓我得以從「真實的」都會環境中匯集感想,並花了半天拜訪某些藝廊。這並非我第一次拜訪藝廊,但內部(藝廊)和外部(街道)間特定的對比卻啓發了我的某種反思,那種對比在某種程度上令我想起莫拉吉歐街邊小教堂的經驗。先撇開我對這街道的短暫印象不談,我慢步通過藝廊的寂靜房間,在一樣藝「品」前面停下了腳步(藝品大部分是不

可移動的，即便是「移動式的」藝品）並將眼光停在那一會兒。

　　藝廊裡有著可供觀賞但不可碰觸（按照慣例）的物體與影像。這個空間是爲了單向的凝視而建造的，而允許各種可能發生的「對視」情形在此地發生，則只是這空間的次要角色，比方像是表演藝術裡活生生的人。有爲數眾多的藝術展示空間也是代售藝術作品的「商店」，它們希望吸引潛在的消費者，而不只是「僅止於觀賞」的人（請相較於Bowlby, 1985）。但無論如何，我們還是可以假設絕大多數的參觀者都屬於後者。

　　藝廊有別於教堂，它推廣的是外在性的觀看，甚或尋求新美學的「刺激」。從這方面來看，這和購物的察看領域有異曲同工之妙。從另一方面來看，這兩種領域不同之處在於對移動的身體和其他景象的觀看方式有所差別。在藝廊裡，同觀看對象間的距離（通常）維持不變，然而在購物情境裡就有可能引起近身接觸，觸感便派上用場（如前文所述）。因此「購物凝視」（請相較於圖洛－基莫・拉特尼和帕希・馬恩伯，本書第六章）便會令人想起獵人的凝視，他在捕捉並（在之後）真的吃掉獵物之前，會用眼睛「品嚐」預期的獵物 (Mattenklott, 1982)。

尾聲

　　同樣的，當我們處理並非必要購買（或購買必需品）的消遣性購物時，獵人的凝視就只是捕獲（購物）的潛力而已

。不一定真的會購買，也無損於購物的意義。這意味著我們仍需不斷專注於購物上的其他經驗，而從察看領域的角度來說，上述案例有許多共通特質。購物活動除了有「獵人的凝視」外，還有其他種類的視覺享受伴隨而生，這部分幾乎無關於購買的可能性，而且多半與藝廊中的「純觀賞」有異曲同工之妙。畢竟，在城市中還有哪裡可以讓我們隨個人意思在空間中移動，包含創造屬於自己的一種暫停、中止、觀看和碰觸選擇對象的自由，並使得在其中透過物品與影像進行的自我反思[9]得以成就呢？

　　從百貨公司到購物商場等各式各樣的購物場所，憑藉一種似是而非的方式，讓它們不僅能夠成為（過度）刺激的都會大環境中的元素，也能夠成為一個讓人從街道上「內外感受的快速連續波動中」（Simmel, 1950）逃逸出來的地方，甚至成為一個能讓眼光留駐並能親手觸摸的庇護空間。還有其他更多專屬購物的享樂（和痛苦）都已經在本書前面幾章處理過了。

322　　　　　血拼經驗

參考文獻

Barry, Judith (1982) 'Casual Imagination', *Discourse,* 4: 4-31.

Beard, George M. (1869) 'Neurasthenia, or Nervous Exhaustion', Boston *Medical and Surgical Journal,* 80: 245-59.

Benjamin, Walter (1939) 'Some Motifs in Baudelaire', in Hanna Arendt (ed.), *Illuminations.* London: Fontana Press, pp. 152-96.

Bowlby, Rachel (1985) *Just Looking: Consumer Culture in Dreiser, Gissing and Zola.* London: Methuen.

Certeau, Michel de (1984) The *Practice of Everyday Life.* Berkeley and Los Angeles: University of California Press.

Culler, Jonathan (1981) 'Semiotics of Tourism', *American Journal of Semiotics, 1*(1-2).

Foucault, Michel (1976) *The Birth of the Clinic: An Archaeology of Medical Perception.* London: Tavistock.

Foucault, Michel (1979) *Discipline and Punish: The Birth of the Prison.* Harmonds worth: Penguin.

Goffman, Erving (1966) *Behavior in Public Places.* New York: Free Press.

Goffman, Erving (1967) *Interaction Ritual: Essays on Face-to-Face Behavior.* New York: Allen Lane and Penguin.

Goffman, Erving (1972) *Relations in Public. Micro-studies of the Public Order.* New York: Harper & Row.

Hall, Edward T. (1966) *The Hidden Dimension.* New York: Doubleday & Co.

Lacan Jacques (1991) *The Four Fundamental Concepts of Psycho-analysis.* Harmonds worth: Penguin.

Lesemann, Klaus (1982) *Sanieren und Herrschen.* Giessen: Verlag Hans Huber.

Mattenklott, Gert (1982) *Der ubersinnliche Leib.* Hamburg: Rowholt.

Merleau-Ponty, Maurice (1981) *Phenomenology of Perception.* London: Routledge.

Metz, Christian (1983) Psychoanalysis *and Cinema: The Imaginary Signifier.* London: Macmillan.

Potter, Daniel L. (1986) *Finding a City to Live in: Metaphor and Urban Subjectivity in Baudelaire and Mayakovsky.* Vol. 29. Stanford Honors Essay in Humanities, Stanford: Stanford University Press.

Sartre, Jean-Paul (1966) *Being and Nothingness.* New York: Washington Square Press.

Sennett, Richard (1978) *The Fall of Public Man: On the Social Psychology of Capitalism.* New York: Vintage Books.

Simmel, Georg (1950) 'The Metropolis and Mental Life', in Kurt Wolff (ed.), *The Sociology of Georg Simmel.* New York: Free Press, pp. 409-24.

Urry, John (1990) *The Tourist Gaze: Leisure and Travel in Contemporary Societies.* London: Sage.

註釋

1　空間敘事還可以轉換成真正的小規模旅遊記述（「首先我想要到X，之後我看見了Y，而且我們在Z停留了一陣子」）或者架構成一種藏寶圖的形式（「在X方向走五步，之後向右轉，並沿著Y走直到你看到Z」爲止），這不同於非敘事性的拓樸學地圖。

2　幾年前我以訪問學者的身份在劍橋待過一陣子，我發現了一個簡單的察看指標，可用以區別觀光客和本地人：觀光客傾向大尺度的垂直觀看（凝視）建築物、立面及該場所，本地人多半會在小尺度上進行水平的觀測紀錄：他們在街道層次上，約略看一下旁人或停在店面櫥窗前觀賞。也就是說，觀光客同時在大尺度及小尺度的察看載體（注視人們、商店櫥窗等等）上操作。這使得觀光客成爲超級購物者（請相較於下文），而本地購物者則成爲小尺度的觀光客。然而，應該注意這兩者間是換喻關係而不是隱喻關係：或是說在生物學意義上，這不只是類比性的，也是同質性的。

3　這些「櫥窗」的功能實際上就是私密性／封閉性空間（家庭、辦公室）的反面。後者的光線從外部流入內部，而觀看方向則與此相反。前者的光線流動方向則是相反的：觀看主要是從外朝內，而光線則是由內朝外，尤其是商店（展示）櫥窗。拿巴黎香樹大道的咖啡座來說，這些流動（觀看的進／出，光線的進／出）較爲平衡。在某種程度上，阿姆斯特丹的紅燈區妓院裡的「商店櫥窗」呈現出一種帶有偷窺狂味道的方式，綜合了兩種櫥窗的功能：人們從外朝內看著這可以暫時（拉上門廉）爲你所有的寢室親密空間。

4　市容具有的大尺度吸引力（相襯於（夢幻的）景觀尺度）在觀光客的察看領域中位居核心地位（請相較於Culler, 1981; Urry, 1990）。

5　事實上「迴游」（cruising）的作法，強調在緩行的車上對視（看與被看）是更具互動性原則的方式，並以此對抗這

種察看領域。然而，周旋是於法不容的，時常被警察當成違規事件。

6　愛德華・霍爾（Edward T. Hall ，1966）指出不同互動處境下的適當距離會因文化而異。然而，還是可以主張都會複雜度的增加，在其共存形式上以及文化差異超出一定程度的城市中的互動上，已經產生了同質化的效應。因此，齊美爾在《大都會與心靈生活》（1950）一書中對都會人舉止的分析，以及高夫曼在《公共空間的行為》（1966）、《互動儀式》（1967）和《公共關係》（1972）等書中所做的詮釋之間，才會有種超出各自「家園」專屬之城市文化的關連存在。

7　按照班傑明對波特萊爾詩作《一個過客》的解讀來看，對波特萊爾這樣的都會詩性靈魂而言，眼神的交會有可能涉及「一見鍾情」這般狂喜和「震撼」的經驗。視線的瞬間交會可以在彼此之間創造出（想像的？）一次也許永遠也不會實現的愛情經驗。有趣的是，班傑明把波特萊爾的深刻觀點拿來與青年史特帆・喬治（Stefan George）的詩作（收錄於喬治的《海曼》（Hymnen: Pilgerfarten）之中）中刻劃的人物作比較。後者在相近的處境下，選擇將他渴望的眼神移開，而不敢「沈溺於你的眼神之中」（Benjamin, 1939）。以我們眼前的目的來看待這種差異的話：波特萊爾冒著長時間眼神交會的風險，喬治則依據察看法則收起他的眼神。不管如何，兩者都肯定李查・賽內特（1978）對城市作為「一個陌生人得以相遇的地方」的描寫：甚至將陌生人變成愛人。

8　這個察看架構裡也包含有像是「全景敞視之眼（panoptical eye）」（一種邊沁的全景式監獄裡典型會出現的東西（foucault，1979））的邊緣性案例，這裡排除了其他人回視「獄監」的可能性：就像是歐威爾（Orwell）所說的「老大正在監視你」。這種強迫性的單向凝視乃是傅科所謂的「主體客體化的」權力技法（已出現過在他的早期概念「臨床之凝視」（clinical gaze）[foucault，1976]），但從一個較廣義

的視野來看，無法回視的負面特質（危險和暴力）有可能回
溯到不受人（以察看）控制的「惡毒眼光」（evil eye）。惡
毒眼光（mal occhio）永遠不會看你的眼睛，因此你對他將傷
害你一事毫無所悉。像這類惡毒眼光或是全景監視之眼仍舊
存在於現代城市之中，這包含被監看的警張感（沙特所分析
的焦慮感（1966：340-100）），還有過客們所形成的具體街
景：戴墨鏡、特別是那些鏡面反光的墨鏡。

9　在此脈絡下，「自我反射」也應作字面理解。我指的不
僅僅是（服飾）店裡大量存在的真實鏡子，還意指一般商店
街用以展示（賣弄）貨物世界，同時卻又使「觀者所凝視的
展示物影像」受到扭曲（Barry, 1982: 19）的玻璃帷幕牆面。
這同樣適用於對視的場所，就像蘇珊薇格（Suzanne Vega）
在「湯姆餐廳」（1982）一曲中所刻畫出的場景：有一個女
人／在外面／朝裡面看／她看到我了嗎？／不她沒有／真
的看到我／因為她看到的是自己的反射倒影。

附錄

購物研究：一份簡史及文獻精選

保羅・哈唯和柯林・坎培爾

購物研究簡史

　　下文並不是要全面回顧所有從研究角度來看（不管是見解深刻的描述，或是對該現象某方面作有系統說明的文章），可能與當代購物有關的論述。因此這份附註所專注的焦點是下列兩種標準定義出來的。第一個焦點放在以購物為對象，且透過具有理論基礎之詮釋程序，所做出的系統化研究；第二個焦點則放在既不會把購物化約為經濟系統的一部份，也不會將之化約為操弄性干預（manipulative intervention）領域之研究對象的研究（也就是把購物理解成社會與文化實踐行動的複合體）。按照這些標準來看，這份購物研究的簡史也可以說是一份購物社會學的簡史，只是這裡要對社會學作廣義的理解。

購物者的類型化

很久以前曾有一篇量少質精、並對購物歷史作概括性探討的文獻（Adburgham, 1964），到了一九八〇年代，歷史學家轉而研究百貨公司的發展（Benson, 1986; Miller, 1981; Williams, 1982）。此外，市場研究人員、地理學家和城鄉規劃人員，長期以來則一直對零售環境表現出我們可以理解的興趣（Gardner and Sheppard, 1989; Goss, 1993）。然而，直到前不久以前，社會學家們對這個現象幾乎都還視而不見。

不過事實上，購物社會學的起源可以被追溯到一九五〇年代，當時有一篇由美國人格瑞格理・史東（Gregory P. Stone，1954）所撰寫的文章，名爲〈城市購物者和都會定位〉，這也是史東先生芝加哥大學碩士論文的一部份，在文中他希望評估沃思（Louis Wirth）描述的都會生活特質具有何種意涵。對沃思而言，城市生活的關鍵特質在於人們雖然有面對面的接觸，但他們仍不脫「冷淡、表面、短暫和片段」（1964 [初版 1938]: 70）。然而，史東不太相信城市生活特質就只是「一堆沒有個性（depersonalized）的關係罷了」（Wirth, 1964: 42），相反的，他相信還是有一些活動培養了個性化（personalization）的種子。所以他決定分析購物，並檢視購物是否真的會助長這種型式的社會整合（social integration）。

史東訪問了一百位女士，詢問她們對購物抱持何種態度，他特別專注在她們選擇某種零售通路而不選別種零售通路的原因。史東接著利用她們回答零售商相關問題的答案，界

定出四種基本的購物導向。它們分別是：「經濟型」（economic）的購物者，主要考量價格和品質；「個性化」（personalizing）的購物者，會比較購物經驗中所提供的互動機會，而把經濟準則視爲次要的考量；「道德型」（ethical）購物者，在選擇零售商時，主張基於道德考量；最後一種是「冷漠型」（apathetic）的購物者，他們只是因爲必需品短缺才被迫購物。

　　史東的類型學對後續的購物研究產生了重要的影響，雖然起初引發他關注此一現象的都市社會學議題後繼無人。不過，追隨者對於他的類型學在乍看之下能提供的商業利益更有興趣。因此羅蘭‧史蒂文生和羅蘭‧威列特（Ronald Stephenson and Ronald Willett，1969）曾經嘗試把購物者購買商品的習慣和他們比較常去的商店數目作互相的關連；而威廉‧達頓和佛列德‧列納（William R. Darden and Fred D. Reynolds，1971）也想把史東的購物導向和購買的產品（在他們案例中的產品是化妝品）關連起來，其結論指出經濟型購物者會使用具有「社會可見度（socially visible）」的化妝品，而個性化的購物者則偏好「有助基本衛生」的產品（1971：507）。後來，喬治‧莫熙斯（George P. Moschis）（1976）也以史東的成果爲基礎，基於個體選擇產品時所運用的不同資訊類別，建構出另一套購物導向分類。因此分類購物者的標準便是他們是否爲某品牌或商店的忠實客戶、或他們是否爲問題解決者（problem-solvers）（相近於史東的經濟型購物者）或具有社會化心理者（psycho-socializers），這種人想要模仿其他人的消費行爲與選擇。

其他研究者仍繼續觀察史東的類型學究竟可以在特定的消費人口區段上，能發揮多大程度的應用。因此，路易斯‧布恩等人（Louis E. Boone et al.，1974）比較了生活在德州的墨西哥裔美國人的購物導向，和奧克拉荷瑪州的中產階級盎格魯裔美國人的購物導向。他們主要的發現是墨西哥裔美國人比較像「經濟型」購物者，而盎格魯裔美國人則比較像個性化的購物者。而威廉‧里基努（William G. Zikinund，1977）在他對奧克拉荷瑪州的黑人，所進行的日用品購物行為的分析裡，將史東的類型縮減為三種：「比較型」（comparative）、「鄰近街坊型」（neighbourhood）、「外來購物者」（outshopper）；這種分類主要基於個體願意旅行的距離、購物旅程的頻率以及他們產生購物清單的時間而定。最後，羅伯特‧威廉等人（Robert Williams et al.，1978）在他們對日用品購物者進行的研究裡，修正了史東的類型，而將購物者分為以下四種主要型態：分別是「傳統型、價格導向型、冷漠型、綜合型」。

承上所言，這些研究很少提到史東最初關切議題的社會學意識，多半還是受到消費者研究的特定需求所驅使。不過，有些研究還是令社會學家感到興趣，特別是近年來有些消費者研究人員開始走出商業考量所支配的狹隘角度（參見Belk，1995）。因此貝林格等人（Bellenger et al.，1977）雖然從史東式的類型學出發，進一步定位了重要的類型：「消遣型（recreational）購物者」。有別於「便利型（convenience）購物者」（他們基本上和「經濟型消費者」雷同），消遣型的消費者從購物行為本身便可獲得滿足。威廉等人（Williams et al. 1978）也提出同樣的觀點，他們界定出一種購

物者的類型，其特別之處在於可以從過程中獲得樂趣（
pleasure）。他們也主張購物者的行動本身就可以提供消遣的
好處，而有別於其他任何透過交換而得的好處。在接下來的
文章裡，貝林格和寇佳卡（Bellenger and Korgaonkar，1980
）對此類購物者作了進一步的描述，他們主張這類的消費者
會花更多時間消費，也較有可能與他人共同購物，但較不可
能知道他們想要什麼，他們即使已經購買了產品，卻還想要
持續進行。他們提供的資料足以支持這類消費者多爲女人而
不是男人（請參見坎培爾，本書第七章），而且多是白領階
級而不是藍領階級的家庭[1]。

　　儘管購物類型學對購物經驗面向的參考有日益增加的
傾向，購物的購買面向仍舊是最爲突出的部分。在這種範圍
內，研究仍然時時以市場利益和消費研究爲念，而不重視社
會學。在這個範圍之內，除了史東自己的早期成果外，我們
發現後來的購物者類型學建構仍未擺脫其遺風之累。購物主
要還是被視爲一種「手段—目的」式（means-end）的活動，
或是以金錢交換商品爲重的活動。但是這種傾向乃是市場研
究觀點和新古典經濟學（Hollis and Nell, 1975）、經濟心理
學（van Raaji, 1988）和理性行動與理性選擇理論（Coleman
and Fararo, 1992; Elster, 1986）共享的傾向，而他們都理所當
然的將購物與購買劃上等號。然而，這些其他的觀點也傾向
把購物視爲個體必然會建構的一系列選擇，而個體則很幸運
的對自身需求和需要有十分清楚的知識，也對市場的資訊瞭
若指掌。因此，有一種傾向會把購物者說成訊息處理者、問
題解決者或是對效用進行理性最大化者（rational maximizer
of utility）。然而，這些模型的限制長久以來已是眾所周知

。除了他們所假設的先驗本質之外,正如喬治・康塔納(George Katona,1953: 312)所言,這種觀點忽略了其所提出的問題解決行為乃是相對而言較稀有的行為,而消費者行為上較常見的共同特徵乃是習慣性的行為(habitual behaviour)。

工具性及消遣性的購物

假如我們可以接受購物並不能被化約成訊息處理,決策制訂或被認定為購買行為,那我們就必須要接受為何購物不能單純地等同於希望從購買中獲取滿足,或是從商品的使用中得到滿足的原因。真是這樣,人們究竟為何要購物呢?這正是愛德華・陶伯(Edward Tauber,1972)在他那篇量少質精的文章裡所要問的問題。陶伯訪問了三十位男人和女人,問他們為什麼想要購物,他則從得到的答案裡界定出與購買行動無關的動機範圍,這個範圍涵蓋了角色扮演,從日常例行工作中得到的娛樂(diversion)、自我滿足、學習新趨勢和點子,活動筋骨、與他人交流或閒聊、同儕互動、享受地位與權威及討價還價的樂趣。

隨後,衛斯布魯克和布雷克(Westbrook and Black)(1985)的研究為陶伯的發現提供了廣泛的支持,並且添加了兩種動機:第一種動機是把選擇最佳化的動機,或是找出一個人真正想要之物的動機;第二種動機是源自新產品的預期功效[2]。對陶伯的文章作一回顧之所以重要是因為他最終將購物的動機從購買動機中釋放出來,他成功的指出「購物」具有某些較廣泛的社會學重要性。特別是他開啟了視購物為休

閒形式的觀點。

　　瑪麗安‧傑生一法貝克（Myriam Jansen-Verbeke，1987
）在一篇標題爲〈女人、購物和消遣〉的文章中指出，這正
是我們看待購物時所應持有的方式（亦即本身就是一種休閒
形式），購物並不只是人們平日生活中世俗化與公式化的一
面。她列舉自己在荷蘭所做的購物活動分析裡，所有能被「
購物」一詞涵蓋到的活動範圍來說明這點。這囊括了在咖啡
廳和酒吧裡的飲食、觀賞風景、拜訪博物館或市場、與朋友
同行以及單純的閒逛。在這個意義上，與之前表示購物只不
過是商品購買的研究沒有什麼關連。早在一九六三年史都華
‧瑞奇（Stuart U. Rich）便已指出瀏覽的重要性，後來彼得
‧布洛克（Peter Bloch et al.，1989）則繼續針對這點進行研
究。他們在文章裡，將瀏覽定義成「與特定購買需求或決策
無關的尋找活動」。（Bloch et al., 1989:13）。少了必要性的
束縛，使購物者在「純觀賞」（Bowlby, 1985; 參見本書第八
章，福克）的過程中便享受到了樂趣，雖然他連帶獲得產品
相關的資訊，但購物本身就可以當成目的（end-in-itself）而
樂在其中。這一切都支持購物應該被理解成一種特別經驗形
式的建構，購物有自己獨特的活動、樂趣與滿足，而不是當
作一種達成特定目的的手段。

　　如果我們認真想想自己對於購物實踐活動究竟有何瞭
解將十分有益，尤其我們會面對某些只藉由軼事來說明，而
不是用研究資料來支持「消費社會」相關推論的當代（後現
代？）論述。我們可以從「人們在購物上花費的時間」這類
簡單的問題開始著手。雖然這方面的資料少得可憐，但根據
亨利‧珊卓（Henley Centre，1991）的觀點，在英國每人每

週為了必需品和其他東西，平均花費4.6小時購物。這個數據掩蓋了許多重要的差異。比方說，受雇的男人花費3.3小時；受雇的女人花費4.2小時；而未受雇的男人花費3.1小時，女人花費5.1小時；這些差異與傑舒尼和強尼（Gershuny and Jones in 1987）還有霍伊（Hawes，1987, 1988）的發現一致，而他們也發現，「美國人每年所花在購物上的時間比西歐同胞多了三四倍」（Schor, 1992:107）。這一切都指出購物的確是大多數人休閒時光中的重要成分。

然而，這並非意味購物會轉變成一種純屬休閒的活動，因為休閒活動的模式是我們可以清楚界定的，購物則不是，而且「有目的」的購物並沒有單純地轉變成「逛街」購物（或是說隨意看看的購物），而是變成各種人與商品世界的互動模式，購買與否並無影響：實際上則是互相糾纏並分別形成各種體系。因此，我們可以說「購物」並不是同質性的活動。確實如此，就像羅伯特‧威伯克和威廉‧布雷克（Robert A. Westbrook and William C. Black，1985）對購物者類型學的評論所觀察到的那樣。拿採購日用品的購物與化妝品或百貨公司的購物相比並不恰當。

因此，假如想要對購物現象作一些理解的話，那麼瞭解購物類型之間的差異就可能和理解購物者之間的差別一樣重要。也因此，這些描述除非能進一步細分成更有意義的次領域，否則只能作相當有限的說明。最有意義的區分方式似乎是針對一般日用品的購物，也就是「補給必需品」這類型的購物和其他形式購物（看來最主要是衣服）間的差異，後者的形式還可被說成一種「購物之旅」（Campbell，即將發表）。這是多數購物者自認為有意義的一種區別方式，這和

我們常將購物視爲勞動活動和消遣活動的對比方式有所重疊（Prus and Dawson, 1991; 圖洛—基莫・拉特尼和帕希・馬恩伯，本書第六章）。

　　不過，仍舊有些令人懷疑之處，像人們真的從購物中（或至少是某種類型的購物中）獲得極大樂趣嗎？還有購物的休閒消遣特性在近幾十年來的重要性增加了嗎？其實，之所以能促成享樂的確實根源尚未釐清。坎培爾主張購物時被驅動的樂趣和人們得以「自主」（self-determined）的程度有關，這裡有些部分被理解成「行動的自主性領域」（autonomous field of action）（即將發表），其中的樂趣與個體能隨自己意思進行的程度有關。此外，坎培爾把這種經驗與人們想要某商品的能力串連起來，主張這樣的慾望不是預先規劃好的，而是從樂在其中的自我導向瀏覽所得到的副產品。從另一方面來說，帕希・福克（Pasi Falk，本書第八章）則強調各種不同的購物提供了不同的察看樂趣，其中得到的樂趣與購買行動的關連性甚低，樂趣是購物者獲得純觀賞或其他感官載體（接觸、試穿等等）上的自由之時，所衍生出的樂趣（185頁）。

購物作爲一種性別取向的活動

　　只要有足以區隔各類購物者的良好基礎，那麼史東的類型學所提出的對比就不是最具重要性的方式，其他由此衍生出的方式也不是最重要的。有研究指出購物的關鍵性事實，在於成爲具有性別取向活動的程度。誠如上述，史東只訪問

了女人，他這方面的研究蘊含著那時代的共同邏輯，默認購物主要是女性的活動，這個假設在消費者研究和行銷世界裡是如此理所當然，以致晚近幾年才把男人納入購物者研究的取樣對象。這個事實所揭示出的第一層意義在於購物是具有「性別取向」的活動，這也就是說購物被（或者起碼曾經被）廣泛的視爲一種以「女性」（實際上是居次要地位的「家庭主婦」）爲主的活動（Lunt and Livingstone, 1992; Oakley, 1974）。而具有性別取向的第二層意義，同時也是有密切關連的意義，則是揭示這點的資料也支持男人與女人有不同的購物風格和購物習慣（坎培爾，本書第七章）。

　　的確，假如把性別取向的觀念應用在上面提過的類型學之上，便會發現男人較接近便利型或冷淡型的購物者，女人則更接近消遣型的購物者（請參見Bellenger and Korgaonkar, 1980; Tatzel, 1982）。有幾個研究支持這個觀點，證實男人購物時多半是冷淡的，偏好以非參與的方式涉入其中；有一個引發費雪和亞若德（Fischer and Arnold）評論的事實（在他們分析聖誕購物的過程裡）是：「男人藉由限制自己參與該事件的程度來彰顯男子氣概」（1990: 354）[3]。最近蘭特和利文史東（Lunt and Livingstone's 1992: 92）的研究已經進一步證實這項觀點，他指出男人比女人更接近「例行」性購物者，女人比男人更接近「休閒」性的購物者。有其他研究成果認爲該活動的性別化特性已經延伸到男人和女人購物時可能會購買的日用品層面了（PahI, 1989, 1990; see also Peters, 1989）。

　　當然，要是男人以爲購物是一種「女性」的活動，那他們難免會用不同於女人的精神來從事購物、或竭盡所能的侷

限涉身其中的程度。從這方面來說，可以預期這些不同的購物活動模式反映了不同的信念和態度，而且相關領域的研究也確實支持這方面的論點。坎培爾（本書第七章）已經指示出男人與女人傾向對相反的「意識型態」、信念系統背書，以便爲他們自身性別所實踐的行事風格進行合法化的辯護，並藉機否定對方性別的舉止。因此當男人企圖貶低該活動的重要性、否定其具備的消遣性潛力，並堅持這是有待儘速完成的工具性行動時，女人卻認爲這是重要的活動，一種需要技巧、時間、能量和全心投入的活動，而且也是一種能提供可觀的消遣回饋的活動。雖然有些人認爲這些差異在當代社會裡已經萎縮，但還沒有資料可以確定這是否是真的。

　　如果購物行爲天生就在態度上帶有無法磨滅的性別差異，那我們很納悶夫妻如何能聯合從事這項活動。這方面可得的資料還相當有限，除了依莉沙白・沃佳斯特（Elizabeth Wolgast）一九五三年在其具有開創性的文章〈究竟是丈夫還是妻子做出購買決定的？〉一文中所找的事實。沃佳斯特的資料指出，一旦女人主導了家庭用品的採購，男人就幾乎會對家中車輛的選擇有所影響。後續研究也證實確有這種因產品不同而影響也不同的模式。這種研究包含汽車方面（Cunningham and Green, 1974; Jaffe and Senft, 1966; Newman and Staelin, 1972; Sharp and Mott, 1955; Wolgast, 1953）；從「白色」到「棕色」的商品在內的家庭用品方面（Jaffe and Senft, 1966; Woodside and Motes, 1979）；家用器具方面（Kelly and Egan, 1969）；以及基本糧食方面的研究。

　　然而，我們還不清楚，直接詢問夫婦決定買下某個商品的是誰，會不會是個很敏感的問題，根據史考特（1976）的

觀察，雙方主張不同層次的掌控權。的確，伍德塞和莫提（
Woodside and Motes，1979）便批評這樣的分析預設他們對
購買決策有過度強調的情況發生。他們主張這種行動需要被
分解成一系列的次狀態，從最初提議的想法，一直到款式、
類型、尺寸或品牌的決定等等。此外，還要考慮誰前去商店
（以及實際上是誰決定前往的商店），還有誰真正在最後一
刻買下東西。最後我們也可能注意到，研究中已經有預設購
物等同於決策制訂和購買的傾向，因此通常不能檢視夫妻一
起購物時，他們將如何處理在此活動上的不同期望與經驗。

註釋

1　這種建構類型學的傾向，仍是購物行為研究的主導性的
特徵。因此，直到最近兩位社會心理學家才在他們對消費進
行的研究中得出結論。彼德‧蘭特和索尼亞‧利文史東（Peter
K. Lunt and Sonia Livingstone）在她們名為《大眾消費和個人
認同：日常生活中的經濟經驗》（1992）一書中，提出四種
購物者的類型：他們是「小心的」（careful）、「例行的」
（routine）、「節儉的」（thrifty）以及「另類的」（alternative
）導向。
2　希格瑪‧格若莫（Sigmund Gronmo，1984: 18）提出一種
另類的案例，他指出消費行為可以補償或減輕個體在其他生
活領域的尊嚴損失，像是因為失業所喪失的自我尊重。
3　安‧奧克里（Ann Oakley，1974: 93）曾寫到因為害怕被
貼上娘娘腔的標籤而不提購物帶的男人。

參考文獻

Adburgham, Alison (1964) *Shops and Shopping, 1800-1914: Where, and in What Manner the Well-dressed Englishwoman Bought her Clothes.* London: Allen and Unwin.

Belk, Russell (1995) 'Studies in the New Consumer Behaviour', in Daniel Miller (ed.), *Acknowledging Consumption: A Review of New Studies.* London: Routledge. pp. 58-95.

Bellenger, Danny N. and Korgaonkar, Pradeep K. (1980) 'Profiling the Recreational Shopper', *Journal of Retailing,* 56(3): 77-92.

Bellenger, Danny N., Robertson, Dan H. and Greenberg, Barnett A. (1977) 'Shopping Centre Patronage Motives', *Journal of Retailing,* 53(2): 29-38.

Benson, Susan Porter (1986) *Counter Cultures: Saleswomen, Managers, and Customers in American Department Stores, 1890-1940.* Urbana and Chicago: University of Illinois Press.

Bloch, Peter, Ridgway, Nancy M. and Sherrell, Daniel (1989) 'Extending the Concept of Shopping: An Investigation of Browsing Activity', *Journal of the Academy of Marketing Science,* 17(1): 13-21.

Boone, Louis E., Kurtz, David L., Johnson, James C. and Bonno, John A. (1974) 'City Shoppers and Urban Identification Revisited', *Journal of Marketing,* 38: 67-9.

Bowlby, Rachel (1985) *Just Looking: Consumer Culture in Dreisen, Gissing and Zola.* London: Methuen.

Campbell, Colin (forthcoming) 'Shopping, Pleasure and the Context of Desire', in Gosewijn van Beek and Cora Covers (eds), *The Global and the Local: Consumption and European Identity.* Amsterdam: Spinhuis Press.

Campbell, Colin (1995) 'The Sociology of Consumption', in Daniel Miller (ed.), *Acknowledging Consumption: A Review of New Studies.* Routledge: London, pp. 96-126.

Coleman, James S. and Fararo, Thomas J. (eds) (1992) *Rational Choice Theory: Advocacy and Critique.* London: Sage.

Cunningham, Isabella, C.M. and Green, Robert T. (1974) 'Purchasing Roles in the U.S. Family 1955 and 1973', *Journal of Marketing,* 38: 61-8.

Darden, William R. and Reynolds, Fred D. (1971) 'Shopping Orientations and Product Usage Roles', *Journal of Marketing Research,* 8: 505- 8.

Elster, Jon (ed.) (1986) *Rational Choice.* Oxford: Basil Blackwell.

Fischer, Eileen and Arnold, Stephen J. (1990) 'More than a Labor of Love: Gender Roles and Christmas Gift Shopping', *Journal of Consumer Research,* 17: 333-45.

Gardner, Carl and Sheppard, Julie (1989) *Consuming Passion: The Rise of Retail Culture.* London: Unwin Hyman.

Gershuny, J. and Jones, S. (1987) The Changing Work-Leisure Balance in Britain,　1961-1984', in J. Home, D. Jary and A. Tomlinson (eds), *Sport, Leisure and Social Relations.* London: Routledge and Kegan Paul. pp. 9-50.

Goss, Jon (1993) ' "The Magic of the Mall": An Analysis of Form, Function, and Meaning in the Contemporary Retail Built Environment', *Annals of the Association of American Geographers,* 83(1): 18-47.

Gronmo, Sigmund (1984) Compensatory *Consumer Behavior: Theoretical Perspectives, Empirical Examples and Methodological Challenges.* Oslo: University of Oslo.

Hawes, Douglass K. (1987) 'Time Budgets and Consumer Leisure-Time Behavior: An Eleven-Year-Later Replication and Extension (Part I - Females)', *Advances in Consumer Research*, 14: 543-7.

Hawes, Douglass K. (1988) 'Time Budgets and Consumer Leisure-Time Behavior: An Eleven-Year-Later Replication and Extension (Part II - Males)', *Advances in Consumer Research*, 15: 418-25.

Henley Centre (1991) *Leisure Futures*. London: Henley Centre for Forecasting.

Hollis, Martin and Nell, Edward J. (1975) *Rational Economic Man: A Philosophical Critique of Neo-Classical Economics*. Cambridge: Cambridge University Press.

Jaffe, Laurence J. and Senft, Henry (1966) 'The Role of Husbands and Wives in Purchasing Decisions', in Lee Adler and Irving Crespi (eds), *Attitude Research at Sea*. Chicago: American Marketing Association, pp. 95-110.

Jansen-Verbeke, Myriam (1987) 'Women, Shopping and Leisure', *Leisure Studies*, 6: 71-86.

Katona, George (1953) 'Rational Behavior and Economic Behavior', *Psychological Review*, 60(5): 307-18.

Kelly, Robert F. and Egan, Michael B. (1969) 'Husband and Wife Interaction in a Consumer Decision Process', in Philip R. McDonald (ed.), *Marketing Involvement in Society and the Economy*. Fall Conference Proceedings. Chicago: American Marketing Association, pp. 250-8.

Lunt, Peter K. and Livingstone, Sonia M. (1992) *Mass Consumption and Personal Identity: Everyday Economic Experience*. Buckingham: Open University Press.

Miller, Michael B. (1981) *The Bon Marche: Bourgeois Culture and the Department Store, 1869-1920.* London: Allen and Unwin.

Moschis, George (1976) 'Shopping Orientations and Consumer Uses of Information', *Journal of Retailing,* 52(2): 61-70.

Newman, Joseph W. and Richard Staelin (1972) 'Pre-Purchase Information Seeking for New Cars and Major Household Appliances', *Journal of Marketing Research, 9:* 249-57.

Oakley, Ann (1974) *The Sociology of Housework.* Bath: Martin Robertson.

Pahl, Jan (1989) *Money and Marriage.* London: Macmillan.

Pahl, Jan (1990) 'Household Spending, Personal Spending and the Control of Money in Marriage', *Journal of the British Sociological Association,* 24(1): 119-38.

Peters, John F. (1989) 'Youth Clothes-Shopping Behavior: An Analysis by Gender', *Adolescence,* 24: 575-80.

Prus, Robert and Dawson, Lome (1991) '"Shop 'Til You Drop": Shopping as Recreational and Laborious Activity', *Canadian Journal of Sociology,* 16(2): 145-64.

Rich, Stuart U. (1963) *Shopping Behavior of Department Store Customers: A Study of Store Policies and Customer Demand, with Particular Reference to Delivery Service and Telephone Ordering.* Boston: Harvard University Press.

Schor, Juliet (1992) *The Overworked American: The Unexpected Decline of Leisure.* New York: Basic Books.

Scott, Rosemary (1976) *The Female Consumer.* London: Associated Business Programmes.

Sharp, Harry and Mott, Paul (1955) 'Consumer Decisions in the Metropolitan Family', *Journal of Marketing,* 21: 149-59.

Stephenson, Ronald P. and Willett, Ronald P. (1969) 'Analysis of Consumers' Retail Patronage Strategies', in P.R. McDonald (ed.), *Marketing Involvement in Society and the Economy.* Chicago: American Marketing Association, pp. 316-22.

Stone, Gregory P. (1954) 'City Shoppers and Urban Identification: Observations on the Social Psychology of City Life', *American Journal of Sociology,* 60: 36-45.

Tatzel, Myriam (1982) 'Skill and Motivation in Clothes Shopping: Fashion-Conscious, Independent, Anxious, and Apathetic Consumers', *Journal of Retailing,* 58(4): 90-7.

Tauber, Edward (1972) 'Why Do People Shop?', *Journal of Marketing,* 36: 46-59.

van Raaji, Fred W. (1988) 'Information Processing and Decision-Making Cognitive Aspects of Economic Behaviour', in Fred W. van Raaji, Gery M. van Veldhoven and Karl-Erik Warneryd (eds), *Handbook of Economic Psychology.* Dordrecht: Kluwer Academic Publishers.

Westbrook, Robert A. and Black, William C. (1985) 'A Motivation-Biased Shopper Typology', *Journal of Retailing,* 61(1): 78-103.

Williams, Robert H., Painter, John J. and Nicholas, Herbert R. (1978) 'A Policy-Oriented Typology of Grocery Shoppers', *Journal of Retailing,* 54(1): 27-3.

Williams, Rosalind (1982) *Dream Worlds: Mass Consumption in Late Nineteenth-Century France.* Berkeley and Los Angeles: University of California Press.

344　　　　　　血拼經驗

Wirth, Louis (1964) 'Urbanism as a Way of Life', in Albert J. Reiss (ed.),
　　Louis Wirth on Cities and Social Life. Chicago: University of Chicago
　　Press.

Wolgast, Elizabeth (1953) 'Do Husbands or Wives Make the Purchasing
　　Decisions?', *Journal of Marketing*, 23: 151-8.

Woodside, Arch and Motes, William (1979) 'Perceptions of Marital Roles in
　　Consumer Decision Processes for Six Products', in Beckwith et al. (eds),
　　American Marketing Association Proceedings. Chicago: American
　　Marketing Association, pp. 214-19.

Zikmund, William (1977) 'A Taxonomy of Black Shopping Behavior',
　　Journal of Retailing, 53(2): 61-72.

購物研究：精選文獻

　　底下挑選出來的購物研究相關文獻，乃是爲了闡明我們當前研究的題目所具備的多樣性和豐富性。爲了清晰起見，這些書籍與文章按照以下的學科類別進行劃分：經濟學、地理學、歷史學、文學、行銷學、心理學與社會學。然而，我們不應該太過嚴格看待學科類別，因爲事實上有些參考文獻落於兩種學科之間，或是同時屬於一種以上的學科領域。我們會在最後兩節裡，提供一份曾出過消費專刊的期刊名單，以及消費領域裡既存的相關文獻的名單。

經濟學

Fine, Ben and Leopold, Ellen (1993) *The World of Consumption*. London: Routledge.

Friedman, Monroe (1988) 'Models of Consumer Choice Behaviour', in Fred W. van Raaji, Gery M. van Veldhoven and Karl-Erik Warneryd (eds), *Handbook of Economic Psychology*. Dordrecht: Kluwer Academic Publishers, pp. 332-57.

Hollis, Martin and Nell, Edward J. (1975) *Rational Economic Man: A Philosophical Critique of Neo-Classical Economics*. Cambridge: Cambridge University Press.

Katona, George (1953) 'Rational Behavior and Economic Behavior', *Psychological Review*, 60(5): 307-18.

346 　　　　　血拼經驗

Mittal, Banwari and Lee, Myung-soo (1989) 'A Causal Model of Consumer Involvement', *Journal of Economic Psychology,* 10(3): 363-89.

Oumlil, A. Ben (1983) *Economic Change and Consumer Shopping Behavior.* New York: Praeger.

Scitovsky, Tibor (1976) *The Joyless Economy: An Inquiry into Human Satisfaction and Consumer Dissatisfaction.* New York: Oxford University Press.

Scitovsky, Tibor (1986) *Human Desire and Economic Satisfaction: Essays on the Frontiers of Economics.* Brighton: Wheatsheaf.

van Raaji, Fred W. (1988) 'Information Processing and Decision-Making Cognitive Aspects of Economic Behaviour', in Fred W. van Raaji, Gery M. van Veldhoven and Karl-Erik Warneryd (eds), *Handbook of Economic Psychology.* Dordrecht: Kluwer Academic Publishers, pp. 74-106.

Warneryd, Karl Erik (1988) 'Economic Psychology as a Field of Study', in Fred W. van Raaji, Gery M. van Veldhoven and Karl-Erik Warneryd (eds), *Handbook of Economic Psychology.* Dordrecht: Kluwer Academic Publishers, pp.3-40

地理學

Butler, R.W. (1991) 'West Edmonton Mall as a Tourist Attraction', *The Canadian Geographer,* 35(3): 287-95.

Fairbairn, Kenneth J. (1991) 'West Edmonton Mall: Entrepreneurial Innovation and Consumer Response', *Canadian Geographer,* 35(3): 261-8.

Goss, Jon (1993) ' "The Magic of the Mall": An Analysis of Form, Function, and Meaning in the Contemporary Retail Built Environment', *Annals of the Association of American Geographers*, 83(1): 18-47.

Hallsworth, Alan G. (1994) 'Decentralization of Retailing in Britain - The Breaking of the Third Wave', *Professional Geographer*, 46(3): 296-307.

Hopkins, Jeffrey S.P. (1991) 'West Edmonton Mall as a Centre for Social Interaction', *The Canadian Geographer*, 35(3): 268-79.

Jackson, Edgar L. (1991) 'Shopping and Leisure: Implications of West Edmonton Mall for Leisure Research', *The Canadian Geographer*, 35(3): 280-7.

Jackson, Edgar L. and Johnson, Denis B. (1991) 'Geographic Implications of Mega-Malls with Special Reference to West Edmonton Mall', *The Canadian Geographer*, 35(3): 226-32.

Johnson, Denis B. (1991) 'Structural Features of West Edmonton Mall', *The Canadian Geographer*, 35(3): 249-61.

Jones, Ken (1991) 'Mega-Chaining, Corporate Concentration and the Mega-Mall', *The Canadian Geographer*, 35(3): 241-9.

Sack, Robert (1988) 'The Consumer's World: Place as Context', *Annals of the Association of American Geographers*, 78: 642-64.

Shields, Rob (1989) 'Social Spatialization and the Built Environment: The Case of the West Edmonton Mall', *Environment and Planning D: Society and Space*, 7(2): 147-64.

Simmons, Jim (1991) 'The Regional Mall in Canada', *The Canadian Geographer*, 35(3): 232-40.

Smith, P.J. (1991) 'Coping with Mega-Mall Development: An Urban Planning Perspective', *The Canadian Geographer*, 35(3): 295-305.

歷史學

Adburgham, Alison (1964) *Shops and Shopping, 1800-1914: Where, and in What Manner, the Well-dressed Englishwoman Bought her Clothes.* London: Allen and Unwin.

Appleby, Joyce (1993) 'Consumption in Early Modern Thought', in John Brewer and Roy Porter (eds), *Consumption and the World of Goods.* London: Routledge. pp. 162-73.

Benson, Susan Porter (1986) *Counter Cultures: Saleswomen, Managers, and Customers in American Department Stores, 1890-1940.* Urbana and Chicago: University of Illinois Press.

Bradley, Harriet (1989) *Men's Work, Women's Work: A Sociological History of The Sexual Division of Labour in Employment.* Cambridge: Polity Press.

Bradley, Harriet (1992) 'Changing Social Structures: Class and Gender', in Stuart Hall and Bram Gieben (eds), *Formations of Modernity.* Cambridge: Polity Press, pp. 178-226.

Breen, T.H. (1993) 'The Meaning of Things: Interpreting the Consumer Society in the Eighteenth Century', in John Brewer and Roy Porter (eds), *Consumption and the World of Goods.* London: Routledge. pp. 249-60.

Brewer, John and Porter, Roy (eds) (1993) *Consumption and the World of Goods.* London: Routledge.

Davis, Dorothy (1966) *A History of Shopping.* London: Routledge and Kegan Paul. Fine, Ben and Leopold, Ellen (1990) 'Consumerism and the Industrial Revolution', *Social History,* 15(2): 151-79.

Horowitz, Daniel (1985) *The Morality of Spending: Attitudes toward the Consumer Society in America, 1875-1940*. Baltimore: Johns Hopkins University Press.

Laermans, Rudi (1993) 'Learning to Consume: Early Department Stores and the Shaping of the Modern Consumer Culture (1860-1914)', *Theory, Culture & Society*, 10: 79-102.

Leach, William R. (1984) 'Transformations in a Culture of Consumption: Women and Department Stores, 1890-1925', *Journal of American History*, 71(2): 319-2.

Leach, William R. (1993) *Land of Desire. Merchants, Power, and the Rise of New American Culture*. New York: Pantheon.

Lears, T.J. Jackson and Fox, Richard Wrightman (1983) *The Culture of Consumption: Critical Essays in American History, 1880-1980*. New York: Pantheon.

McKendrick, Neil (1974) 'Home Demand and Economic Growth: A New View of the Role of Women and Children in the Industrial Revolution', in Neil McKendrick (ed.), *HistoricalPerspectives: Studies in English Thought and Society*. London: Europa. pp. 152-210.

McKendrick, Neil, Brewer, John and Plumb, J.H. (1982) *The Birth of a Consumer Society: TheCommercialization of Eighteenth-Century England*. London: Europa.

Miller, Michael B. (1981) *The Bon Marche: Bourgeois Culture and the Department Store, 1869-1920*. London: Allen and Unwin.

Mukerji, Chandra (1983) *From Graven Images: Patterns of Modern Materialism*. New York: Columbia University Press.

350　　　　　血拼經驗

Plumb, J.H. (1982) 'Commercialization and Society', in Neil McKendrick, John Brewer and J.H. Plumb, *The Birth of a Consumer Society: The Commercialization of Eighteenth-Century England*. London: Europa. pp. 265-334.

Porter, Roy (1990) *English Society in the Eighteenth Century*. Harmondsworth: Penguin.

Porter, Roy (1993) 'Consumption: Disease of the Consumer Society', in John Brewer and Roy Porter (eds), *Consumption and the World of Goods*. London: Routledge. pp. 58-81.

Reekie, Gail (1992) 'Changes in the Adamless Eden: The Spatial and Sexual Transformation of a Brisbane Department Store 1930-1990', in Rob Shields (ed.), *Lifestyle Shopping: The Subject of Consumption*. London: Routledge. pp. 170-94.

Reekie, Gail (1993) *Temptations: Sex, Religion and the Department Store*. St Leonards: Allen and Unwin.

Thirsk, Joan (1978) *Economic Policy and Projects: The Development of a Consumer Society in Early Modern England*. Oxford: Clarendon Press.

Vickery, Amanda (1993) 'Women and the World of Goods: A Lancashire Consumer and her Possessions, 1751 -81', in John Brewer and Roy Porter (eds), *Consumption and the World of Goods*. London: Routledge. pp. 274-301.

Weatherill, Lorna (1986) 'A Possession of One's Own: Women and Consumer Behaviour in England, 1660-1740', *Journal of British Studies, 25:* 131-56.

Weatherill, Lorna (1988) *Consumer Behaviour and Material Culture in Britain, 1660-1760*.

London: Routledge. Wendt, Lloyd and Kogan, Herman (1952) *Give the iMdy What She Wants: The Story of Marshall Field and Company.* Chicago: Rand McNally.

Williams, Rosalind (1982) *Dream Worlds: Mass Consumption in Late Nineteenth-Century France.* Berkeley and Los Angeles: University of California Press.

文學

Bowlby, Rachel (1985) *Just looking: Consumer Culture in Dreiser, Gissing, and Zola.* London: Methuen.

Bowlby, Rachel (1987) 'Modes of Modern Shopping: Mallarme at the Bon Marche', in Nancy Armstrong and Leonard Tennenhouse (eds), *The Ideology of Conduct: Essays on Literature and the History of Sexuality.* London: Methuen. pp. 185-205.

Bowlby, Rachel (1993) *Shopping with Freud.* London: Routledge.

Leigh, Hunt (1903) 'Of the Sight of Shops', in his *Essays,* ed. with an introduction by Arthur Symons. London: Walter Scott Ltd. pp. 20-35.

Mitchell, Wesley C. (1950) *The Backward Art of Spending Money and Other Essays.* New York: Augustus M. Kelley.

Woolf, Virginia (1994) 'Street Haunting - A London Adventure', in her *The Crowded Dance of Modern Life. Selected Essays: Volume Two,* ed. with an Introduction by Rachel Bowlby. Harmondsworth: Penguin.

Zola, Emile (1992) *The Ladies' Paradise.* Berkeley and Los Angeles: University of California Press.

行銷學

Alba, Joseph W. and Hutchinson, Wesley J. (1987) 'Dimensions of Consumer Expertise', *Journal of Consumer Research,* 13(4): 411-54.

Bellenger, Danny N. and Korgaonkar, Pradeep K. (1980) 'Profiling the Recreational Shopper', *Journal of Retailing,* 56(3): 77-92.

Bellenger, Danny N., Robertson, Dan H. and Greenberg, Barnett A. (1977) 'Shopping Centre Patronage Motives', *Journal of Retailing,* 53(2): 29-38.

Bellenger, Danny N., Robertson, Dan H. and Hirschman, Elizabeth C. (1978) 'Impulse Buying Varies by Product', *Journal of Advertising Research,* 18(6): 15-18.

Bloch, Peter H., Ridgway, Nancy M. and Dawson, S.A. (1994) 'The Shopping Mall as Consumer Habitat', *Journal of Retailing,* 70(1): 23-42.

Bloch, Peter H., Ridgway, Nancy M. and Sherrell, Daniel L. (1989) 'Extending the Concept of Shopping: An Investigation of Browsing Activity', *Journal of the Academy of Marketing Science,* 17: 13-21.

Boone, Louis E., Kurtz, David L., Johnson, James C. and Bonno, John A. (1974) 'City Shoppers and Urban Identification Revisited', *Journal of Marketing,* 38: 67-9.

Cunningham, Isabella C.M. and Green, Robert T. (1974) 'Purchasing Roles in the U.S. Family 1955 and 1973', *Journal of Marketing,* 38: 61-8.

Darden, William R. and Ashton, Dub (1974) 'Psychographic Profiles of Patronage Preference Groups', *Journal of Retailing,* 50(4): 99-112.

Darden, William R. and Dorsch, Michael J. (1990) 'An Action Strategy Approach to Examining Shopping Behavior', *Journal of Retailing,* 21(3):

289-308.

Darden, William R. and Reynolds, Fred D. (1971) 'Shopping Orientations and Product Usage Roles', *Journal of Marketing Research*, 8: 505-8.

De Grazia, Sebastian (1964) *Of Time, Work, and Leisure*. New York: Anchor Books.

Dichter, Ernest (1964) *Handbook of Consumer Motivations: The Psychology of the World of Objects*. New York: McGraw-Hill.

Dickson, Peter R. and Sawyer, Alan G. (1990) The Price Knowledge and Search of Supermarket Shoppers', *Journal of Marketing*, 54: 42-53.

Feinberg, Richard A., Sheffler, Brent, Meoli, Jennifer and Rummel, Amy (1989) 'There's Something Social Happening at the Mall', *Journal of Business and Psychology*, 4(1): 49-63.

Firat, Fuat A. (1991) 'The Consumer in Postmodernity', *Advances in Consumer Research*, 18: 70-6.

Fischer, Eileen and Arnold, Stephen J. (1990) 'More than a Labor of Love: Gender Roles and Christmas Gift Shopping', *Journal of Consumer Research*, 17: 333-5.

Fischer, Eileen and Arnold, Stephen J. (1994) 'Sex, Gender Identity, Gender Role Attitudes and Consumer Behavior', *Psychology and Marketing*, 11(2): 163-82.

Fischer, Eileen and Gainer, Brenda (1991) 'I Shop Therefore I Am: The Role of Shopping in the Social Construction of Women's Identities', in Janeen Arnold Costa (ed.), *Gender and Consumer Behavior*. Salt Lake City, UT: Association for Consumer Research, pp. 350-7.

Francis, Sally and Burns, Leslie D. (1992) 'Effect of Consumer Socialization on Clothing Shopping Attitudes, Clothing Acquisition and Clothing

354   血拼經驗

Satisfaction', *Clothing and Textiles Research Journal*, 10(4): 35-9.

Gainer, Brenda and Fischer, Eileen (1991) 'To Buy or Not to Buy? That is Not the Question: Female Ritual in Home Shopping Parties', *Advances in Consumer Research*, 18: 597-602.

Gardner, Carl and Shepherd, Julie (1989) *Consuming Passion: The Rise of Retail Culture.* London: Unwin Hyman.

Grossbart, Sanford, Carlson, Les and Walsh, Ann (1991) 'Consumer Socialization and Frequency of Shopping with Children', *Journal of the Academy of Marketing Science*, 19(3): 155-63.

Gutman, Jonathan, and Mills, Michael K. (1982) 'Fashion Life Style, Self-Concept, Shopping Orientation, and Store Patronage: An Integrative Analysis', *Journal of Retailing*, 58(2): 64-86.

Hallsworth, Alan G. (1988) 'Analysis of Shoppers' Attitudes', *Psychological Reports*, 62: 497-8.

Hawes, Douglass K. (1987) Time Budgets and Consumer Leisure-Time Behavior: An Eleven-Year-Later Replication and Extension (Part I - Females)', *Advances in Consumer Research*, 14: 543-7.

Hawes, Douglass K. (1988) Time Budgets and Consumer Leisure-Time Behavior: An Eleven-Year-Later Replication and Extension (Part II - Males)', *Advances in Consumer Research*, 15: 418-25.

Hawks, Leona and Ackerman, Norleen (1990) 'Family Life Cycle Differences for Shopping Styles, Information Use, and Decision-Making.' *Lifestyles*, 11(2): 199-219.

Hirschman, Elizabeth C. (1991) 'A Feminist Critique of Marketing Theory: Toward Agentic- Communal Balance', in Janeen Arnold Costa (ed.), *Gender and Consumer Behavior.* Salt Lake City, UT: Association of

Consumer Research, pp. 324-40.

Hirschman, Elizabeth C. (1993) 'Ideology in Consumer Research, 1980 and 1990: A Marxist and Feminist Critique', *Journal of Consumer Research*, 19: 537-55.

Hirschman, Elizabeth C. and Holbrook, Morris B. (1982) 'Hedonic Consumption: Emerging Concepts, Methods and Propositions', *Journal of Marketing*, 46: 92-101.

Holbrook, Morris B. and Hirschman, Elizabeth C. (1982) The Experiential Aspects of Consumption: Consumer Fantasies, Feelings, and Fun', *Journal of Consumer Research*, 9: 132-40.

Jaffe, Laurence J. and Senft, Henry (1966) 'The Role of Husbands and Wives in Purchasing Decisions', in Lee Adler and Irving Crespi (eds), *Attitude Research at Sea*. Chicago: American Marketing Association, pp. 95-110.

Jansen-Verbeke, Myriam (1987) 'Women, Shopping and Leisure', *Leisure Studies*, 6: 71-86.

Kelly, Robert F. and Egan, Michael B. (1969) 'Husband and Wife Interaction in a Consumer Decision Process', in Philip R. McDonald (ed.), *Marketing Involvement in Society and the Economy*. Fall Conference Proceedings. Chicago: American Marketing Association, pp. 250-8.

Kerin, Roger A., Jain, Ambuj and Howard, Daniel J. (1992) 'Store Shopping Experience and Consumer Price-Quality-Value Perceptions', *Journal of Retailing*, 68(4): 376-97.

Key Note Publications (1992a) *Retailing in the United Kingdom*. 3rd edn. Hampton: Key Note Publications.

Key Note Publications (1992b) *UK Household Market: Furniture, Fittings and Decor*. 1st edn. Hampton: Key Note Publications.

Key Note Publications (1992c) *UK Household Market: Household Appliances and House-wares.* 1st edn. Hampton: Key Note Publications.

Key Note Publications (1992d) *UK Clothing and Footwear Market.* 2nd edn. Hampton: Key Note Publications.

Kowinski, W.S. (1985) *The Mailing of America: An Inside Look at the Great Consumer Paradise.* New York: W. Morrow.

Laaksonen, Martti (1993) 'Retail Patronage Dynamics: Learning about Daily Shopping Behavior in Contexts of Changing Retail Structures' (Special Issue: Retail Patronage Dynamics), *Journal of Business Research,* 28(1-2): 3-174.

Laaksonen, Pirjo (1994) *Consumer Involvement: Concepts and Research.* London: Rout-ledge.

Langrehr, Frederick (1991) 'Retail Shopping Mall Semiotics and Hedonic Consumption', *Advances in Consumer Research,* 18: 428-33.

McDonald, W.J. (1994) 'Time Use in Shopping - The Role of Personal Characteristics', *Journal of Retailing,* 70(4): 345-65.

Martineau, Pierre (1957) *Motivation in Advertising: Motives That Make People Buy.* New York: McGraw-Hill.

Mayer, Robert Nathan (1978) 'Exploring Sociological Theories by Studying Consumers', *American Behavioral Scientist,* 21(4): 600-13.

Moore-Shay, Elizabeth S. and Wilkie, William L. (1988) 'Recent Advances in Research on Family Decisions', *Advances in Consumer Research,* 15: 454-60.

Moschis, George P. (1976) 'Shopping Orientations and Consumer Uses of Information', *Journal of Retailing,* 52(2): 61-70.

Moschis, George P. (1985) 'The Role of Family Communication in Consumer
　　Socialization of Children and Adolescents', *Journal of Consumer Research,*
　　11: 898-913.

Moschis, George P. and Churchill, Gilbert A. Jr (1978) 'Consumer
　　Socialization: A Theoretical and Empirical Analysis', *Journal of Marketing
　　Research,* 15: 599-609.

Newman, Joseph W. and Staelin, Richard (1972) 'Pre-Purchase Information
　　Seeking for New Cars and Major Household Appliances', *Journal of
　　Marketing Research, 9: 249-51.*

Nielson (1992) *The British Shopper 1992/93.* Oxford: NTC Publications.

Packard, Vance (1986) *The Hidden Persuaders.* Harmondsworth: Penguin.

Peters, John F. (1989) 'Youth Clothes-Shopping Behavior: An Analysis by
　　Gender', *Adolescence,* 24: 575-80.

Rich, Stuart U. (1963) *Shopping Behavior of Department Store Customers: A
　　Study of Store Policies and Customer Demand, with Particular Reference
　　to Delivery Service and Telephone Ordering.* Boston: Harvard University
　　Press.

Rook, Dennis (1985) 'The Ritual Dimension of Consumer Behavior', *Journal
　　of Consumer Research,* 12: 251-64.

Rook, Dennis W. and Hoch, Stephen J. (1985) 'Consuming Impulses',
　　Advances in Consumer Research, 12: 23-7.

Rust, Langbourne (1993) 'Parents and Children Shopping Together: A
　　New Approach to the Qualitative Analysis of Observational Data', *Journal
　　of Advertising Research,* 33(4): 65-70.

Schindler, Robert M. (1989) The Excitement of Getting A Bargain: Some
　　Hypotheses Concerning the Origins of and Effects of Smart-Shopper

Feelings', *Advances in Consumer Research*, 16: 447-53.

Schudson, Michael (1986) *Advertising: The Uneasy Persuasion*. New York: Basic Books.

Scott, Rosemary (1976) *The Female Consumer*. London: Associated Business Programmes.

Sharp, Harry and Mott, Paul (1956) 'Consumer Decisions in the Metropolitan Family', *Journal of Marketing*, 21: 149-59.

Sherry, John F. and McGrath, Mary Ann (1989) 'Unpacking the Holiday Presence: A Comparative Ethnography of Two Gift Stores', in Elizabeth Hirschmann (ed.), *Interpretive Consumer Research*. Provo, UT: Association for Consumer Research, pp. 148-67.

Soloman, Michael R. (1992) *Consumer Behavior: Buying, Having and Being*. Needham Heights, MA: Allyn and Bacon.

Somner, Robert, Wynes, Marcia and Brinkley, Garland (1992) 'Social Facilitation Effects in Shopping Behavior', *Environment and Behavior*, 24(3): 285-97.

Stephenson, Ronald P. and Willett, Ronald P. (1969) 'Analysis of Consumers' Retail Patronage Strategies', in P.R. McDonald (ed.), *Marketing Involvement in Society and the Economy*. Chicago: American Marketing Association, pp. 316-22.

Stutteville, John R. (1971) 'Sexually Polarised Products and Advertising Strategy', *Journal of Retailing*, 47(2): 3-13.

Tatzel, Miriam (1982) 'Skill and Motivation in Clothes Shopping: Fashion-Conscious, Independent, Anxious, and Apathetic Consumers', *Journal of Retailing*, 58(4): 90-7.

Tauber, Edward M. (1972) 'Why Do People Shop?', *Journal of Marketing,* 36: 46-59.

Thompson, Craig J., Locander, William B. and Pollio, Howard R. (1990) The Lived Meaning of Free Choice: An Existential-Phenomenological Description of Everyday　Consumer Experiences of Contemporary Married Women', *Journal of Consumer Research,* 17: 346-61.

Tigert, Douglas J., Ring, Lawrence J. and King, Charles W. (1976) 'Fashion Involvement and Buying Behavior: A Methodological Study', *Advances in Consumer Research,* 3: 46-52.

Venkatesh, Alladi, Sherry, John F. Jr and Firat, A. Fuat (1993) 'Postmodernism and the Marketing Imaginary', *International Journal of Research in Marketing,* 10(3): 215-49.

Ward, Scott (1981) 'Consumer Socialization', in Harold H. Kassarjian and Thomas S.Robertson (eds), *Perspectives in Consumer Behavior.* 3rd edn. Glenview, IL: Scott Fores-man, pp. 380-96.

Ward, Scott, Wackman, Daniel B. and Wartella, Ellen (1977) *How Children Learn to Buy.* Newbury Park: Sage. Ward, Sue (1971) 'A Study of a Shopping Centre', in Max K. Adler (ed.), *Leading Cases in Market Research.* London: Business Books.

Wertz, Frederick J. and Greenhut, Joan M. (1985) 'A Psychology of Buying: Demonstration of a Phenomenological Approach in Consumer Research', *Advances in Consumer Research,* 12: 566-70.

Westbrook, Robert A. and Black, William C. (1985) 'A Motivation-Based Shopper Typology', *Journal of Retailing,* 61(1): 78-103.

Williams, Robert H., Painter, John J. and Nicholas, Herbert R. (1978) 'A Policy-Oriented Typology of Grocery Shoppers', *Journal of Retailing,*

54(1): 27-43.

Wolgast, Elizabeth (1953) 'Do Husbands or Wives Make the Purchasing Decisions?', *Journal of Marketing,* 23: 151-8.

Woodside, Arch and Motes, William (1979) 'Perceptions of Marital Roles in Consumer Decision Processes for Six Products', in Beckwith et al. (eds), *American Marketing Association Proceedings.* Chicago: American Marketing Association, pp. 214-19.

Zikmund, W.G. (1977) 'A Taxonomy of Black Shopping Behavior', *Journal of Retailing,* 53(2): 61-72.

心理學

Coshall, John T. and Potter, Robert B. (1986) The Relation of Personality Factors to Urban Consumer Cognition', *Journal of Social Psychology,* 126(4): 539-4.

Csikszentmihályi, Mihaly and Rochberg-Halton, Eugene (1987) *The Meaning of Things: Domestic Symbols and the Self.* Cambridge: Cambridge University Press.

Dittmar, Helga (1989) 'Gender Identity-Related Meanings of Personal Possessions', *British Journal of Social Psychology,* 28: 159-71.

Dittmar, Helga (1991) 'Meanings of Material Possessions as Reflections of Identity: G ender and Social Material Position in Society', *Journal of Social Behavior and Personality,* 6(6): 165-86. Special Issue: To Have Possessions: A Handbook on Ownership and Property.

Dittmar, Helga (1992) *The Social Psychology of Material Possessions: To Have is To Be.* Hemel Hempstead: Harvester Wheatsheaf.

Lave, Jean (1988) *Cognition in Practice: Mind, Mathematics and Culture in Everyday Life.*Cambridge: Cambridge University Press.

Lunt, Peter K. and Livingstone, Sonia M. (1992) *Mass Consumption and Personal Identity: Everyday Economic Experience.* Buckingham: Open University Press.

Potter, Robert B. (1984) 'Consumer Behavior and Spatial Cognition in Relation to the Extraversion-Introversion Dimension of Personality', *Journal of Social Psychology,* 123: 29-34.

Potter, Robert B. and Coshall, John T. (1985) 'The Influence of Personality-Related Variables on Microspatial Consumer Research', *Journal of Social Psychology,* 126(6): 695-701.

van Raaji, Fred W. (1988) 'Het Winkelgedrag van de Consument' [Consumers' Shopping Behaviour], *Psycholoog,* 23(5): 208-17.

社會學

Appadurai, Arjun (ed.) (1986) *The Social Life of Things: Commodities in Cultural Perspective.*Cambridge: Cambridge University Press.

Baudrillard, Jean (1981) *For a Critique of the Political Economy of the Sign.* St Louis, MO: Telos Press.

Baudrillard, Jean (1988) *Selected Writings,* ed. Mark Poster. Cambridge: Polity Press.

Bauman, Zygmunt (1983) 'Industrialism, Consumerism and Power', *Theory, Culture & Society,* 1(3): 32-3.

Bauman, Zygmunt (1987) *Legislators and Interpreters: On Modernity, Post-Modernity and Intellectuals.* Cambridge: Polity Press.

Bauman, Zygmunt (1988a) *Freedom.* Milton Keynes: Open University Press.

Bauman, Zygmunt (1988b) 'Sociology and Postmodernity', *Sociological Review,* 36(4): 790-813.

Bauman, Zygmunt (1990) *Thinking Sociologically: An Introduction to Everyone.* Oxford: Basil Blackwell.

Bauman, Zygmunt (1991) 'Communism: A Post-Mortem', *Praxis International,* 10(3-4): 185-192.

Bauman, Zygmunt (1992) *Intimations of Postmodernity.* London: Routledge.

Beng, Huat Chua (1992) 'Shopping for Women's Fashion in Singapore', in Rob Shields (ed.), *Lifestyle Shopping: The Subject of Consumption.* London: Routledge. pp. 114-35.

Benjamin, Walter (1983) *Charles Baudelaire: A Lyric Poet in the Era of High Capitalism.* London: Verso.

Bocock, Robert (1992) 'Consumption and Lifestyles', in Robert Bocock and Kenneth Thompson (eds), *Social and Cultural Forms of Modernity.* Cambridge: Polity Press, pp. 119-67.

Bocock, Robert (1993) *Consumption.* London: Routledge.

Bourdieu, Pierre (1992a) *Distinction: A Social Critique of the Judgement of Taste.* London: Routledge and Kegan Paul.

Bourdieu, Pierre (1992b) *Language and Symbolic Power.* Cambridge: Polity Press.

Buck-Morss, Susan (1990) *The Dialectics of Seeing: Walter Benjamin and the Arcades Project.*Cambridge, MA: MIT Press.

Burrows, Roger and Marsh, Catherine (eds) (1992) *Consumption and Class: Divisions and Change.* London: Macmillan.

Campbell, Colin (1987) *The Romantic Ethic and the Spirit of Modern Consumerism.* Oxford: Basil Blackwell.

Campbell, Colin (1990) 'Character and Consumption: An Historical Action Theory Approach to the Understanding of Consumer Behaviour', *Culture and History, 1:* 37-8.

Campbell, Colin (1991) 'Consumption: The New Wave of Research in the Humanities and Social Sciences', *Journal of Social Behaviour and Personality,* 6: 57-74. Special Issue: To Have Possessions: A Handbook on Ownership and Property.

Campbell, Colin (1992) 'The Desire for the New', in Roger Silverstone and Eric Hirsch (eds), *Consuming Technologies: Media and Information in Domestic Spaces.* London: Routledge. pp. 48-63.

Campbell, Colin (1994) 'Consuming Goods and the Good of Consuming', *Critical Review,* 8(4): 503-20.

Campbell, Colin (1995) 'The Sociology of Consumption', in Daniel Miller (ed.), *Acknowledging Consumption.* London: Routledge. pp. 96-126.

Campbell, Colin (forthcoming) 'Shopping, Pleasure and the Context of Desire', in Gosewijn van Beek and Cora Covers (eds), *The Global and the Local: Consumption and European Identity.* Amsterdam: Spinhuis Press.

Carroll, John (1979) 'Shopping World: An Afternoon in the Palace of Modern Consumption', *Quadrant,* August: 11-15.

Carter, Erica (1984) 'Alice in the Consumer Wonderland: West German Case Studies' in Gender and Consumer Culture', in Angela Me Robbie and Mica Nava (eds), *Gender and Generation*. London: Macmillan. pp. 185-214.

Certeau, Michel de (1984) *The Practice of Everyday Life*. Berkeley and Los Angeles: University of California Press.

Certeau, Michel de (1985) 'Practices of Space', in Marshall Blonsky (ed.), *On Signs: A Semiotics Reader*. Oxford: Basil Blackwell. pp. 122-45.

Chaney, David (1983) 'The Department Store as a Cultural Form', *Theory, Culture & Society*, 1(3): 22-31.

Chaney, David (1990) 'Subtopia in Gateshead: The Metrocentre as a Cultural Form', *Theory, Culture & Society*, 7(4): 49-68.

Chapman, Rowena (1988) The Great Pretender: Variations on the New Man Theme', in Rowena Chapman and Jonathan Rutherford (eds), *Male Order: Unwrapping Masculinity*. London: Lawrence and Wishart, pp. 225-8.

Chapman, Rowena and Rutherford, Jonathan (eds) (1988) *Male Order: Unwrapping Masculinity*. London: Lawrence and Wishart.

Clammer, John (1992) 'Aesthetics of the Self: Shopping and Social Being in Contemporary Urban Japan', in Rob Shields (ed.), *Lifestyle Shopping: The Subject of Consumption*. London: Routledge. pp. 195-215.

Clarke, John and Critcher, Charles (1985) *The Devil Makes Work: Leisure in Capitalist Britain*. Basingstoke: Macmillan.

Comer, Lee (1974) *Wedlocked Women*. Leeds: Feminist Books.

Connor, Steven (1989) *Postmodernist Culture: An Introduction to Theories of the Contemporary*. Oxford: Basil Blackwell.

Corrigan, Peter (1989) 'Gender and the Gift: The Case of the Family Clothing Economy', *Sociology*, 23(4): 513-34.

Deem, Rosemary (1983) 'Women, Leisure and Inequality', *Leisure Studies*, 1: 29-46.

Deem, Rosemary (1986) *All Work and No Play*. Milton Keynes: Open University Press.

Douglas, Mary and Isherwood, Baron (1980) *The World of Goods: Towards An Anthropology of Consumption*. Harmondsworth: Penguin.

Edgell, Stephen (1980) *Middle-Class Couples: A Study of Segregation, Domination and Inequality in Marriage*. London: George Allen and Unwin.

Ehrenreich, Barbara (1983) *The Hearts of Men: American Dreams and the Flight from Commitment*. London: Pluto Press.

Ewen, Stuart (1976) *Captains of Consciousness: Advertising and the Social Roots of theConsumer Culture*. New York: McGraw-Hill.

Ewen, Stuart (1988) *All Consuming Images*. New York: Basic Books.

Falk, Pasi (1991) 'Consumption as Self-Building', in *The Growing Individualisation of Consumer Lifestyles and Demand*. Amsterdam: ESOMAR. pp. 13-25.

Falk, Pasi (1994) *The Consuming Body*. London: Sage.

Falk, Pasi (1995) Three Metaphors of Modern Consumption', *Arttu!*, 3: 24-6.

Featherstone, Mike (1991a) *Consumer Culture and Postmodernism*. London: Sage.

Featherstone, Mike (1991b) The Body in Consumer Culture', in Mike Featherstone, Mike Hepworth and Bryan S. Turner (eds), *The Body: Social Processes and Cultural Theory*. London: Sage. pp. 170-96.

Fiske, John (1989) 'Shopping For Pleasure', in his *Reading Popular Culture*. London: Unwin-Hyman. pp. 13-42.

Fiske, John (1991) *Television Culture.* London: Routledge.

Fiske, John (1992) 'Women and Quiz Shows: Consumerism, Patriarchy and Resisting Pleasures', in Mary Ellen Brown (ed.), *Television and Women's Culture: The Politics of the Popular.* London: Sage. pp. 134-43.

Fiske, John (1994) 'Radical Shopping in Los Angeles - Race, Media and the Sphere of Consumption', *Media, Culture and Society,* 16(3): 469-86.

Fiske, John, Hodge, Bob and Turner, Graeme (1987) 'Shopping', in their *Myths of Oz: Reading Australian Popular Culture.* London: Allen and Unwin. pp. 95-116.

Fraser, Nancy (1987) 'What's Critical About Critical Theory: The Case of Habermas and Gender', in Seyla Benhabib and Drucilla Cornell (eds), *Feminism as Critique: Essays on the Politics of Gender in Late-Capitalist Societies.* Cambridge: Polity Press, pp. 31-56.

George, Alison and Murcott, Anne (1992) 'Monthly Strategies for Discretion: Shopping for Sanitary Towels and Tampons', *The Sociological Review,* 40(1): 146-162.

Gershuny, Jonathan and Jones, Sally (1987) The Changing Work-Leisure Balance in Britain, 1961-1984', in John Home, David Jary and Alan Tomlinson (eds), *Sport, Leisure and Social Relations.* London: Routledge and Kegan Paul. pp. 9-50.

Giddens, Anthony (1991) *Modernity and Self-Identity.* Cambridge: Polity Press.

Gottdiener, Mark (1986) 'Recapturing the Center: A Semiotic Analysis of Shopping Malls', in Mark Gottdiener and Alexandras Ph. Lagopoulos (eds), *The City and the Sign: An Introduction to Urban Semiotics.* New York: Columbia University Press, pp. 288-302.

Green, Eileen, Hebron, Sandra and Woodward, Diana (1989) *Women's Leisure, What Leisure?* London: Macmillan.

Gronmo, Sigmund (1984) *Compensatory Consumer Behavior: Theoretical Perspectives, Empirical Examples and Methodological Challenges.* Oslo: Norwegian Fund for Market and Distribution Research.

Gronmo, Sigmund and Lavik, Randi (1988) 'Shopping Behaviour and Social Interaction: An Analysis of Norwegian Time Budget Data', in Per Otnes (ed.), *The Sociology of Consumption.* Oslo: Solum Forlag. pp. 101-18.

Hafstrom, Jeanne L. and Schram, Vicki R. (1986) 'Husband-Wife Shopping Time: A Shared Activity?' Urbana, IL: University of Illinois, Department of Family and Consumer Economics, Working Paper Series No. 122.

Hall, Trish (1990) 'Shop? Many Say Only if I Must', *New York Times,* 28 November.

Harvey, David (1989) *The Condition of Postmodernity.* Oxford: Basil Blackwell.

Haywood, Les, Kew, Francis and Bramham, Peter, in collaboration with Spink, John, Capenerhurst, John and Henry, Ian (1990) *Understanding Leisure.* Cheltenham:　Stanley Thornes Publishers.

Hebdige, Dick (1988) *Hiding in the Light: On Images and Things.* London: Routledge and Kegan Paul.

Henley Centre (1991) *Leisure Futures.* London: Henley Centre for Forecasting.

Henwood, Melanie, Rimmer, Lesley and Wicks, Malcolm (1987) *Inside the Family: The Changing Roles of Men and Women.* Occasional Paper No. 6. London: Family Policy

Studies Centre. Huyssen, Andreas (1986) 'Mass Culture as Woman: Modernism's Other', in his *After the Great Divide: Modernism, Mass Culture and Postmodernism*. Basingstoke: Macmillan. pp. 44-62.

Jameson, Fredric (1989) 'Postmodernism and Consumer Society', in Hal Foster (ed.), *Postmodern Culture*. London: Pluto Press.

Jameson, Fredric (1991) *Postmodernism, Or the Cultural Logic of Late Capitalism*. London: Verso.

Keat, Russell, Whiteley, Nigel and Abercrombie, Nicholas (eds) (1994) *The Authority of the Consumer*. London: Routledge.

Kellner, Douglas (1989) *Jean Baudrillard: From Marxism to Postmodernism and Beyond*. London: Polity Press.

Kellner, Douglas (1992) 'Popular Culture and the Construction of Postmodern Identities', in Scott Lash and Jonathan Friedman (eds), *Modernity and Identity*. Oxford: Basil Blackwell. pp. 141-77.

Langman, Lauren (1992) 'Neon Cages: Shopping for Subjectivity', in Rob Shields (ed.), *Lifestyle Shopping: The Subject of Consumption*. London: Routledge. pp. 4-82.

Lee, Martyn J. (1993) *Consumer Culture Reborn*. London: Routledge.

Lewis, George H. (1990) 'Community Through Exclusion and Illusion: The Creation of Social Worlds in an American Shopping Mall', *Journal of Popular Culture*, 24: 121-36.

Lynd, Robert S. and Lynd, Helen Merrell (1929) *Middletown: A Study in Contemporary American Culture*. London: Constable and Company.

McCracken, Grant (1987) 'The History of Consumption: A Literature Review and Consumer Guide', *Journal of Consumer Policy*, 10: 139-166.

McCracken, Grant (1989) ' "Homeyness": A Cultural Account of One
Constellation of Consumer Goods and Meanings', in Elizabeth C.
Hirschman (ed.), *Interpretive Consumer Research*. Provo, UT: Association
for Consumer Research, pp. 168-83.

McCracken, Grant (1991) *Culture and Consumption: New Approaches to the
Symbolic Character of Consumer Goods and Activities*. Bloomington:
Indiana University Press.

Marcuse, Herbert (1964) *One-Dimensional Man*. London: Routledge.

Mason, Roger (1981) *Conspicuous Consumption: A Study of Exceptional
Consumer Behaviour*. Farnborough: Gower.

Miller, Daniel (1987) *Material Culture and Mass Consumption*. Oxford: Basil
Blackwell.

Miller, Daniel (1993) 'Christmas against Materialism in Trinidad', in Daniel
Miller (ed.), *Unwrapping Christmas*. Oxford: Oxford University Press, pp.
134-53.

Miller, Daniel (1994) *Modernity -An Ethnographic Approach*. Oxford: Berg.

Miller, Daniel (ed.) (1995) *Acknowledging Consumption: A Review of New
Studies*. London: Routledge.

Miller, Daniel (1997) *Capitalism -An Ethnographic Approach*. Oxford: Berg.

Moore, Suzanne (1991) *Looking for Trouble: On Shopping, Gender and the
Cinema*. London: Serpent's Tail.

Moorhouse, Herbert (1983) 'American Automobiles and Workers' Dreams',
Sociological Review, 31(3): 403-26.

Morley, David (1986) *Family Television: Cultural Power and Domestic
Leisure*. London: Comedia.

Morley, David (1992) *Television, Audiences and Cultural Studies.* London: Routledge.

Morris, Meaghan (1988) 'Things to do with Shopping Centres', in Susan Sheridan (ed.), *Grafts: Feminist Cultural Criticism.* London: Verso, pp. 193-225.

Mort, Frank (1988) 'Boy's Own? Masculinity, Style and Popular Culture', in Rowena Chapman and Jonathan Rutherford (eds), *Male Order: Unwrapping Masculinity.* London: Lawrence and Wishart. pp. 193-224.

Mort, Frank (1989) 'The Politics of Consumption', in Stuart Hall and Martin Jacques (eds), *New Times: The Changing Face of Politics in the 1990s.* London: Lawrence and Wishart. pp. 160-172.

Mort, Frank and Thompson, Peter (1994) 'Retailing, Commercial Culture and Masculinity in 1950s Britain: The Case of Montague Burton, the "Tailor of Taste" ', *History Workshop: A Journal of Socialist and Feminist Historians,* 38: 106-27.

Nava, Mica (1992) *Changing Cultures: Feminism, Youth and Consumerism.* London: Sage.

Nicholson-Lord, David (1993a) 'Consumers Made Wary by End of Eighties Boom', *Independent,* 23 February.

Nicholson-Lord, David (1993b) 'New Man Image Takes a Battering', *Independent,* 21 December.

Nixon, Sean (1992) 'Have You Got the Look? Masculinities and Shopping Spectacle', in Rob Shields (ed.), *Lifestyle Shopping: The Subject of Consumption.* London: Routledge. pp. 149-69.

Oakley, Ann (1974) *The Sociology of Housework.* Bath: Martin Robertson.

Oakley, Ann (1980) *Housewife.* Harmondsworth: Penguin.

Otnes, Per (ed.) (1988) *The Sociology of Consumption: An Anthology*. Oslo: Solum Forlag.

Pahl, Jan (1989) *Money and Marriage*. London: Macmillan.

Pahl, Jan (1990) 'Household Spending, Personal Spending and the Control of Money in Marriage', *Journal of the British Sociological Association*, 24(1): 119-38.

Prus, Robert C. (1993) 'Shopping with Companions: Images, Influences and Interpersonal Dilemmas', *Qualitative Sociology*, 16(2): 87-110.

Prus, Robert C. and Dawson, Lome (1991) '"Shop 'Til You Drop": Shopping as Recreational and Laborious Activity', *Canadian Journal of Sociology*, 16(2): 145-64.

Radley, Alan (1991) 'Boredom, Fascination and Mortality: Reflections upon the Experience of Museum Visiting', in Gaynor Kavanagh (ed.), *Museum Languages: Objects and Texts*. Leicester: Leicester University Press, pp. 65-82.

Radway, Janice A. (1987) *Reading the Romance: Women, Patriarchy and Popular Literature*. London: Verso.

Rapping, Elaine (1980) 'Tupperware and Women', *Radical America*, 14(6): 39-49.

Ravo, Nick (1992) 'The Born-Again Penny-Pincher', *International Herald Tribune*, 17 January.

Riesman, David with Glazer, Nathan and Denney, Reuel (1961) *The Lonely Crowd: A Study of the Changing American Character*. New Haven: Yale University Press.

Robins, Kevin (1994) 'Forces of Consumption: From the Symbolic to the Psychotic', *Media, Culture and Society*, 16(3): 449-68.

Rogge, Jan-Uwe (1989) 'The Media in Everyday Family Life: Some Biographical and Typological Aspects', in Ellen Seiter, Hans Borchers, Gabriele Kreutzner and Eva-Maria Warth (eds), *Remote Control: Television, Audiences, and Cultural Power.* London: Rout-ledge, pp. 168-79.

Rutherford, Jonathan (1992) *Men's Silences: Predicaments of Masculinity.* London: Routledge.

Seiter, Ellen, Borchers, Hans, Kreutzner, Gabriele and Warth, Eva-Maria (1989) *Remote Control: Television, Audiences, and Cultural Power.* London: Routledge.

Sellerberg, Ann-Mari (1994) The Paradox of the Good Buy', in her *A Blend of Contradictions: Georg Simmel in Theory and Practice.* New Brunswick: Transaction Publishers.

Sennett, Richard (1976) *The Fall of Public Man.* Cambridge: Cambridge University Press.

Shields, Rob (ed.) (1992) *Lifestyle Shopping: The Subject of Consumption.* London: Routledge.

Silverman, Roger and Hirsch, Eric (eds) (1992) *Consuming Technologies: Media and Information in Domestic Spaces.* London: Routledge.

Sofer, Cyril (1965) 'Buying and Selling: A Study in the Sociology of Distribution', *Sociological Review,* 13: 183-209.

Soiffer, Stephen S. and Herrmann, Gretchen M. (1987) 'Visions of Power: Ideology and Practice in the American Garage Sale', *Sociological Review,* 35: 48-83.

Starkey, Mike (1989) *Born to Shop.* Eastbourne: Monarch Publications.

Steiner, Robert L. and Weiss, Joseph (1951) 'Veblen Revised in the Light of Counter-Snobbery', *Journal of Aesthetics and Art Criticism,* 9(3): 263-8.

Stone, Gregory P. (1954) 'City Shoppers and Urban Identification: Observations on the Social Psychology of City Life', *American Journal of Sociology,* 60: 36-45.

Szalai, Alexander (ed.) in collaboration with Converse, Philip E., Feldham, Pierre, Scheuch, Erwin K. and Stone, Philip J. (1972) *The Use of Time: Daily Activities of Urban and Suburban Populations in Twelve Countries.* The Hague: Mouton.

Taylor-Gooby, Peter (1985) 'Personal Consumption and Gender', *Sociology,* 19(2): 273-84.

Tomlinson, Alan (1989) 'Consumer Culture and the Aura of the Commodity', in Alan Tomlinson (ed.), *Consumption, Identity and Style: Marketing, Meanings and the Packaging of Pleasure.* London: Routledge. pp. 1-38.

Veblen, Thorstein (1953) *The Theory of the Leisure Class: An Economic Study of Institutions.* New York: Mentor Books.

Warde, Alan (1992) 'Notes on the Relationship between Production and Consumption', in Roger Burrows and Catherine Marsh (eds), *Consumption and Class: Divisions and Change.* London: Macmillan. pp. 15-31.

Warde, Alan (1994a) 'Consumers, Identity and Belonging: Reflections on Some Theses of Zygmunt Bauman', in Russell Keat and Nigel Whiteley (eds), *The Authority of the Consumer.* London: Routledge. pp. 58-74.

Warde, Alan (1994b) 'Consumption, Identity-Formation and Uncertainty', *Sociology,* 28(4): 877-98.

Weinbaum, Batya and Bridges, Amy (1979) 'The Other Side of the Paycheck: Monopoly Capital and the Structure of Consumption', in Zillah R.

Eisenstein (ed.), *Capitalist Patriarchy and the Case for Socialist Feminism.* New York: Monthly Review Press, pp. 190-205.

Wheelock, Jane (1990) 'Families, Serf-Respect and the Irrelevance of "Rational Economic Man" in a Postindustrial Society', *Journal of Behavioral Economics,* 19(2): 221-36.

White, Daniel R. and Hellenick, Gert (1994) 'Nietzsche at the Mall: Deconstructing the Consumer', *Canadian Journal of Political and Social Theory,* 17(1-2): 76-99.

Whitehead, Ann (1984) ' "I'm Hungry, Mum": The Politics of Domestic Budgeting', in Kate Young, Carol Wolkowitz and Roslyn McCullagh (eds), *Of Marriage and the Market: Women's Subordination and its Lessons.* London: Routledge and Kegan Paul. pp. 93-116.

Williams, Raymond (1983) *Keywords.* London: Fontana.

Williamson, Judith (1988) *Consuming Passions: The Dynamics of Popular Culture.* London: Marion Boyars.

Willis, Susan (1989) ' "I Shop Therefore I Am": Is There a Place for Afro-American Culture in Commodity Culture?', in Cheryl A. Wall (ed.), *Changing Our Own Words: Essays on Criticism, Theory and Writing by Black Women.* New Brunswick: Rutgers University Press, pp. 173-95.

Wilson, Elizabeth (1985) *Adorned in Dreams: Fashion and Modernity.* London: Virago.

Wirth, Louis (1964) 'Urbanism as a Way of Life', in Albert J. Reiss (ed.), *Louis Wirth on Cities and Social Life.* London: University of Chicago Press, pp. 60-83.

Witherspoon, Sharon (1985) 'Sex Roles and Gender Issues', in Roger Jowell and Sharon Witherspoon (eds), *British Social Attitude1: The 1985 Report.*

Aldershot: Gower. pp. 55-94.

期刊：消費特集

The Canadian Geographer (1991), 35(3). Special Issue on West Edmonton
　Mall.
Culture and History (1990), 7. Special Issue: Consumption. Copenhagen:
　Akademisk Forlag.
Journal of Social Behavior and Personality (1991), 6(6). Special Issue: To
　Have Possessions: A Handbook on Ownership and Property.
Media, Culture and Society (1994), 16(3). Special Issue: Relations of
　Consumption.
Sociology (1990), 24(1): Special Issue: The Sociology of Consumption.
Theory, Culture & Society (1988), 5(2-3). Special Issue: Postmodernism.

有用的消費書目

Auyong, Dorothy K., Porter, Dorothy and Porter, Roy (1991) *Consumption
　and Culture in the 17th and 18th Centuries: A Bibliography,* ed. John
　Brewer. Los Angeles: UCLA Centre for 17th and 18th Century Studies and
　the William Andrews Clark Memorial Library.
Rudmin, Floyd, Belk, Russell and Furby, Lita (1987) *Social Science
　Bibliography on Property, Ownership and Possessions: 1580 Citations
　from Psychology, Anthropology, Sociology and Related Disciplines.*

Monticello, IL: Vance Bibliographies.

血 拼 經 驗

作　者 / Pasi Falk 博士 & Colin Campbell 博士

譯　者 / 陳冠廷

校閱者 / 王乾任

叢書主編 / 張家銘博士

叢書副主編 / 王乾任・徐偉傑

執行編輯 / 李茂德

出 版 者 / 弘智文化事業有限公司

登 記 證 / 局版台業字第 6263 號

地　　址 / 台北市中正區丹陽街 39 號 1 樓

電　　話 / （02）23959178・0936252817

傳　　真 / （02）23959913

發 行 人 / 邱一文

書 店 經 銷 / 旭昇圖書有限公司

地　　址 / 台北縣中和市中山路 2 段 352 號 2 樓

電　　話 / （02）22451480

傳　　真 / （02）22451479

製　　版 / 信利印製有限公司

版　　次 / 2003 年 7 月初版一刷

定　　價 / 350 元

ISBN　957-0453-84-2

國家圖書館出版品預行編目資料

血拼經驗 / Pasi Falk, Colin Campbell 著；
  陳冠廷譯. -- 初版. -- 臺北市：弘智文化,
  2003[民 92]
   面； 公分
  譯自：Shopping experience
  ISBN 957-0453-84-2(平裝)

  1. 消費 2. 購買

  551.85   92009973

弘智文化價目表

書名	定價		書名	定價
社會心理學（第三版）	700		生涯規劃：掙脫人生的三大枷梏	250
教學心理學	600		心靈塑身	200
生涯諮商理論與實務	658		享受退休	150
健康心理學	500		婚姻的轉捩點	150
金錢心理學	500		協助過動兒	150
平衡演出	500		經營第二春	120
追求未來與過去	550		積極人生十撇步	120
夢想的殿堂	400		賭徒的救生圈	150
心理學：適應環境心靈	700			
兒童發展	出版中		生產與作業管理（精簡版）	600
如何應用兒童發展的知識	出版中		生產與作業管理(上)	500
認知心理學	出版中		生產與作業管理(下)	600
醫護心理學	出版中		管理概論：全面品質管理取向	650
老化與心理健康	390		組織行為管理學	出版中
身體意象	250		國際財務管理	650
人際關係	250		新金融工具	出版中
照護年老的雙親	200		新白領階級	350
諮商概論	600		如何創造影響力	350
兒童遊戲治療法	出版中		財務管理	出版中
認知治療法	出版中		財務資產評價的數量方法一百問	290
家族治療法	出版中		策略管理	390
伴侶治療法	出版中		策略管理個案集	390
教師的諮商技巧	200		服務管理	400
醫師的諮商技巧	出版中		全球化與企業實務	出版中
社工實務的諮商技巧	200		國際管理	700
安寧照護的諮商技巧	200		策略性人力資源管理	出版中
			人力資源策略	出版中

書名	定價		書名	定價
管理品質與人力資源	290		全球化	300
行動學習法	350		五種身體	250
全球的金融市場	500		認識迪士尼	320
公司治理	出版中		社會的麥當勞化	350
人因工程的應用	出版中		網際網路與社會	320
策略性行銷（行銷策略）	400		立法者與詮釋者	290
行銷管理全球觀	600		國際企業與社會	250
服務業的行銷與管理	650		恐怖主義文化	300
餐旅服務業與觀光行銷	690		文化人類學	650
餐飲服務	590		文化基因論	出版中
旅遊與觀光概論	出版中		社會人類學	出版中
休閒與遊憩概論	出版中		購物經驗	出版中
不確定情況下的決策	390		消費文化與現代性	出版中
資料分析、迴歸、與預測	350		全球化與反全球化	出版中
確定情況下的下決策	390		社會資本	出版中
風險管理	400			
專案管理的心法	出版中		陳宇嘉博士主編 14 本社會工作相關著作	出版中
顧客調查的方法與技術	出版中			
品質的最新思潮	出版中		教育哲學	400
全球化物流管理	出版中		特殊兒童教學法	300
製造策略	出版中		如何拿博士學位	220
國際通用的行銷量表	出版中		如何寫評論文章	250
			實務社群	出版中
許長田著「驚爆行銷超限戰」	出版中			
許長田著「開啟企業新聖戰」	出版中		現實主義與國際關係	300
許長田著「不做總統，就做廣告企劃」	出版中		人權與國際關係	300
			國家與國際關係	出版中
社會學：全球性的觀點	650			
紀登斯的社會學	出版中		統計學	400

書名	定價		書名	定價
類別與受限依變項的迴歸統計模式	400		政策研究方法論	200
機率的樂趣	300		焦點團體	250
			個案研究	300
策略的賽局	550		醫療保健研究法	250
計量經濟學	出版中		解釋性互動論	250
經濟學的伊索寓言	出版中		事件史分析	250
			次級資料研究法	220
電路學（上）	400		企業研究法	出版中
新興的資訊科技	450		抽樣實務	出版中
電路學（下）	350		審核與後設評估之聯結	出版中
電腦網路與網際網路	290			
應用性社會研究的倫理與價值	220		書僮文化價目表	
社會研究的後設分析程序	250			
量表的發展	200		台灣五十年來的五十本好書	220
改進調查問題：設計與評估	300		２００２年好書推薦	250
標準化的調查訪問	220		書海拾貝	220
研究文獻之回顧與整合	250		替你讀經典：社會人文篇	250
參與觀察法	200		替你讀經典：讀書心得與寫作範例篇	230
調查研究方法	250			
電話調查方法	320		生命魔法書	220
郵寄問卷調查	250		賽加的魔幻世界	250
生產力之衡量	200			
民族誌學	250			